한국문학 공간과 문화콘텐츠

문화콘텐츠 총서 01

한국문학 공간과 문화콘텐츠

2005년 5월 25일 1판 1쇄 인쇄 / 2005년 5월 31일 1판 1쇄 발행

편저자 김수복 / 펴낸이 임은주 / 펴낸곳 도서출판 청동거울 / 출판등록 1998년 5월 14일 제13-532호
주소 (137-070) 서울 서초구 서초동 1359-4 동영빌딩 / 전화 02)584-9886~7
팩스 02)584-9882 / 전자우편 cheong21@freechal.com

주간 조태림 / 편집장 하은애 / 편집 문효진 / 영업관리 김형열

필름 출력 (주)딕스 / 표지 인쇄 금성문화사
본문 인쇄 이산문화사 / 제책 광우제책

값 16,000원

잘못된 책은 바꾸어 드립니다.
지은이와의 협의에 의해 인지를 붙이지 않습니다.
무단 전재 및 무단 복제를 금합니다.
ⓒ 2005 김수복 외

Copyright ⓒ 2005 Kim, Su Bog & others.
All right reserved.
First published in Korea in 2005 by CHEONGDONGKEOWOOL Publishing Co.
Printed in Korea.

ISBN 89-5749-044-2

문화콘텐츠총서 01

한국문학 공간과 문화콘텐츠

김수복 편저

청동거울

책머리에

　21세기는 문화의 세기이다. 그만큼 문화는 우리 삶의 중심 무대가 되었으며 삶을 풍요롭게 하는 동력이 되었음을 뜻한다. 다양한 문화의 발광체들이 인간의 정신을 밝히며 우리 삶의 현실을 의미있게 조명하고 있다. '문화의 세기'라는 말에 걸맞게 우리 주위에는 열린 문화정책과 문화활동들이 새로운 차원으로 그 진폭을 넓혀가고 있으며, 다양한 문화 주체들이 서로 문화의 정체성을 찾고, 또 한편으로는 몸을 섞으면서 스스로의 활로를 개척하고 있다.

　문화가 서로의 정체성과 타자성을 인식하면서 새로운 차원으로 개방되기 위해서는 서로가 서로의 콘텐츠로서의 몸을 열어 놓아야 할 것이다. 시간과 공간을 넘나들면서 서로 혼융되고 재창조되기 위해 각 문화장르들은 서로 콘텐츠로서의 소재가 되고 문화의 창조적인 부품이 되어야 할 것이다.

　이 책 『한국문학 공간과 문화콘텐츠』는 한국문학 공간과 현장을 문화콘텐츠로서 활용할 수 있는 실용적 방안과 이론적 모색을 시도하고 있다. 산업화에 밀려 우리 문학의 현장들이 점점 소실되어 가는 절망적 현실 앞에서 그 현장과 공간을 현실적으로 복원한다는 것은 헛된 꿈일 것이다. 그러나 우리는 문학의 공간과 현장을 되살리지는 못할

지라도 문화콘텐츠로서 활용할 수 있는 재활의 꿈까지 버릴 수는 없다. 그 재활의 생명력은 바로 현장을 답사하고 소실되어 가는 문학작품의 현장을 콘텐츠화하는 길이라고 굳게 믿는다. 이 책에서 다루고 있는 문학공간과 현장들은 바로 우리가 부활시키고자 하는 꺼져 가는 문학의 마지막 숨결이라 할 수 있을 것이다.

따라서 우리는 이 책에서 우리 문학의 공간과 현장을 제3의 공간 혹은 제3의 장소로 복원하여 다양한 문화의 차원으로 그 생명을 계승시키기 위해 부단히 노력할 것이다.

끝으로 이 『한국문학 공간과 문화콘텐츠』는 2004년도 한국학술진흥재단의 '기초학문 육성과제'로 선정되어 연구 수행중인 '한국현대문학 지형의 데이터베이스 구축과 실용화 방안'의 중간 보고를 결산한 것임을 밝힌다.

2005년 5월 안서호를 바라보며
엮은이 김수복

"이 저서는 2004년 정부(교육인적자원부)의 재원으로 한국학술진흥재단의 지원을 받아 수행된 연구임" (KRF-2004-AS2036) "This work was supported by the Korea Research Foundation Grant funded by the Korean Government(MOEHRD)" (KRF-2004-AS2036)

차례

제1부 문학공간과 문화콘텐츠

문학과 공간 : 그 이론적 모색 • 11
문학공간에 대한 분석적 기술 방법 • 33
문학공간 답사와 문학교육 • 61
'문화콘텐츠탐사'에 의한 한국문학 공간의 '가상현실'화 • 83
디지털콘텐츠로의 문학공간 구현 방법 • 101

제2부 현대시와 공간

현대시와 지형학적 상상력 • 131
1990년대 한국시의 공간과 그 전망 • 143
장소시의 발견과 창작 • 170
정지용 시의 '산'의 공간 인식 • 185
백석 시의 '집'의 공간 인식 • 217

제3부 한국현대문학의 현장들

땅과 우리 문학 • 247
문학공간 '임진강'에 대한 갈등론적 시각 • 258
기억의 장소에서 변신의 공간으로 • 278
　　―정호승의 「첨성대」
문학공간 '현저동'이 지니는 상징적 의미 • 301
원심력의 공간에서 구심력의 공간으로 • 327
　　―윤후명의 소설 공간

제1부 문학공간과 문화콘텐츠

문학과 공간 : 그 이론적 모색 | 문학공간에 대한 분석적 기술 방법 | 문학공간 답사와 문학교육 | '문화콘텐츠탐사'에 의한 한국문학 공간의 '가상현실'화 | 디지털콘텐츠로의 문학공간 구현 방법

1 문학과 공간: 그 이론적 모색

1. 문학공간 연구의 의미

 문학작품에 드러난 공간의 의미 규명은 작품 연구와 구분해서 다룰 수 없는 문제적인 가치를 내포한다. 문학의 공간, 혹은 작품 속의 공간은 그 자체로 존재하는 순수공간이 아니고, 문학 생산자의 판단에 따라 일정하게 변형 혹은 굴절된 공간이며 동시에 독자가 해석하여 새로운 의미를 형성하는 '공간성'을 지닌다.[1] 공간 그 자체에 대한 철학적 해석은 본고의 범위 밖에 놓인다. 하지만 공간이 시간과 함께 근대적 사유의 핵심적 요인으로 작용하고 있으며, 근대적 삶은

---

1) 이는 Joseph Frank의 「근대문학에 드러난 공간형식(Spatial Form in Modern Literature)」에서 비롯된 것으로 그는 근대문학의 주요 특질 가운데 하나로 시간개념의 공간화, 공간 형식(spatial form)을 설정한다. 그에 따르면, 공간성은 작가가 대상 공간을 텍스트에 형상화하여 그려내는 데 있지 않고, 텍스트에 형상된 공간을 독자가 해석하는 데서 창출되는 것이다. 말하자면, 서사체에서 공간은 대상공간의 실재성을 모방한 것도 아니지만, 작가가 일방적으로 그려낸 공간도 아닌 것이다. 장일구, 「서사적 공간론의 이론과 실제」, 『서강어문』(No.1, 서강어문학회, 1997), p.204, 재인용.

역시 공간에 대한 사유와 별개일 수 없다는 점에서 공간의 문제는 간단하지 않으며, 공간연구 역시 매우 복잡한 계기적 층위를 내포한다고 말할 수 있다. 순수공간은 아무런 매개의 관계 속에 놓이지 않는 추상적인 대상일 뿐이다.[2] 자연철학에서 공간은 실재적(real)이지 않으며, 단순한 그릇과도 같은 것이 아닐 뿐더러, 사물의 질서도 아니고 직관의 수용적 형식도 아니라고 주장한다.[3] 공간은 인간적인 판단, 주관의 개입에 의하여 다양하게 변형된 형태로 인식되는 대상이라고 볼 수 있다.

문학에서 공간연구는 작품 생산자의 의도와 독자의 해석에 의해 재창조된 '새로운 공간'에 대한 탐구를 의미한다. 이때 문학공간은 모든 흐름과 연관, 계기적 변용, 창조와 재창조가 이루어지는 생산적 장소이며, 들뢰즈와 가타리 식으로 표현하자면, 다른 요소와 결합하여 어떤 질료적 흐름을 절단하고 채취하는 방식으로 작동하는 모든 것인 기계의, 조직화와 재조직화를 이루는 장소이다.[4] 다시 말해 문학공간이 재구성과 변용을 통한 집짓기에 비유될 수 있다면 이는 문학생산자의 세계 구축적 경험(constructive experience)[5]의 결과물로 이해할 수 있다.

문학공간은 문학의 생산과 소비라는 문학행위가 상호 관계하는 접

---

[2] 헤겔, 서동일 역, 『철학강요』(을유문화사, 1983) p.223. 여기서 헤겔은 "공간은 자기외존재이기 때문에 전적으로 관념적인 상호작용"이며, "일정한 구별을 자기 안에 갖지 못하기 때문에 단적으로 연속적이다." 또한 "공간은 순수한 양, 그것도 논리적인 규정으로의 양이 아니라, 직접 외면적으로 존재하는 양이다."라고 주장한다.
[3] 소광희, 『시간의 철학적 성찰』, 문예출판사, 2001, p.375
[4] 들뢰즈와 가카리의 『앙띠 오이디푸스』(최명관 역, 민음사, 1994)에는 '욕망하는 기계'에 대하여 설명하고 있는데, 이 난해한 저서를 이해하는데 적절한 도움을 주고 있는 저서로 이진경, 『근대적 시, 공간의 탄생』(푸른숲, 1997)이 있다. 이진경의 이 저서는 모든 움직이고 흐르며, 변용되는 기계들이 어떻게 근대적 삶의 형식과 관계되는지를 명료하게 보여주고 있다. '공간-기계' 역시 우리의 삶의 방식을 바꾸고 새로운 종류의 생활방식을 창출하는 데 기여한다고 말한다.
[5] 박태일, 『한국 근대시의 공간과 장소』, 소명출판, 1999, p.29.

점이기도 하다. 작품을 생산하는 작가의 입장에서 그것은 체험의 내면화와 내면화된 체험을 재구성하는 매개이며, 독자의 관점에서는 해석과 재해석을 통해 유추된 경험의 일부를 이룬다. 이는 작가와 독자 사이에서 형성될 수 있는 사회적 경험, 다시 말해 구성원들 사이의 의사소통이 가능한 '문화적 기억공간'[6]으로 작용할 수 있다는 의미를 내포한다. 문학작품이 유통되고 소비되는 이유 가운데 하나는 어떤 기억에 대한 동질성의 확보이며, 문학공간은 이와 같은 기억을 보전, 재생산하는 역할을 담당한다. 따라서 문학공간은 확장된 삶의 공간이며, 역사적 경험을 기억하는 흔적이면서 과거의 체험을 현재화하는 동시대적 공간이기도 한다.

문학공간에 대한 연구는 세 가지 층위에서 고려되어야 한다. ①텍스트의 공간으로서의 문학공간 ②작가의 글쓰기에 투여된 경험공간 ③문학작품이 생산되거나 작품 내에 그려진 지리적 공간이 그것이다. 본고에서는 이같은 의미망 형성에 관련된 몇 몇 작품을 예시함으로써 문학공간에 대한 연구가 어떻게 이루어져야 할지 혹은 문학공간 연구를 공리적 관점에서 어떻게 수용해야 할지, 그 가능성을 탐색하고자 한다.

---

[6] A. 아스만, 변학수 외 역, 『기억의 공간』, 경북대출판부, 2003, p.392. 아스만은 "장소는 그것이 기억의 기반을 확고히 하면서 동시에 기억을 명확하게 증명한다는 것 이상의 의미를 지닌다. 장소들은 회상을 구체적으로 지상에 위치시키면서 그 회상을 공고히 하고 증거할 뿐 아니라 인공물로 구체화된 개인과 시대 그리고 문화의 다른 것에 비해 비교적 단기적인 기억을 능가하는 지속성을 구현한다."라고 말한다. 그의 이 말은 문학공간이 삶의 기억을 보존하고 유지하는 기능으로 작용한다는 사실로 읽어낼 수 있다.

2. 문학공간 연구의 성과

　문학공간에 대한 연구는 매우 다양하게 이루어졌지만, 대개 근대적인 삶의 한 계기로써 시간과 함께 존재론을 형성하는 방향에서 탐구되어 왔다. 문학공간의 연구는 문학작품에서 드러나는 공간적 이미지나 대상에 대한 연구로 집약될 수밖에 없는 속성을 지닌다. 공간론은 순수하게 물리적, 철학적인 방법론에 의한 연구이며, 문학공간의 연구는 문학작품과의 연관관계를 파악하는 실증적 연구태도이기 때문이다. 문학작품은 그 자체로 하나의 공간을 형성하면서 또한 실재적 대상을 묘사하는 완결된 구성물이다. 따라서 문학공간은 미학적으로 '왜곡된 실재'이기도 하며, 동시에 지속적으로 새롭게 해석되는 '역동적 공간성'이기도 한다.

　문학공간에 대한 접근방식은 주로 공간에 대한 철학적인 해석을 바탕으로 이루어져 왔다. 박혜영은 현대예술사에서 공간의 의미에 주목하면서도 문학의 공간에 대한 세 가지 층위를 제시하고 있다. 즉, 작품 속에 묘사된 지리적 공간, 텍스트의 공간, 작가가 글쓰기에 몸을 맡기는 공간이 그것이다. 이를 요약할 경우 문학의 공간은 크게 '의미화된' 공간과 '의미화하는' 공간으로 나눌 수 있으며, 문학작품 속의 공간 구조는 작가의 세계관, 우주관, 가치관을 나타내는 모델이라고 주장한다.[7] 장일구는 서사 공간을 서사 대상공간과 서사 행위 공간으로 구분하면서 공간을 구성하는 서사적 요소를 서구철학을 근간으로 밝히고자 하였다. 그의 논의 가운데 주목되는 것은 대

---

7) 박혜영, 「문학과 공간: 이론적 접근. 1」, 『덕성여대논문집』, 제25집, 1996. 이와 함께 그는 문학과 공간의 문제를 작품분석을 통해 실증적으로 드러내고자 하였다. 박혜영, 「문학과 공간: 모파상의 '강위에서'의 공간분석」, 『불어불문학연구』, 제28집, 한국불어불문학회, 1993.

상세계의 공간은 실재하는 것이 아니며 인식의 방향에 따라 달리 구성되는 구성체라는 점과 서사적 공간론은 작품에 구현된 공간이 실재 세계의 공간과 얼마나 정합하느냐의 문제를 따지는 것이 아니라, 새로운 공간, 새로운 세계를 어떻게 구현하느냐를 따지는 행위라는 점에 의견 접근이다.[8] 안남일의 경우 현대소설에 나타난 '방'의 공간적 의미를 하이데거의 '세계―내―존재', '현존재'의 개념에 근거하여 밝히고자 한다. 그에 의하면 개별적이고 특수화된 세계는 자기 자신의 실존을 더욱 내적이고 개인적인 양상으로 변환시킨다는 것이다. 공간 내에 존재한다는 것은 현존재가 세계 내에 존재하는 필연적인 방식이라는 점을 그는 강조한다.[9] 최혜실은 1930년대 도시 소설이 경성공간을 어떻게 묘사하고 있는지를 살피고자 하였으며,[10] 김종건은 구인회 작가들의 작품에 나타난 공간설정과 작가의식을 작품분석을 통해서 밝히고자 하였다.[11]

문학작품을 중심으로 하는 공간연구[12]는 대체로 작품현상을 중심으로 이루어지면서 텍스트 내의 공간을 주요 연구대상으로 한다는 공통분모를 지닌다. 특히 시를 대상으로 하는 공간연구는 작품 내에서 다루어진 공간성, 즉 특정한 장소의 모티프가 어떻게 생성되고 변형되는지의 문제에 관심을 기울인다. 유치환의 작품을 공간적 기호로 분석하는 이어령의 논의[13]는 텍스트 공간 분석의 의미있는 지

---

8) 장일구, 앞의 글.
9) 안남일, 『기억과 공간의 소설현상학』, 나남출판, 2004. 이와 함께 현대 소설에 나타난 방의 의미에 대한 주제론적 접근을 시도한 논의도 주목을 요한다. 이에 대해서는 이미림, 「한국현대소설에 나타난 '방'의 의미」, 『현대소설연구』, 제14집, 한국현대소설학회, 2001. 참조.
10) 최혜실, 「1930년대 도시 소설의 소설공간」, 『현대소설연구』, 제5집, 한국현대소설학회, 1996.
11) 김종건, 『구인회 소설의 공간설정과 작가의식』, 새미, 2004.
12) 한국소설학회에서 펴낸 『공간의 시학』(예림기획, 2002)은 작품의 공간연구에 대한 주요한 참고문헌이다.
13) 이어령, 『공간의 기호학』, 민음사, 2000.

침서로 작용할 수 있다. 또한 박목월과 정지용 시에 대한 공간 구조 분석을 시도한 몇 몇 논의들[14]이 주목되었고, 근대시의 공간을 동시대의 문제와 접목하여 문화지리학의 관점을 동원한 박태일의 논의[15] 또한 정독을 요한다.

  문학작품 내에서 드러나는 공간은 주로 묘사의 형태로 확인된다. 공간은 작품의 개연성을 제고하고, 의미있는 서사적 구조를 형성하는데 기여한다. 텍스트 속에서 공간의 기능은 다음 네 가지로 요약할 수 있다. 첫째, 공간묘사는 허구의 이야기를 진실인 듯한 세계에 위치시킨다. 둘째, 다른 많은 장소들 가운데 특별히 선정된 소설 특유의 공간은 이야기의 극적 효과창출에 기여한다. 셋째, 공간은 성격부여의 기능을 갖는다. 넷째, 공간에는 행동, 플롯이 전개되도록 하는 기능도 있다.[16] 따라서 소설 속에서 묘사된 공간은 작품의 구성을 효과적으로 뒷받침하는 기능을 갖는다. 여기서 작품 속의 공간은 독자들로 하여금 실재성을 갖게하며, 나아가 전체적 공간 속에서 배치된 여러 가지 서로 다른 장소들이 서로 대칭, 대조되거나 친화력과 긴장, 혹은 혐오 등의 관계를 맺고 있다는 사실을 발견하게 한다.[17] 이는 실재성, 혹은 실재의식에 대한 미학적 조롱의 결과이며, 작품의 예술적 성공 여부와 공간설정은 긴밀한 관계에 놓인다고 할 수 있다. 하지만 더욱 중요한 것은 문학공간은 그 공간에 대한 인간의 관점, 작가와 독자가 해석을 통해서 만나는 변용의 형태라는 사실이다. 그

---

14) 한광구, 『목월 시의 시간과 공간』, 시와시학사, 1991.
    김혜니, 『박목월 시 공간의 기호론과 실제』, 푸른사상, 2004.
    김종태, 『정지용 시의 공간과 죽음』, 월인, 2002.
15) 박태일, 앞의 책.
16) J. P. Goldenstein, "L'espace romanesque", Pour lire le roman, Duculot, 1983. 박혜영, 앞의글, p.180, 재인용.
17) 김화영 편역, 『소설이란 무엇인가』, 문학사상사, 1986, p.150.

것은 일종의 '바라보는 자의 시선'과 관련된 풍경의 변형이다.

> 풍경이라는 것은 조망되는 자연측에 존재하는 것이 아니라, 조망하는 인간 측에 존재하는 것이다. 조망하는 인간이 없다면 풍경이라는 것은 존재하지 않는다. […중략…] 그리고 무엇을 아름답다고 보고, 어떤 자연을 적막하다고 조망했던가는 일찍이 그것을 아름답다고 발견하고, 적막한 것으로 그려낸 '예술'이 선행하기 때문에 가능한 것이다.[18]

풍경과 장소는 경험하는 자의 상상력과 긴밀하게 연관되며, 여기서 문학적 가치가 발생한다고 볼 수 있다. 문학공간에 대한 연구는 몇 가지 계기를 내포하고 있지만, 본질적으로 상상력의 공간이며, 실재적 대상에 대한 기계적 모방은 아니라는 점이 분명해진 것이다.
따라서 문학공간 연구는 다음과 같은 층위에서 논의되어야 한다.

1) 텍스트 자체로 성립하는 공간 : ① 텍스트의 구조
　　　　　　　　　　　　　　② 사건과 서사의 진행 공간
2) 지리적 대상으로서의 공간 : ① 작가 체험의 재구성
　　　　　　　　　　　　　　② 텍스트 생성의 기원 혹은 반영 대상

문학공간에 대한 연구는 이와같은 범주 아래서 작품현상과 관련지어 탐구되어야 한다. 이제 문학공간과 작가의 공간의식을 위의 분류에 따라 순차적으로 살펴보기로 한다.

---

18) 池田弦三郞, 『たが身の風景』, 讀賣新聞社, 1976, pp.199~201, 李孝德, 박성관 역, 『표상공간의 근대』, 소명, 2002, p.42, 재인용.

3. 문학공간 연구의 몇 가지 층위

1) 문학텍스트의 공간성 : 구조와 유사성

　문학작품이 하나의 구조물이라는 견해는 넓은 공감대를 형성하고 있다. 구조란 자체로 유의미한 성분들의 유기적 결합관계를 지칭한다. 문학작품의 구조는 완결성을 지향하는 자족적 형태라는 관점에서 종종 우주의 집약체라는 비유가 동원되기도 하는데, 로트만은 텍스트의 공간구조는 우주의 공간구조의 모델이 되며 텍스트 내 성분들의 내적인 통사론은 공간적 모델링의 언어가 된다고 하였다. 나아가서 공간은 규범적인 공간적 관계들과 유사한 관계들이 그 사이에 존재하는 동종적인 대상들(현상, 상태, 기능, 그림, 다양한 의미 등)의 총화라고 그는 말한다.[19] 여기서 주목할 점은 하나의 텍스트, 즉 문학적이라고 부를 수 있는 작품과 그 외적인 장르들 간의 상호관계에 대한 관심이다. 다시 말해 하나의 텍스트가 자기충족적인 구조로 존재한다고 해도 두 가지 계층적 관련성을 지닌다는 사실을 소홀히 할 수 없다. 하나는 유사한 장르들 사이의 상호관계성이고, 다른 하나는 작품 밖의 현실, 시대, 작가 등과의 연관성이다. 전자는 자기시대의 언어사용 상의 관습, 즉 보편적이라고 믿는 통사구조라든가 장르 사이의 상호결합, 일종의 상호텍스트성(inter-textuality)으로 설명되고, 후자의 경우, 텍스트가 지니는 외적인 현실과의 구조적 유사성(homologie)으로 이해된다. 작품 내의 질서와 작품 외적인 현실이 텍스트의 공간으로 수렴된다는 시각이 문학공간에 대한 이해의 폭을

---

19) 유리로트만, 유재천역, 『예술텍스트의 구조』, 고려원, 1991, p.330.

확장시킬 수 있기 때문이다.

 텍스트가 일정한 장르, 문체, 시대, 작가 등과 결합된다는 사실은 그것의 독립된 성분들의 엔트로피치를 변화시키며 이러한 사실은 우리로 하여금 텍스트 외적 관련을 전적으로 진실한 어떤 것으로 보게 해 줄 뿐 아니라 실재를 측정하는 어떤 방법도 지시해 준다.[20]

 가령, 유치환의 시 「깃발」에 대한 해석상의 논란을 예로 들어보자.

> 이것은 소리없는 아우성
> 저 푸른 해원을 향하여 흔드는
> 영원한 노스탈쟈의 손수건
> 순정은 물결같이 바람에 나부끼고
> 오로지 맑고 곧은 이념의 푯대 끝에
> 애수는 백로처럼 날개를 펴다
> 아아 누구던가
> 이렇게 슬프고도 애닯은 마음을
> 맨 처음 공중에 달 줄을 안 그는
>
> — 유치환, 「깃발」 전문

 이 시는 유치환의 첫 시집 『청마시초』(1939)에 실린 작품이다. 이 작품의 의미를 밝히는 과정은 크게 세 가지로 나뉜다. 시인의 실존적 삶의 공간과 관련지어 작품에 등장하는 깃발은 바다를 향한 언덕

---

20) 유리로트만, 앞의책, p.84.

위에 세워져 있었을 것이라는 주장[21]과 니체의 허무주의에 근거한 존재론적 탐구의 일환이라는 논의[22], 그리고 텍스트의 통합축과 계합축의 질서에 의하여 기존의 전기적(傳記的) 환원주의를 비판하고자 하는 분석[23] 등이 그것이다.

여기서 이어령의 논의를 참조해 보자. 그에 의하면 이 작품의 통합적 의미는 "아아 누구던가/이렇게 슬프고도 애닯은 마음을/맨 처음 공중에 달 줄 안 그는"이라는 마지막 시행에 집약된다. 깃발의 공간적 의미는 바다가 아니라, '공중' 즉 하늘에 있다는 것이다. 이것이 이시의 주된 메시지이며, 그 물음 역시 누가 지금 저 깃발을 꽂았는가의 문제가 아니라, 깃발이라는 것을 처음 만들어 공중에 매단 그 사람(창조자, 발견자)이 누구인가를 묻는다는 것이다. 따라서 이 작품에서 깃발은 그것이 어디에 존재하든 '깃발'이라는 기호작용, 즉 수직성이라는 기표로 존재한다는 것이다. 또한 계합적인 질서에서 볼 때, 이 시는 은유의 연속으로 이루어지면서 의미의 연관관계를 이루어낸다는 것이다. 이럴 경우 작품 「깃발」은 지상과 하늘을 연결하는 공간적 의미로 작용한다는 것이다.

「깃발」에 대한 이같은 견해들은 '움직이는 구조', 즉 다양한 해석의 가능성이라는 관점위에서 성립된다. 하지만 작품 해석이 하나의 입장에서 이루어진다는 것은 다른 입장을 '체계적으로 배제'하는 것임을 지나치게 강조할 경우, 어쩌면 방법론의 앙상한 골격만 남고 작품의 풍요로움을 함몰시킬 가능성이 있다. 이 작품에서의 깃발이 수

---

21) 김현승, 『한국현대시 해설』, 관동출판사, 1978.
   최동호, 『한국현대시의 정신사』, 열음출판사, 1985.
   김 현, 「旗ㅅ빨의 시학」, 『한국현대 시문학 대계』, 지식산업사, 1981.
22) 오세영, 『한국현대시인연구』, 월인, 2003.
   김재홍, 『한국현대시인연구』, 일지사, 1986.
23) 이어령, 앞의 책.

직적 상승 욕망의 기표로 작용하면서 인간 존재론의 한계를 드러내는 상징물로 이해되지만, 동시에 시인 유치환의 유년시절, 어떤 특정한 바닷가에서 나부끼던 깃발에 대한 미학적 결정(結晶)이라는 관점이 제거될 필요는 없다. 작품 공간을 이루는 요소들의 상호작용에 대한 정밀한 분석은 작품 생산의 기원, 즉 작가의 체험, 외부적인 공간 등을 함께 고려할 때 설득력을 배가할 수 있다. 이는 골드만의 지적대로[24] 작품의 구조에 대한 온전한 분석과 사회구조 사이의 상동성을 밝혀내는 '이해'와 '설명'의 변증법과 접점을 이룰 수도 있다.

작품공간과 실재공간 사이의 상동성에 주목하면서 텍스트의 공간이 지니는 의미를 흥미롭게 제시하는 작품으로 박태원의 「소설가 구보씨의 일일」(《조선중앙일보》,1934. 8. 1~9. 19 연재)을 들 수 있다. 이 작품은 시간의 계기적 흐름에 따른 서사적 흐름보다는, 도시 공간 포착의 순간성이 드러나는 공간의 편린들[25]이 강조된다. 박태원 스스로 고현학(modernologie)이라고 명명한 이같은 소설쓰기는 일종의 소설을 만들어가는 과정을 낱낱이 보여줌으로써 '현실 질서의 미학적 왜곡'이라는 기존의 방법론에 대한 희화화를 시도한 것으로 볼 수 있다.

> 구보는 마침내 다리 모퉁이에까지 이르렀다. 그의 일 있는 듯싶게 꾸미는 걸음걸이는 그곳에서 멈추어진다. 그는 어딜 갈까, 생각하여 본다. 모두가 그의 갈 곳이었다. 한군데라 그가 갈 곳은 없었다.[26] (밑줄강조는 인용자)
>
> — 박태원, 「소설가 구보씨의 일일」에서

---

24) 뤼시앙 골드만, 천희상 역, 「잠재의식 개념의 중요성」, 『현대사회와 문화창작』, 기린문화사, 1982.
25) 최혜실, 앞의글. p.27.
26) 박태원, 『소설가 구보씨의 일일』, 슬기, 1987, p.170.

그가 대문을 나선 후 하천 길을 따라 광교 방향으로 향하면서 제일 먼저 고심한 것은 어디로 갈까, 하는 방향성의 문제였다. 한 공간에서 다른 공간으로의 이동이 이 소설을 직조하는 기본 원리이다. 이 소설에서 구보가 경험하는 공간을 그의 걸음을 따라 보면 다음과 같다.

집→광교→전차→조선은행앞→장곡천정(충무로)→다방→남대문→경성역→장곡천정의 다방→전차→종로네거리→대창옥→광화문→다방→조선호텔앞→낙원정 카페→종로네거리→집

이 작품에서 구보는 하루 동안 여러 장소를 배회하면서 사람들을 만나지만 실상 특별하게 일어난 사건은 거의 없다. 소설 속에서 사건의 무화는 서사적 구성의 약화를 의미하며, 시간 구조의 '공간화'(spatial form)를 만들어내면서 소설 자체를 하나의 반복형으로 주조한다. 구보는 소설의 마지막에서 이제는 집에 들어 앉아 소설을 쓰겠다고 다짐하지만, 사실은 배회하는 도중에 '이 작품의 결말은 이대로 좋을 것인가' 고민하고 낙원정 술집에서는 여급들이 권하는 술을 마시면서도 그 상황을 '무슨 진리나 되는 듯이' 기록한다. 소설가 박태원, 혹은 구보의 글쓰기는 구보의 소설가화라고 할 수 있으며, 공간의 소설화 혹은 소설의 공간화라고 부를 수 있다. 『천변풍경』(《조광》1936. 9과 1937. 1~9월 사이 연재) 역시 공간 묘사가 문학의 몸체를 이루는 작품이다.

2) 문학생산의 기원으로서의 공간 : 지리적 대상과 체험적 공간성

작가의 체험과 미학적으로 재구성된 체험 사이의 관계는 단순하지

않다. 소위 미학적 왜곡이란 체험의 단순 변용 외에 좀더 복잡한 심리적, 정서적 계기들이 내포되어 있기 때문이다. 따라서 미학적으로 재구성된 실재, 즉 작품 속에 경험된 공간은 몇 가지 다른 층위를 갖는다고 할 수 있다. 첫째, 체험의 직접적 반영형태 둘째, 상상력을 작용하게 하는 최소한의 동기부여 셋째, 무의식의 작용을 통한 완전한 변형이다.

하지만 이와같은 구분은 뚜렷한 차이를 지니기 어렵다. 다만 체험과 미적 구조 사이의 관계를 밝히는 통로의 역할은 기대할 수 있을 것이다. 결국 문학작품이 생성되는 가장 근본적인 원인으로 작가의 체험, 특히 공간에 대한 체험은 작품 속에 드러난 지리적 대상에 대한 묘사 형태에 대한 탐색을 가능하게 한다. 다시 말해 문학 공간 연구를 지리적 공간의 연구로 축소할 때, 공간 연구는 서술의 흐름을 유예시키는 공간묘사의 분석[27]으로 귀결된다.

이럴 경우, 어떤 작품 속에 묘사된 공간이 작가의 체험 범위에서 어떤 특정한 장소를 가리키는지, 혹은 어떤 장소로부터 문학생산의 동기를 부여받았는지가 연구의 중요한 대상이 될 것이다. 여기에는 작가의 전기적인 기록과 삶의 문제가 함께 고려되어야 할 것이다. 뿐만 아니라, 작가의 심리적 성향, 교우관계 등 다양한 자료들이 관심의 대상이어야 한다. 다만, 문학작품에서 묘사된 공간이 어떤 특정한 장소의 변용과 굴절에 의해 축조된 형식이므로 이는 '체험의 내면화'로 요약되는 특성을 지닌다. 이는 거꾸로 작품 자체가 '내면화된 체험' 형태라고 말하는 것과 같다.

겨울 文義에 가서 보았다.

---

27) 박혜영, 앞의글, p.180.

거기까지 닿은 길이
몇 갈래의 길과
가까스로 만나는 것을.
죽음은 죽음만큼 길이 적막하기를 바란다.
마른 소리로 한 번씩 귀를 닫고
길들은 저마다 추운 쪽으로 뻗는구나.
그러나 삶은 길에서 돌아가
잠든 마을에 재를 날리고
문득 팔짱 끼어서
먼 산이 너무 가깝구나.
눈이여 죽음을 덮고 또 무엇을 덮겠느냐

겨울 文義에 가서 보았다.
죽음이 삶을 껴안은 채
한 죽음을 받는 것을.
끝까지 사절하다가
죽음은 인기척을 듣고
저만큼 가서 뒤를 돌아다 본다.
이 세상에 눈이 내리고
아무리 돌을 던져도 죽음에 맞지 않는다.
겨울 文義여 눈이 죽음을 덮고 또 무엇을 덮겠느냐.

― 고은, 「문의 마을에 가서」[28] 전문

---

28) 이 작품은 1969년 《현대시학》 5월호에 최초 발표되었고, 이후 시집 『문의마을에 가서』(민음사, 1974), 『고은시 전집』(민음사, 1983), 『고은 전집』(김영사, 2002)에 재수록될 때마다 개작되었다. 이 시뿐 아니라 고은 시의 개작에 대한 논의는 연구자마다 분분하다. 이에 대해서는 졸저, 『고은 시의 미학』(한길사, 2001), 제1장, 참조. 본고에서는 1974년 판을 참조하였다.

어떤 작품은 작가의 체험이 작품 이해의 중요한 참고가 될 수 있는데, 이 시가 여기에 해당된다. 작품에 등장하는 '文義'의 실재성과 시인의 체험은 매우 밀접한 상관관계를 지닌다. 겨울의 문의는 여러 갈래의 길을 돌아야만 했던 걸까. 시인은 그 길을 가까스로 만났다고 말한다. 그 길은 죽음만큼이나 적막하다. 그 길에서 시인은 잠시 팔짱을 끼고 바라본다. 눈 속에 잠긴 듯한 길은 멀리 보이고, 가깝게 보이는 것은 산뿐이다. 문의에 대한 묘사는 길과 죽음의 풍경으로 제시된다. 문의는 죽음이 삶을 껴안은 자세라는 것, 이는 물론 어떤 체험에 대한 문학적 변용의 결과이다. 눈 덮힌 문의의 풍경은 아무리 돌을 던져도 닿지 않는 죽음의 세계라는 시각이 지배적이다. 여기에 대해서 시인은 이렇게 말한다.

1967년 겨울, 그 무렵 내가 제주도 생활로부터 막 돌아와서 친숙하게 지낸 절필자 신동문(辛東門)의 어머니가 오랜 독신으로 살다가 세상을 버렸다. [⋯중략⋯] 영구는 청주를 벗어나서 청원군의 문의마을에 이르렀다. [⋯중략⋯] 장지 일대에는 눈이 쌓이고 있었다. 겨울 나뭇 가지들은 앙앙 우는 것처럼 눈을 이고 있고 마을 지붕은 아주 행복하게 눈에 매장되어 있었다. [⋯중략⋯] 자연이 사람에게 극도로 귀의 하고 있었다. 그러나 그때 [⋯중략⋯] 장의 버스가 그 마을에 도착했을 때 정신이 건강하지 못한 신동문의 누이가 영구를 꺼낼 때 그 영구에 매달려서 통곡하는 것을 기이한 희열, 어떤 관능의 저쪽에 있는 허무 직전의 희열로 실감했다.29)

---

29) 고은, 「文義 마을에 가서」, 『구도자』, 범우사, 1993, p.28.

충북 청원군 소재 문의는 현재 대청댐에 의해 일부가 수몰된 지역이다. 이와 같은 시인의 체험 공간이 작품으로 형상화되었다는 점이 지리적 문학공간에 대한 일차적 관심사가 아닐 수 없다. 그러나 간과할 수 없는 사실 가운데 하나는 체험이 곧바로 문학적 형식화를 이루지는 않는다는 점이다. 즉 시의 경우 논리(체험)보다는 정서적 반응형식이 더욱 중요하며 구체적인 삶의 현상과 경험을 자아가 어떻게 내면화하느냐의 문제, 즉 은유적 상상력(metaphorical imagination)[30]이 무엇보다도 중요하기 때문이다. 이를 확대하여 생각할 때 문학은 삶의 형식과 논리를 정서적으로 양식화는 행위라는 결론에 이른다. 실재적 공간에 대한 체험의 문학적 변용은 이같은 관점에서 설명된다.

무진에 명산물이 없는 게 아니다. 나는 그것이 무엇인지 알고 있다. 그것은 안개다. 아침에 잠자리에서 일어나서 밖으로 나오면, 밤 사이에 진주해 온 적군들처럼 안개가 무진을 빙 둘러싸고 있는 것이었다. 무진을 둘러싸고 있던 산들도 안개에 의하여 보이지 않는 먼 곳으로 유배당해 버리고 없었다. 안개는 마치 이승에 한(恨)이 있어서 매일 밤 찾아오는 여귀(女鬼)가 뿜어내 놓은 입김과 같았다. 해가 떠오르고 바람이 바다 쪽에서 방향을 바꾸어 불어오기 전에는 사람들의 힘으로써는 그것을 헤쳐 버릴 수가 없었다. 손으로 잡을 수 없으면서도 그것은 뚜렷이 존재했고 사람들을 둘러쌌고 먼 곳에 있는 것으로부터 사람들을 떼어 놓았다. 안개, 무진의 안개, 무진의 아침에 사람들이 만나는 안개, 사람들로 하여금 해를, 바람을 간절히 부르게 하는 무진의 안개 그것이 무진의 명산물이 아닐 수 있을까!

— 김승옥, 「무진기행」에서

---

[30] 우한용, 「창작교육의 이념과 지향」, 『창작교육,어떻게 할 것인가』, 푸른사상, 2001, p.21.

이 소설은 1964년 7월에 발표된 작품이다. 작가 김승옥은 1941년 12월 23일 일본에서 태어나 1945년 귀국하여 전남 진도에서 몇 달 살다가 본적지인 전남 광양에 정착한 후, 다음해 순천으로 이사하여 48년 순천 남국민학교에 입학했다. 그해 아버지를 잃고 다음 해에 여수 경산국민학교로 옮겼으며, 여수 반란사건과 한국전쟁이 발발하자 경남 남해로 피난을 갔다가 수복 후 순천 북국민학교로 전학하였다.[31]

작품의 주요 무대인 '霧津'이 작가가 실제 경험한 어느 바닷가 마을인지, 혹은 상상속의 공간인지 불문명하지만, 유년시절 작가의 성장체험과 완전히 무관하지는 않을 것이다.[32] 동시에 1960년대의 삶의 풍경을 고려할 때, 무진은 누구나 체험하거나 공감하는 보편적 공간일 가능성도 있다. 그것은 쓸쓸하고 고뇌하던 청춘의 한때를 증거하는 하나의 내면적 형식이기 때문이다.[33] 이럴 경우 무진은 체험의 대상, 상상력의 공간, 그리고 시대적인 반향을 내포하는 정신사적 공간이 되기도 한다. 따라서 작품에 등장하는 지리적 대상으로서의 공간이 어떤 형태로 존재하는가는 그것이 어떻게 묘사되었는가를 살피는 일이 우선되어야 할 것이다.

동향(東向)인 솟을대문은 한 쪽 처마가 기우뚱 내려앉아 있었다. 지붕 골기왓장 틈새에는 여름철이면 풀이 자랄 정도로 고색창연한 대문이었다. 솟을대문은 주인댁 노마님이 자나깨나 문단속을 당부했으므로, 늘 빗장이 질러져 있었다.

---

31) 정현기, 「안개와 수근거림과 애욕의 시대를 지켜본 작가」, 『김승옥』, 문학사상사, 1986, p.347.
32) 「무진기행」의 구조를 공간들의 표상작용을 통해 분석한 글로, 졸고, 「허무와 자유의 미분적 공간, 혹은 환멸의 미학」, 『비평의 거울』, 청동거울, 2002, 참조.
33) 김윤식, 『한국현대문학사』, 일지사, 1976, p.222. 김윤식은 이어 이 작품의 의미는 다음 두 가지 이유에서 좀더 극대화된다고 하였다. 첫째, 안개는 단순한 사물로서의 그것이 아니라, 4·19 혁명의 좌절로 인해 젊은이가 품게 된 허무의식의 발로이며, 둘째, 전염병처럼 번지기 시작한 60년대의 세속적 출세주의의 자의식적 발현이라는 것이다.

빗장을 질러 놓지 않는다면 하루에도 수십 차례 잡상인과 거지가 들락거렸을 터였다. 솟을대문 앞에서 큰 소리로 왜자긴다 해도 그 소리가 안채에까지 들리지 않을 텐데도 아침과 저녁 무렵이면 몇 차례씩 대문을 흔들며, 밥 좀 주세요 하고 소리치던 거지가 한동안 문틈으로 귀기울이며 기다리다 힘없는 발길을 돌리곤 했다. 홧김에 발길질로 대문을 걷어차고 가는 거지도 있었다.

— 김원일, 『마당깊은 집』에서

이 부분은 작중 서술자가 삼십 년이 흐른 뒤에도 자신이 살던 마당 깊은 집의 구조를 충분히 회상할 수 있다고 하면서 집의 구조를 묘사하는 대목의 하나이다. 서술자의 기억이 곧 작가 자신임을 추측하게 하는 이 작품에서 가장 중요한 것은 '집'에 대한 기억과 묘사이며, 그 집에서 일어나는 여러 가지 사건에 대한 서술이다. 그런데 마당 깊은 집을 묘사하는 대목은 중요한 특징을 갖는다. 그것은 공간묘사와 서사의 결합 방식이다. 물론 이같은 방식이 새롭지는 않지만 문제는 실재적 경험과 상상적 재구성이 문학공간 묘사에서 혼재될 수밖에 없다는 사실이다.[34]

따라서 지리적 대상이 문학 공간을 형성하는 경우, 작품의 주제의식이라는 면에서 세 가지 경향을 지닌다고 할 수 있다. 첫째, 작가의 개인적 경험이 강하게 드러나면서 실존적인 물음을 범주화하는 경우, 둘째, 동시대적인 문제를 내포하면서 현실적인 반향을 갖는 경우, 셋째, 시간과 역사, 이념의 문제를 제기하는 경우가 그것이다.

---

34) 김원일의 『마당깊은 집』은 작가의 성장체험에 근거한다고 많은 사람들이 이해하고 있지만, 적지 않은 부분이 작가의 상상력에 의해 재구성된 것임을 확인할 수 있었다. 작가 김원일은 필자와의 한 대담에서 필자가 감동을 받았다는 부분이 사실 상당 부분 허구였다고 말한 바 있다. 김원일, 한원균 대담, 「기억의 저편, 아름다운 상처에 대한 기록」, 『김원일의 〈마당깊은 집〉을 찾아가는 발걸음』, 청동거울, 2002.

이와 같은 층위는 문학 공간이 작가의 세계관과 밀접하게 연관된다는 전제 하에 고려될 수 있다. 이상의 「날개」에서 드러난 자의식적 공간으로의 방, 김승옥의 「서울 1964년 겨울」에서 서울이라는 공간이 지니는 시대적인 의미, 조정래의 『태백산맥』에서 참담했던 우리 역사의 한 징후로 등장한 벌교의 공간성이 이같은 요인을 지니는 작품으로 고려될 수 있다.

4. 문학공간 연구의 과제

문학공간은 공시적, 통시적 방법에 의해 그 연구의 지평을 넓힐 수 있다. 즉 주제론적 탐색과 문학사적 접근이 그것이다. 문학공간은 단순히 소재적인 부속물이 아니고 작품의 의미를 심화, 확대하면서 작가의 세계관을 수렴시키는데 기여한다. 공간에 대한 연구는 일차적으로 근대적 의미의 공간이 지니는 철학적 사유에 대한 검토가 이루어져야 하지만 문학공간 연구는 순수 물리학적 공간 연구와 구별될 필요가 있다. 건축, 미술, 문학 등의 예술이 공간을 어떻게 내면화하고 표상화하는가의 문제는 매우 다양한 층위와 관련된다. 그것은 공간 표상이 인간의 관점에서 수용되고 해석되는 과정에 대한 의미부여라 할 수 있다. 바슐라르 식으로 말하자면, 소유되는 공간, 적대적인 힘에서 방어되는 공간, 사랑받는 공간, 이러한 공간들의 인간적인 가치를 규명하는, 장소 애호(topophilie)라는 명칭을 부여할 만한[35] 작업이다.

---

35) 가스통 바슐라르, 곽광수 역, 『공간의 시학』, 민음사, 1990, p.108.

결국 공간에 대한 연구가 어떤 가치를 지니며 어떤 역사적인 의미를 지니는가의 문제가 공간 연구의 중요한 과제가 된다. 가령, 방, 집, 정원, 마을의 나무, 바다, 길, 들판, 광장 등이 작가의 체험, 지리적 연관 아래서 어떻게 공간적 의미를 획득하는지, 또한 역사적으로 이와같은 표상들은 어떻게 변주되어 나타나는지를 살펴볼 수 있을 것이다. 문학공간 연구가 작품의 텍스트성을 밝히는 데 국한되지 않는다면 이같은 연구는 최근의 문화적 흐름을 수용하는 한 가지 방법이 될 수 있다. 문학과 공간의 상관관계를 문학교육과 문화이해의 효과적인 도구로 제작하는 방안이 유력하게 대두되고 있기 때문이다.[36]

본고에서는 문학공간을 (1)텍스트 자체로 성립하는 공간과 (2)지리적 대상으로서의 공간으로 나누어 살펴보면서 일종의 유형화를 시도하였다. (1)텍스트 자체의 공간은 다시 ①텍스트의 구조 ②사건과 서사의 진행공간으로 구분하였고, (2)지리적 대상으로서의 공간은 ①작가 체험의 재구성 ②텍스트 생성의 기원 혹은 반영 대상이 그것이다.

그러나 이런 구분은 문학공간 연구를 위한 하나의 방법론만을 제시했다는 한계를 노출한다. 향후 문학공간 연구는 좀더 구체적인 작품현상을 통해서 공간 연구의 범위와 대상을 확정하고 주제론적이면서 통시적인 관점이 병행되어야 할 것이다. 또한 한국의 정치, 사회, 문화의 환경을 면밀하게 분석하면서 동시대 삶의 문제를 구조화하는 관점에서 공간 연구가 이루어져야 하며, 문학공간 연구는 이같은 전

---

36) 문학공간의 디지털화 연구는 향후 새로운 문학연구의 패러다임으로 등장할 것이다. 이에 대해서는 김수복, 「문학공간의 데이터베이스 활용과 문화산업」, 《문학과 산업 어떻게 만나야 하나》, 제1회 문학과 문화산업 세미나 발표집, 동국대학교 한국문화연구단, 2004. 9. 24) 김명준, 「문학공간의 데이터베이스 구축을 위한 기술 방법 연구」(제7회 한국문예창작학회 정기 학술세미나 발표, 경희사이버대, 2004. 11. 13) 등에서 효과적으로 연구되고 있다.

제 하에 조망될 때 더욱 풍요로운 의미를 얻을 것이다. 더욱이 문학 공간이 문학창작의 현장에서 활용되고 문화 의식을 제고하는 데 기여하려면 좀더 세밀하고 실용적인 차원에서 데이터베이스가 구축되어야 할 것이다. 본고 역시 향후 이같은 작업이 효과적으로 이루어지기 위한 다학제적 연관성을 매우 관심있게 수용한 결과라 할 수 있다.

한원균(청주과학대 교수)

참고문헌

강명관, 『조선시대 문학예술의 생성공간』, 소명, 1999.
김명준, 「문학공간의 데이터베이스 구축을 위한 기술방법 연구」, 제7회 한국문예창작학회 정기 학술 세미나 발표집, 2004. 11. 13.
김옥낭 외, 『문화예술공간과 문화연구』, 한울, 2004.
김수복, 「문학공간의 데이터베이스 활용과 문화산업」, 문학사랑특별기획 제1회 학술세미나자료집, 동국대 한국문화연구단, 2004. 9. 24.
김은자, 『현대시의 공간과 구조』, 문학과비평사, 1997.
김종건, 『구인회 소설의 공간설정과 작가의식』, 새미, 2004.
김종욱, 『한국소설의 시간과 공간』, 태학사, 2000.
김종태, 『정지용 시의 공간과 죽음』, 월인, 2002.
김혜니, 『박목월 시 공간의 기호론과 실제』, 푸른사상사, 2004.
김화영 편, 『소설이란 무엇인가』, 문학사상사, 1986.
박태일, 『한국근대시의 공간과 장소』, 소명, 1999.
박혜영, 「문학과 공간:이론적 접근 1」, 『덕성여대논문집』 제25집, 덕성여자대학교, 1996.
문학과문화연구소, 『창작교육, 어떻게 할 것인가』, 푸른사상사, 2001.
소광희, 『시간의 철학적 성찰』, 문예출판사, 2001.
소설학회, 『공간의 시학』, 예림기획, 2001.
안남일, 『기억과 공간의 소설 현상학』, 나남, 2004.
이어령, 『공간의 기호학』, 민음사, 2000.
이진경, 『근대적 시,공간의 탄생』, 푸른숲, 2002.
장일구, 「소설 공간론, 그 전제와 지평」, 한국소설학회 편, 『공간의 시학-한국소설연구4』, 예림기획, 2002.
최혜실, 「1930년대 도시소설의 소설공간」, 『현대소설연구』 6집, 한국현대소설학회, 1996.
한광구, 『목월시의 시간과 공간』, 시와시학, 1993.
한원균, 「허무와 자유의 미분적 공간, 혹은 환멸의 미학」, 『비평의 거울』, 청동거울, 2002.
라이헨바하, 이정우 역, 『시간과 공간의 철학』, 서광사, 1986.
모리스 블랑쇼, 박혜영 옮김, 『문학의 공간』, 책세상, 1998.
알라이다, 변학수 외 역, 『기억의 공간』, 경북대출판부, 1998.
유리 로트만, 유재천 역, 『예술텍스트의 구조』, 고려원, 1991.
李孝德, 박성관 역, 『표상공간의 근대』, 소명, 2002.

2 문학공간에 대한 분석적 기술記述 방법

1. 머리말

　오늘날 우리는 급격한 사회 변혁기를 지나 정보화와 문화산업의 시대에 살고 있다. 이러한 시대적 변화가 학문연구의 성격에도 뚜렷이 영향을 미치고 있다. 특히 문학연구의 분야에서 많은 연구자들이 "문학연구를 관습적인 형태로 유지시키고 있는 가정이나 전제들이 근본적으로 녹슬어 가고 있다"[1]는 사실에 공감하고 있다. 그만큼 과거 우리 교육현장에서 물려받은 고정화되고 관습화 된 제도 속의 문학교육은 새로운 세대가 겪고 있는 현실과 더 이상 어울리지 않는 것이 되어 버렸다. 이와 같은 현상은 문학이 기본적으로 인간의 경험과 상상력의 산물이지만 근본적으로 "인간정신을 탐구하는 학문

---

1) 앤터니 이스톱, 박인기 옮김, 『시와 담론』(지식산업사, 1994), p.9. 인용은 이 책의 편집자인 테렌스 호크스의 '편집자 서문'에서 발췌.

이자 역동적인 예술행위"²⁾라는 차원을 종종 간과했기 때문이다.

그런데 최근, 문학을 구성하는 작가―작품―독자의 요소를 정태적으로 파악하지 않고 역동적인 구조를 형성하면서 상호주체적인 실천을 하는 일종의 실천태로 파악하려는 노력은 고무적인 현상이라 하겠다.³⁾ 그것은 작품 자체에 대한 분석에만 초점을 맞추었던 종래의 정태적 의미의 문학교육과 관습에 새로운 수정이 요구되고 있다는 반증이라 할 수 있다. 따라서 우리는 이 같은 변화의 과정에 저항하기보다는 변화를 부추기고, 기존의 문학이나 학문적 풍토에서 지금까지 한정짓고 있었던 문학적 관습을 확장시키려면 고정화 되고 관습화된 사고의 틀에서 벗어나야 한다. 문학의 역동성과 현장성을 강조하여 문학을 '개인적인 독서체험에서 집단적인 활동체험으로 변화'시키고, '문학작품을 문화산업에 적용'시키려는 일련의 작업도 이러한 인식에서 출발하고 있다.⁴⁾

하나의 문학작품을 이해한다는 것은 단순히 글이 담고 있는 정보를 이해하는 수준을 넘어선다. 그것은 읽는 독자의 다양한 생체험과 인식코드를 바탕으로 글을 해석하고 감상하고 향유하는 능력과 관련되어 있기 때문이다. 이 같은 사실은 문학교육이 문학적 지식에 대한 교육을 넘어서 '문화의 이해와 개인의 윤리적 실천과 관련한 영

---

2) 김수복, 「문학공간의 데이터베이스 활용과 문화산업」, 『문학과 산업, 어떻게 만나야 하나』, 문학사랑특별기획 제1회 문학과 문화산업 세미나 자료집, 동국대학교 한국문화연구단, 2004. 9. 24, p.19.
3) 우한용, 「문학교육의 문화론적 기초」, 『문학교육과 문화론』(서울대출판부, 1997), p.5.
최근 이러한 인식을 보이고 있는 연구를 소개하면 다음과 같다.
최혜실, 『디지털시대의 문화 읽기』(소명출판, 2001); 김수복, op.cit.; 김수복, 「문학공간답사의 문학교육적 활용방안연구」(한국문예창작학회 제6회 정기학술세미나 자료집, 2004. 4)
4) 이러한 점에서 현재, 단국대학교 한국문화기술연구소에서 학술진흥재단 기초학문지원사업의 일환으로 진행되고 있는 '한국 현대문학 지형의 데이터베이스 구축 및 실용화 방안 연구'는 주목을 요한다. 이 연구는 문학작품의 내재적·외재적 공간성에 주목하고 작품창작 현장을 직접 답사하여 문학의 현장자료를 수집하고 체계화하여 보존하려는 데 목적이 있다.

역으로 나아가는 교육'이어야함을 의미한다.[5] 이러한 점에서 문학공간을 답사하고 "문학 텍스트가 내포하고 있는 의미를 찾아내어 문학의 현장성과 역동성을 되살리는 작업"은 그 자체로 살아있는 문학의 지층을 두드리는 작업이며 문학의 역동성을 가장 직접적으로 이해하고 학습할 수 있는 방안이라 하겠다.[6]

그러므로 우리는 문학의 잠정적 수요자에게 '문학작품에 대한 이해와 감상능력을 고양'해야 함과 아울러, 동시에 '작품이해를 통해 자신의 내면세계를 확장'해 나갈 수 있는 분위기를 조성할 필요가 있다. 즉, 문학적 대상을 잘 맛보고, 소모하고, 사용하고, 인정하고, 판단할 수 있도록 문학 수요자들에게 디지털적 환경과 정서적 환경을 동시에 제공해줄 필요가 있는 것이다.[7]

이와 같은 환경을 제공하기 위해서는 '문학공간에 대한 데이터베이스 구축'[8]이 선결되어야 하고, 문학 수요자들에게 효과적으로 전달할

---

5) 우환용, op.cit., p.34 이하 참조.
6) 김수복, 「문학공간의 데이터베이스 활용과 문화산업」, op.cit., p.21.
 문학의 내·외재적 상관관계에 대한 논의는 교육현장에서 이미 제시된 바 있다. 즉 문학작품이 학생들로 하여금 사고력과 기억력을 강화시키고, 이해과정에 감정이입과 공감대를 형성시키며, 간접경험을 통한 개인지리를 구성하도록 하는 역할을 한다는 사실과 또한 인지적 영역과 정의적 영역의 조화를 추구하는 통합교와 운영에 대한 활용 가능성이 크다는 사실이 밝혀진바 있다. 이러한 사실은 문학교육이 지식의 교육이라기보다는 지혜의 교육에 가깝다는 것을 보여주고 있는 것이다. 문학공간과 실제 공간 간의 의미 있는 상관관계를 밝힌 논문으로는 다음을 참고할 수 있다.
 김혜숙, 「문학작품을 활용한 지리수업」, 『지리환경교육 4(1)』(한국지리환경교육학회, 1996), pp.31~43; 장윤정, 「문학작품을 지리교육에 이용하기 위한 기초연구—김정한을 사례로」(부산대학교 교육대학원 석사학위청구논문, 1995) 참고; 이은숙·장은미, 「한국문학공간의 특성과 Web GIS구축자료에 관한 기초 연구」, 『문화역사지리』 제13권 제1호(2001.6), pp.17~33 참고; 박혜영, 「문학과 공간:이론적 접근 1」, 『덕성여대논문집』 제25집(덕성여자대학교, 1996), pp.122~132 참조; 김수복, op.cit..
7) 최병우, 『다매체 시대의 한국문학연구』(푸른사상, 2003), p.234 이하 참조.
8) 문학공간 데이터베이스 구축의 필요성은 김수복에 의해 제기된 바 있다. 그는 '자료보존의 가능성', '교육자료의 활용가능성', '평생/사회교육, 문학에 대한 대중적 관심확대 유도', '각종 문화콘텐츠 개발의 기초자료축적', '한국문학의 세계 경쟁력 강화' 등 다섯 가지를 이 연구의 필요성으로 제시한 바 있다.
 김수복, 「문학공간답사의 문학교육적 활용방안 연구」, op.cit., pp.73~75 참조.

수 있는 다각적인 문학공간 연구방법론이 모색되어야 하는 것이다.

따라서 이 글의 목적은 문학공간과 문화산업과의 연계성에 주목하고, 잠점적 문학 수요자들에게 문학공간 분석 결과를 어떻게 기술하고 어떻게 효과적으로 전달할 것인가 하는 방법을 제시하는 데 있다. 말하자면, 이 글은 문학공간의 문화 산업화를 위한 최소한의 연구방법의 모색에 해당될 것이다.

2. 문학공간 분석에 대한 기술(記述) 현황

최근, 문학공간에 대한 이해가 크게 부각되고 있다. 그것은 보편적인 거대서사를 거부하고 이질성과 차이를 강조하는 포스트모던 사회의 출현과 더불어, 각 지역에 대한 인식태도가 과거에 비해 더욱 중요해졌기 때문이기도 하다. 하지만 시대의 흐름과 더불어 문화의 향수라는 인간의 삶의 질과 관계된 인식이 달라진 것도 한 원인이다.

1990년대 중반 이후, 문학공간에 대한 답사활동은 각급 대학과 사회/평생교육원 및 문화센터를 중심으로 활발하게 이루어져 왔다. 그리고 이와 관련되는 서적도 약 20여 종에 달한다. 이러한 현상은 문학이 '사회적 진실을 객관적으로 반영'하고 있다는 고전적 명제를 중심으로 학교 내에서의 정태적 연구가 '생활 속의 문학'이라는 문화 향수의 차원으로 변화되어 가고 있음을 보여주는 것이라 할 수 있다. 그러한 저작 중에서 대표적인 것만을 언급하면 다음과 같다.

김훈·박래부의 『문학기행 1, 2』(한국문화원, 1997)은 《한국일보》가 문학과 현장, 문학과 국토의 전체가 연결될 수 있는 '문학기행'을 기획하여 1986년 5월부터 3년 동안에 매주 두 명의 기자가 연재했던

〈명작의 무대―문학기행〉을 묶어낸 것이다. 71명의 특정 작가의 작품(시, 소설, 수필, 아동문학)을 기자의 관점에서 조망하고 있고 작가의 간단한 프로필과 흑백사진을 싣고 있으며 산문인 경우 작품 줄거리도 제시하고 있다. 그러나 각 작품 당 한 장의 사진만 싣고 있어서 문학공간의 현장이해가 떨어진다. 또 간단한 문학공간의 변이 과정과 기자들 개인의 독서관습에 의지하여 약간의 작가작품분석과 함께 작품을 평가하고 있기 때문에 문학이해의 보편성과 객관성을 확보받기 어렵다.

김정동의 『문학 속 우리 도시기행』(옛오늘, 2001)은 문학작품을 건축의 동선을 따라 읽으려 한 의미 있는 책이다. 동시대 건축물에 대한 일화와 함께 문학공간을 비교적 간결하게 제시하고, 여기에 당시 사진과 지도를 곁들이고 있다. 특히 작품의 공간적 배경을 예시하고 동시대 지형을 당시 사회상과 함께 조명한 것은 이 책의 장점이다. 그러나 우리 근현대문학사에서 주목받은 24명의 작가 작품으로 제한하고 그것도 특정 도시를 형상하고 있는 작품에만 한정하고 있는 것이 단점이다. 물론 이를 확장시켜 계속 작업을 진행한다면 문헌자료로서의 성과가 클 것으로 기대된다.

강진호의 『한국문학의 현장을 찾아서』(문학사상사, 2002)는 한국근대문학의 주역 33명의 작품을 작가작품론과 배경사진 그리고 간단한 문학지형도와 함께 싣고 있다. 자신의 문학관을 작가작품 분석의 척도로 활용하면서 문학공간에 대한 흑백사진과 함께 작가의 일화를 곁들이고 있는 이 책은 작품의 시대사적 배경을 토대로 문학공간을 꼼꼼히 탐사했다는 데 의의가 있다. 그러나 문학작품의 대상을 특정 작가작품에 한정시키고, 밀도 있는 작가작품 분석이 이루어지지 않았다는 점이 한계로 지적된다.

김양희·김영자의 『즐거운 문학수업』(성림, 2002)은 현직교사가 중·고등학생과 교사, 그리고 학부모들을 대상으로 만든 문학 기행집이다. 전국에 산재해 있는 문학비와 문인 생가, 기념관 등을 문학작품과 연계하여 기술하고 있다는 점에서 이 책은 의미 있다. 그러나 기행문적 성격이 강하고, 교과서에 수록된 고전문학에서 현대문학의 몇몇 주요 작가를 중심으로 간단하게 기술되었다는 단점이 있다. 따라서 전면적이고 깊이 있는 정보제공에는 미치지 못하고 있다.

임동헌의 『길에서 시와 소설을 만나다』(글로세움, 2003)는 현직 소설가가 사진의 예술기법을 활용하여 33명의 시인·소설가의 문학공간탐사 결과를 제시하고 있다. '길'을 모티프로 하면서 소설과 시를 사진예술의 차원에서 조명하고 있는 이 책은 문학공간의 계절적 요인을 고려한 공간배치나 사진 구성이 돋보이며 문학공간의 과거와 현재를 아울러 드러낸 점은 평가받을 일이다. 그러나 깊이 있게 작가·작품론에 다가가지 못하고 있으며, 서정적 풍광 위주의 작가·작품에 초점을 맞추고 있기 때문에 폭넓은 정보를 제공하지 못하는 자체의 한계가 있다.

이밖에도 문학기행에 관한 여러 저술들이 있으나 김수복에 의해 그 장단점이 깊이 있게 논의된 바 있어 생략하기로 한다.[9]

다음으로 인터넷상의 〈사이버 문학공간〉을 들 수 있다. 이는 문학공간 데이터베이스를 사이버공간에 링크시킨 것으로 직접 문학 공간을 찾지 않더라도 문학예술행사에 동참할 수 있고 다양한 정보를 공

---

[9] 김수복에 의해 논의된 문학기행서적은 다음과 같다.
동국대학교 한국문학연구소의 『한국문학지도』(계몽사, 1996), 이종근의 『전북문학기행』(신아출판사, 1997), 이대규의 『남도문학기행』(이외문화사, 1999), 장태동의 『서울문학기행』(미래M&B, 2001), 한만수의 『태백산맥 문학기행』(해냄, 2003), 박진숙 외의 여러 저자가 집필한 『마당발―김원일의 〈마당깊은 집〉을 찾아가는 발걸음』(청동거울, 2002) 등이 그것이다.
김수복, 「문학공간답사를 활용한 문예교육방안 연구」, 미발표 원고 참조.

유할 수 있다는 장점 때문에 그 활용가치는 매우 크다. 현재 인터넷 홈페이지로 구축되어 있는 주요 〈사이버 문학공간〉을 예시하면 다음과 같다.

'안영선의 국어여행(imunhak.com.ne.kr)'은 경기도 용인시 용동중학교에 재직 중인 국어교사의 개인 홈페이지로, 242명에 달하는 작가들의 시비, 생가, 묘소 등의 위치와 사진 자료를 제공하고 있다. 여기에 문학평론가 강진호의 「작가의 생가와 문학세계」라는 평론을 링크하고 있다. 그러나 많은 작가들을 두루 다루고 있기 때문에 작가에 대한 정보가 간략하고, 개별적인 작품소개, 줄거리 및 작가·작품론은 싣고 있지 않다. 주소정보 등 문학공간답사에 필요한 기초 자료 제공에 그치고 구체적 문학의 공간분석은 이루어지지 않았다.

'우리나라 문학지도(eduweb01.edunet4u.net/~bluewave)'는 전국을 12개 지역으로 구분하여 고등학생들이 직접 제작한 사이트로 각 지역에 위치한 문학유적을 정리했다. 해당지역 작가들의 간략한 소개와 함께 연보도 제공한다. 또한 작가와 관련된 문학기사가 스크랩되어 있고, 몇몇 시의 경우 전문이 게재되어 있으며, 소설의 경우 간략한 줄거리와 수능시험 기출문제 등도 링크되어 있다. 이와 함께 간략한 교통정보도 싣고 있다. 그러나 깊이 있는 학술적 작가·작품론이 없고 교과서 위주의 작가와 작품에 한정되어 있다는 한계가 있다.

'임형의 '남도문학기행(namdou.com)'은 전라도 일대의 문학 자료를 고대부터 현대에 이르기까지 정리하고 있다. 상식적인 선에서의 작가를 소개하고 연보가 게재되어 있다. 간략한 작품 소개와 줄거리를 제공하고 있으며 특히 작품의 배경이 된 역사적 사건을 구체적으로 제시하여 읽는 독자로 하여금 쉽게 작품을 이해할 수 있도록 한 것은 칭찬할 만하다. 또한 〈5·18과 문학〉이라는 목록을 따로 만들고 관련 자료, 문학, 유적지 등의 기사를 소개하고 있다. 주소와 차편 등의 간략한 정보도 얻을 수 있다. 그러나 형식을 갖춘 작가·작품론이 없는 것은 아쉽다. 〈남도문학기행〉이라는 사이트 이름에서 알 수 있듯, 남도라는 문학공간만을 소개하고 있다. 앞의 두 사이트와 비교하여 구체성과 집중력에는 우위를 보이나, 지역적인 한계를 벗어나지 못하였다.

한편, 개인 작가에 대한 〈인터넷문학관〉도 많이 개설되어 있다. 문학공간과 작가의 전기적 측면을 고려해 볼 때, 사이트로 개설된 문학관의 현황도 고려되어야 할 부분이다. 각종 인터넷문학관은 많은 자료와 함께 작가 개인과 작품에 대한 정보를 공유하고 있기 때문이다.

주요 인터넷문학관으로 '편운문학관(www.poetcho.com)', '김유정문학촌(www.kimyoujeong.org)', '만해문학관(manhae.or.kr)', '채만식문학관(chaemansik.gunsan.go.kr)' 등을 들 수 있다. 한 개인에 포커스가 집중되어 있는 인터넷문학관의 경우, 시인이나 작가에 대한 구체적이며 신빙성 있는 연대기적 정보나 작품에 대한 정보를 얻을 수 있다는 장점이 있다. 그러나 다른 작가의 정보를 기대할 수 없는 것이 한계라 할 수 있다.

지금까지 살펴본 것처럼, 최근으로 올수록 문학공간에 관한 기행은 매우 활발하게 이루어지고 있으며, 적지 않은 성과물까지 집적되어 있는 것을 알 수 있다. 그리고 그 성과물은 개성적인 편집과 함께 편집자 나름대로의 문학적 소양을 드러내고 있다. 또한, 인터넷상의 사이버 문학공간도 다양한 자료의 제공은 물론 독자들이 손쉽게 접속하여 많은 정보를 얻을 수 있게 되어 있다.

그러나 문학공간답사의 결과를 기술하는 방법에는 많은 문제점들이 내포되어 있다. 우선, 방법론적 취약성이다. 문학공간답사와 관련하여 다수의 성과에도 불구하고 몇 개의 저술을 제외하고 대부분이 기행문이나 여행안내서에 불과한 내용과 정보를 갖추고 있을 뿐이다.

또한, 많은 작가와 작품의 정보를 공유하는 인터넷사이트의 경우도 다음과 같은 단점이 있다. 첫째, 개인 작가에 포커스가 집중된 문학관을 제외하면 작가와 작품에 대한 통상적인 소개에 그쳐 다각적이며 전문적인 정보를 얻을 수 없다. 둘째, 각 공간들이 가지고 있는 문학사적 흐름과 의미를 고려하지 않았기 때문에 정보의 체계가 확립되지 못했다. 셋째, 지역적 한계를 극복하지 못하고 있어 전체적이고 통합적인 연구가 미흡하다. 이런 문제점이 상정 될 수밖에 없는 것은 홈페이지 구축 작업이 체계적인 연구과정을 거쳐서 이루어진 것이 아니라 몇몇 개인들이 관심을 통해서 이루어졌기 때문이다.[10]

그러므로 이러한 단점을 극복하기 위해서는 전문적인 연구집단에 의해 문학공간 데이터베이스가 구축되어야 하고 이를 체계화하여 보여줄 필요가 있다. 즉, 총체적이고 선명한 문학과 문학공간과의 상관관계에 대한 다양하고 체계적인 연구가 필요한 것이다. 따라서, 기존 연구의 단점을 보완하면서 일관된 원칙에 의한 문학공간 분석을 위한 기술(記述) 방법을 다음과 같이 제시하고자 한다.

첫째, 대상 작가 전기 기술방법
둘째, 문학공간과 현장 답사 기술방법
셋째, 이미지 자료의 수집과 활용방법

---

10) 김수복은 문학공간답사의 준비과정이라고 할 수 있는 장소와 작가의 선정방법에서부터 행사 진행과 자료조사, 자료의 정리와 보존에 이르는 각종 방법론에 대한 매뉴얼이 선정되어야 하고, 그런 이후에 연구결과를 활용할 수 있는 다양한 문학교육방법론에 대한 연구도 병행해야 한다고 주장한 바 있다.
김수복, 「문학공간의 데이터베이스 활용과 문화산업」, op.cit., p.28 참조.

그럼, 다음에서 이에 대한 구체적인 문학공간 기술 방법을 제시하기로 한다.

3. 문학공간 분석을 위한 기술(記述) 방법

1) 분석을 위한 선결 문제

문학공간 분석에 대한 기술방법에는 일정한 원칙이 있어야 한다. 원칙이란 세계를 설명하거나 해석을 위해 거기에 의지할 수밖에 없는 어떤 형식이다. 우선, 문학공간과 문학의 연관관계를 제시하되 기본적으로 문학의 보편성을 지역의 특수성에 얽어매지 말아야 한다. 즉 현상위주의 기술이 중심이 되어야 한다. 또, 텍스트에 대한 완벽한 해석의 바탕위에서 그 현장을 다루어 내야 한다. 그러나 객관적 사실의 열거로써만 문학의 진실을 드러낼 수 없을 때에는 주관적 진술도 필요하다. 이 때에는 '공적 타당성과 개방성'이 있어야 한다.[11]

그런데, 이와 같은 원칙을 중심으로 문학공간을 기술하기 위해서는 다음과 같은 세 가지 문제해결이 선행되어야 한다.

첫째, 대상 작품의 선정문제이다. 현대 문학공간 분석을 위한 대상 작품은 기본적으로 한국현대문학사의 주요 작품일 수밖에 없다. 대상작품을 선정하기 위한 방법으로 전국규모의 국문과 교수와 문예창작과 교수들에게 설문지를 사용하거나 각종 매체를 활용하는 방법이 있다. 그러나 전자는 현실적으로 그 실효성이 약하고, 후자 또한 전

---

11) 김훈·박래부, 『문학기행 2』(한국문화원, 1997), p.7

문성과 객관성을 확보받기 어렵다. 따라서 어느 정도 객관성과 보편성을 인정받을 수 있는 작가 작품을 선정하기 위해서는 공인된 현대 문인사전이나 다양한 현대문학사에 기술된 작가와 작품 중에서 비중 있는 작가와 문학사에 기술된 작품의 빈도를 확인해서 폭넓게 가치를 인정받은 것을 대상으로 하는 것이 좋다.

둘째, 인용 작품의 원전선택의 문제이다. 문학공간 분석 작업은 문학사적으로 한 세기를 대상으로 하고 있다. 그러나 현재, 각 시대별·작가별로 표기법이 통일되어 있지 않다. 특히 1989년도와 2000년에 한국 맞춤법이 전면적으로 혹은 부분적으로 개정되어 그 이전의 표기와 상이한 것이 많다. 그렇기 때문에 원전을 어느 것으로 할 것인가는 매우 중요한 문제이다. 그러나 이 문제는 변화하는 시대상과 더불어 모두가 함께 공유하고 공감할 수 있는 '실용적인 측면'에 초점을 맞춘다면 그리 어려운 일이 아니다. 즉, 문화산업의 시대와 연계하여 이해해 볼 필요가 있다. 그렇다면 현대 표기법에 맞는 입력이 필요하다. 따라서, 시기적으로 앞선 작품은 각종 '전집'에 수록된 작품을 중심으로 하되 현재의 표기법에 따라야 한다. 그렇지 않은 경우에는 가장 최근의 단행본을 중심으로 한다. '개정판'이 있는 작품은 '초판'을 중심으로 하되 이것도 현재의 표기법에 따라야 한다. 신소설과 같이 구 문투로 되어 있을 경우 내용에 손상되지 않는 한 현재의 표기로 바꾸어 실어야 한다.

셋째, 문학 작품에 나타난 공간 선택의 문제이다. 문학의 지명과 공간은 그 형상정도가 작가의 성향과 작품의 성격마다 판이하기 때문에 이에 대한 특성을 분류하고 공간 대상을 선택할 필요가 있다.

문학에 나타나는 지역과 공간의 특성은 다음과 같이 여러 가지로 분류해 볼 수 있다.[12] ①단순히 도시와 촌락으로 구분할 수 있는 경우, ②지명과 실제 환경이 드러나지 않는 경우, ③A시·P시·C읍 등의 기호학적 용어를 사용하는 경우, ④서울·부산 등의 도시명이나 미국·프랑스 등의 국가 명을 표시한 경우, ⑤구체적인 공간으로 보통명사를 사용하는 경우, ⑥지명 가운데 행정동과 행정리까지 구체적으로 표현된 경우, ⑦'삼포'나 '무진'·'이어도'처럼 가공의 공간으로 표현된 경우, ⑧넓은 영역의 지형지물 즉 지리산·동해안·남해·바닷가 정도로 표현되는 경우, ⑨역사적·사회적 사건을 배경으로 하고 있지만 그 정황으로 공간을 예견할 수 있는 경우가 그 예라 할 수 있다.

이렇듯 우리 문학은 '불특정 공간'과 '구체적 공간', '역사적 공간'을 형상하고 있는 작품들로 혼재되어 있다. 그러므로 문학공간 분석은 모든 작품을 대상으로 할 수 없기 때문에 이 배경 중에서 구체적이며 역사적인 공간을 문학공간 분석의 대상으로 할 필요가 있다. 이런 점에서 볼 때 ④(국외배경 제외), ⑤, ⑥, ⑦, ⑨가 이 연구에 유용하리라 본다. 물론 ⑦의 '가공의 공간'인 경우, 대체적으로 추인 가능한 인접지역을 대상으로 할 수 있다.

이와 같은 인식을 전제로 작가 전기와 문학공간 기술 방법, 그리고 이미지 자료 수집 및 활용방법을 알아보기로 한다.

2) 대상 작가의 전기 기술(記述) 방법

현실사회에서 의미를 만들거나 생산해내는 주체는 시대일 수 있고, 독자일 수 있고, 텍스트 자체일 수 있다. 하지만 사회를 냉철히

---

12) 이은숙·장은미, op.cit., p.21 참조.

분석하여 여러 가지 제제로 의미화 하는 사람은 작가이다. 레온 에델이 예이츠의 일기장을 보고 '가면' 뒤의 '인간'의 모습을 의미 있게 바라본 이유도 바로 작품의 생산자인 작가를 염두에 두고 한 것임을 상기해 보라.[13] 이런 점에서 '한 작품을 이해한다는 것은 그 작품을 낳은 작가를 이해하는 것'이기도 하다.

버지니아 울프는 "작가의 영혼의 모든 비밀과 그의 생에 대한 모든 체험, 그리고 그의 정신의 모든 특질은 대체로 그의 작품 속에 기술되어 있다."고 전제한 뒤, 전자를 상술하기 위해 전기 작가가 필요하고 후자를 설명하기 위해 비평가가 필요함을 역설한 바 있다.[14] 따라서 '어떻게 하면 한 작가의 생애와 그 창작의 깊은 곳에까지 탐구의 저울추를 내려볼 수 있는 것일까. 혹은 학문적 방법론과 객관적 형식이 맞닿는 곳은 어느 부분이며 어떤 순간일까.' 하는 것은 작가론의 핵심사항이 된다.[15] 그러므로 한 작가를 탐구하는 일은 직관의 영역일 수 없지만 그렇다고 논리의 몫만은 아니다. 그것은 궁극적으로 "연구자 자신의 심혼의 탐구"인지도 모를 일이다.[16]

문학공간 분석에서 작가의 전기적 측면에 대한 관심은 독자들에게 작가에 대한 보다 나은 흥밋거리를 제공한다는 차원뿐만 아니라 작

---

13) 레온 에델의 다음과 같은 진술은 참고해 볼 만하다.
   "한때 예이츠는 일기장에 '가면 뒤에는 항상 살아 있는 얼굴이 있다.'라고 쓰고 있다. 이는 시 작품 뒤에는 시인이 필연적으로 항상 있을 수밖에 없다는 말을 달리 표현하는 방법일 따름이다."
   레온 에델, 김윤식 옮김,『작가론의 방법』(삼영사, 1988), p.96.
   레온 에델은 이 일기장의 내용을 통해 작가의 존재 의미를 부각하고 이에 대한 연구의 필요성을 제시한 바 있다. 여기에서 '가면'은 문학 텍스트를 의미하고, '생생한 얼굴'은 텍스트의 저자인 작가를 의미한다.
   김명준,『한국의 분단소설』(청운, 2003), p.53 참고.
14) 버지니아 울프,『Orlando』(London and New York, 1928), pp.189~190: 레온 에델, op.cit., p.92에서 재인용.
15) Ibid., p.5. 김윤식의 역자 서문 참고.
16) loc.cit.

가의 생애와 작품에 등장하는 공간배경 간의 상관관계에 대한 깊이 있는 정보를 제공하는 의미도 있다. 문학공간 분석에서 작가의 전기적 측면에 관심을 두고 있는 것은 바로 이 때문이다. 전기적 측면은 우리가 독자에게 전해줄 수 있는 고급정보에 해당한다. 비록 '작가의 영혼의 모든 비밀'을 잡아 뽑아내고 작품으로부터 그 모든 신비를 강탈해내 오는 것이 아닐지라도 최소한의 고급정보를 제시함으로써 문학공간의 이해는 물론 세계 인식의 확장을 꾀할 수 있다. 뿐만 아니라 그 정보 자체만으로도 문학적 상상력을 풍요롭게 할 수 있으며, 문학공간에 대한 이해범주를 넘어 하나의 축제 공간으로서의 이해를 가능하게 하기 때문이다.

이와 같은 인식을 전제로 해서 작가에 대한 전기적 사실을 기술하는 방법으로 크게 세 가지를 제시 할 수 있다.

첫째, '작가소개'이다. 여기에서는 작가의 출생 연월일과 출생지가 상세하게 기술되어야 한다. 더불어 최종학력과 등단년도가 명시되어야 한다. 또한 작가의 등단작품과 주요 작품과 작품경향에 대한 설명이 예거되어야 한다. 그리고 여백을 활용하여 작가의 사진을 적절하게 배치해야 한다. 이러한 정보제공은 독자 혹은 문학공간 수요자, 곧 잠정적 독자들에게 문학적 관심과 호감을 불러일으킬 수 있는 효과를 얻을 수 있다.

둘째, '작가의 연보'이다. 여기에서는 '작가소개' 부분보다 더 구체적으로 작가의 생애와 작품의 목록이 년대별로 제시되어야 한다. 그리고 발표되었거나 단행본으로 출간된 작품집의 표지를 사진자료로 제시해야 한다. 또한, 생가 사진과 문학비에 관한 정보가 있으면 이를 제시하는 것도 좋은 방법이다. 이는 전문 교육자나 문학연구자들을 위한 정보제공의 의미가 있다. 또한 특정 작가에 대한 구체적인 이해를 필요로 하는 일반사람들에게도 쉽게 다가갈 수 있도록 하는 의미도 있다.

셋째, '작가·작품론'의 예시이다. 여기에서는 선정 대상의 작가나 작품을 연구한 문헌자료를 예시하여 잠정적인 문학 수요자로 하여금 폭넓은 정보를 공유하도록 해야 한다. 그러나 '작가·작품론' 모두를 구체적으로 제공하는 것은 현실적으로 어렵다. 따라서 주요 쟁점에 따른 '작가·작품론'을 선별해서 그 핵심적인 내용을 중심으로 기술하되, 작가의 전반적인 작품 경향을 약술하여 제시하는 것이 좋다.

3) 문학공간과 현장답사 기술(記述) 방법

문학공간에 대한 이해와 이에 대한 접근 태도에는 냉철한 '공간인식'은 물론 따뜻한 '장소 사랑'이 필요하다. 특히 '이성과 감성, 공간과 장소가 한데 어우러진' 문학이해를 위해서는 이러한 인식은 긴요한 일이 아닐 수 없다.[17]

작가의 상상력과 지각세계에 의해 형상된 문학공간은 어떠한 면에서 "문화에 의해 형성된 경험의 구조"[18]라 할 수 있다. 그러므로 문학의 공간은 존재의 정체성 형성을 포함해서 오랜 문화적 습속을 물려받은 인간의 근원적인 공간이라 할 수 있다. 특히 "이야기의 무대나 배경이 되는 이야기 공간은 세계의 단면이며, 친숙한 삶의 현실이자, 이상적인 실재성"[19]이기도 하기 때문에 단순한 공간일 수 없다.

물론, '인간 경험의 생물학적 토대'와 '공간과 장소의 관계' 그리

---

17) 이푸 투안, 구동회·심승희 옮김, 『공간과 장소』(대윤, 1999), 역자 서문 참조.
18) 에드워드 홀, 최효선 옮김, 『숨겨진 차원—공간의 인류학』(한길사, 2003), p.30.
19) 장일구, 「소설 공간론, 그 전제와 지평」, 한국소설학회 편, 『공간의 시학—한국소설연구 4』 (예림기획, 2002), p.17.

고 '인간 경험의 범위'를 중심으로 '인간이 어떻게 세계를 경험하고 이해하는가'를 탐구했던 이푸 투안은 '공간'과 '장소'를 구분하여 이해한다. 그에 의하면 '공간'은 움직임이며, 개방이며, 자유이며, 위협이다. 그리고 '장소'는 정지이며, 개인들이 부여하는 가치들의 안식처이며, 안정과 애정을 느낄 수 있는 고요한 중심이다. 인간은 직접적으로, 간접적으로 다양한 경험을 하며, 이러한 경험을 통하여 미지의 공간은 친밀한 장소로 바뀐다. 즉 낯선 추상적 공간은 의미로 가득 찬 구체적 장소가 되는 것이다. 그리고 어떤 친밀한 장소로서 우리에게 다가올 때 우리는 비로소 그 지역에 대한 느낌 또는 의식, 즉 장소감(sence of place)을 가지게 되는 것이다.[20]

투안이 공간을 역동적인 것으로 인식한 것처럼 '공간'은 문학 텍스트 속에 다양한 모습으로 형상된다. 그리고 그 공간은 정서적·사회적·역사적인 구체성을 띠고 장소감을 획득한다. 따라서, 문학 텍스트 속의 공간은 그것이 아무리 단편적이라 할지라도 그것을 이끌어 당기는 하나의 중심을 가지고 있기 마련이다.[21] 이 '중심'을 달리 '기억'이라 말할 수 있다. 그런데 그 기억은 단순한 기억이 아니라 의식체험으로써의 기억을 의미한다.

키케로는 "장소에 내재되어 있는 기억의 힘은 위대하다."[22]고 말한 바 있다. 그렇다면 작가의 의식체험에서 나온 기억의 공간은 정태적이고 즉물적인 공간일 수 없다. 그곳은 멎어 있는 곳이 아니라 그림

---

20) 이푸 투안, op.cit., pp.15~22 참조.
21) 이 말은 모리스 블랑쇼의 말을 변형하여 적용한 것이다. 모리스 블랑쇼는 "한 권의 책은, 비록 그것이 단편적이라 할지라도, 그것을 이끌어 당기는 하나의 중심을 가지고 있다."고 한 바 있다.
  모리스 블랑쇼, 박혜영 옮김, 『문학의 공간』(책세상, 1998), 머리말 중에서.
22) 알라이다 아스만, 변학수·백설자·채연숙 옮김, 『기억의 공간』(경북대학교출판부, 2003), p.391 재인용.

자를 거느리고, 물과 산과 인간 삶의 근원을 거느린 채 움직이는 공간이 된다. 그러니까 문학의 배경이 된 공간은 "시와 소설과 이야기가 만나 이미지화하는 거대한 저장고"인 셈이다. 그곳에서 살아가는 얘기가 발효되고, 사람이 살아간 얘기 속에서 누이와 부모와 형제들의 삶이 세상 밖으로 걸어 나온다. 말하자면 "이미지화된 풍경과 시와 소설은 존재의 근원에 대한 육성"인 것이다.[23]

따라서, 작가에 의해 형상된 문학공간은 단순한 공간을 뛰어 넘어 인간의 의식세계를 조직화한 의미의 세계라 할 수 있다. 여기에서 소통이 일어나고 문화가 생성되며 내가 공유하지 못했던 문화의 생성적 돌기를 온몸으로 느끼고, 또다시 이를 재생산해내게 되는 것이다.

이와 같은 문학공간에 대한 이해를 전제로, 대상 작품과 문학공간 그리고 실제의 문학공간을 기술하기 위한 방법을 제시하고자 한다. 이는 문학 장르에 따라 다를 수도 있겠지만 기본적으로 다음과 같은 방법을 모델로 삼을 수 있다.

첫째, 텍스트에 대한 '문학적 의의'가 기술되어야 한다. 여기에서는 '왜 이 작품인가?'에 대한 해명이 드러나야 한다. 즉, 이 작품을 쟁점으로 삼을 수 있는 근거는 무엇인지에 대해 관심을 갖고 기술하면 된다.

둘째, '작품소개'가 있어야 한다. 여기에서는 작품 내용에 대한 간단한 사족과 함께 출판이후의 사회적 반향을 예거하는 것도 좋다. 주의해야 할 것은 장황한 설명보다도 정황위주로 간단히 기술하는 것이 좋다.

---

23) 임동헌, 『소설가 임동헌의 이미지 여행-길에서 시와 소설을 만나다』(글로세움, 2003), '저자의 말' 중에서

셋째, '서사문학'의 경우, '줄거리'와 함께 '주요 인물'에 대한 설명도 제시되어야 한다. 인물 제시는 인물의 성격과 역할을 중심으로 간단히 기술하는 것이 좋다. '시'의 경우, 인용된 시 다음 부분에 인용된 시의 간단한 분석과 평(評)을 곁들여야 한다. 이때, 평은 통상 역사·사회주의 비평방식을 원용하는 것이 상례이겠지만 작품 성격에 따라 적절한 방법론을 원용하는 것도 방법이다.

넷째, 텍스트에 형상화된 공간묘사를 인용해야 한다. '서사문학'의 경우, 특별히 강조되어야 할 부분을 인용하는 것은 당연하나, 기본적으로 작품을 시퀀스 단위로 분할하여 순차적으로 제시하는 것이 좋다. 이는 수요자들에게 작품의 추이를 좇아갈 수 있도록 배려하는 것이라 할 수 있다. '시'와 '동시' 같은 경우, 전문을 인용하되 인용된 부분의 배경을 어떻게 처리할 것인가도 깊이 있게 생각해볼 문제이다. 여기에, 역사적·사회적 의미를 함유하고 있는 부분이 있으면 이를 적시하는 것도 좋은 방법이다.

한편, 이 부분에서는 이미지 자료(사진)의 시각적 효과를 극대화할 필요가 있다. 사진의 공간 배치뿐만 아니라 현실 공간의 미적 포착이라는 기술적 문제가 중요하게 모색되어야 한다. 특히, 여기에서 주의해야 할 사항은 비용과 물리적 시간이 요구된다는 단점이 있지만 문학공간의 계절적 요인을 고려해서 사진을 싣는 것이 좋은 방법이다. 또 문학공간을 파노라마식 촬영기법을 활용하여 배치하는 것도 효과적이다. 이 기법은 촬영하기도 힘들고, 촬영하고 난 후에도 쉽게 편집이 되지 않는 단점이 있다. 하지만 충분히 연습해서 오차 범위를 줄여 수요자의 기호를 충족시켜야 한다. 또한 필요에 따라 작가의 인터뷰 혹은 강연회 같은 동영상을 곁들이거나 음악과 같은 효과음을 적절하게 제시하는 것도 좋은 방법이다.

다섯째, 실제 공간배경에 대한 설명이다. 텍스트에 대한 설명이 끝나면, 문학공간과 현실 공간과의 차이를 고려하면서 무대 기행(현장답사지)의 초입 부분부터 높은 곳에서 조망한 공간지형에 이르기까지 공간설명이 제시되어야 한다. 이때, 주관적 감정을 최대한 배재해야 한다. 또한 사회적 변화의 추이 예컨대, 동시대의 배경과 현재의 배경 간의 차이점을 이미지 자료를 효과적으로 활용하여 보여줄 필요가 있다.

여섯째, 작품의 사회적·역사적 배경이 되는 사건 등을 참고삼아 제시할 수도 있다. 예컨대, 사회적으로 문제가 제기되거나 역사적 상황, 문제화되고 있는 사회적 쟁점을 부각시키고 있는 문학작품은 그 작품의 배경이 되었던 역사적 사실 혹은 사건이나 문학공간에 대한 이해를 구할 수 있는 부분을 필요에 따라 제시할 수 있다. 그리고 이와 관련된 사진을 적절히 제시하는 것이 좋다.[24]

마지막으로 대상 작품지역의 문학공간 지도가 작성되어야 한다. 이는 문학공간 수요자들에게 그 지역에 대한 관심과 문화에 대한 정보를 폭넓게 이해하는 계기가 될 수 있다.

한편, 문학 외적인 부분에 대한 정보를 어디까지 제공할 것인가에 대한 문제도 고려해야 할 부분이다. 예컨대, 항공·배·버스·기차 등의 교통편과 각종 문학비와 같은 문화 유적지에 대한 정보제공, 혹은 관광명소 등에 대한 정보까지도 포함해서 포괄적으로 논의해 보아야 한다.

---

24) 이에 대해서는 '남도문학기행' 사이트 중 '조정래와 함께하는 『태백산맥』 기행'이 좋은 참고가 될 것이다.

4) 이미지 자료 수집과 효과적 전달 방법

문학공간을 기술하는 데 빼놓을 수 없는 부분이 이미지 자료의 수집과 배열이다. 여기에서 가장 중요한 것이 사진이다. 문화산업과 연관지어 문학공간의 잠정적 수요자의 기호를 충족시켜야 하는 것도 사실이지만, 무엇보다도 자료의 영구적인 보관과 문학공간의 생생한 현장감을 실어주기 위해서라도 일정정도의 사진기술이 요구된다.

소설가이면서 사진작가인 임동헌은 "카메라는 어떤 기억의 집단의 거주지이면서, 어떤 기억의 이미지도 우월하지 않음을 증명하는 판관의 집"[25]이라고 규정한다. 그에 의하면, 사진은 현대 예술의 불가사의한 장르라는 완장을 두르고 우리 앞에 새로운 눈뜸을 요구하며 그 요구는 강렬하다. 리얼리티의 본질의 아우라까지 드러내는 사진의 현상학은 그러나 카메라 제조 기술의 발전에 기대고 있는 게 아니다. 뷰 파인더를 들여다보는 사람의 눈이 아우라를 생산하고, 그의 감성이 이 시대의 메타포를 인화해낸다.[26] 그러므로 문학공간에 대한 이미지 자료의 수집과 배열은 문예미학과 영상미학의 절묘한 만남의 장이 될 수 있다. 그것은 또 다른 미적 감흥과의 만남이며 새로운 세계로의 여행을 모색하는 길이기도 하다.

따라서 이와 같은 의미를 지닌 문학공간에 대한 이미지 자료 수집은 다음과 같은 원칙을 기초로 진행해야 한다.[27]

첫째, 사진자료를 기본으로 하고, 동영상 및 음성파일은 보조 수단

---

25) 임동헌, op.cit., 저자의 말 중에서.
26) loc.cit.
27) 이 장에서 논의하고 있는 매체 활용방법은 다음 사이트를 참고했음을 밝힌다.
조형진, 『디지털 카메라와 포토샵 단숨에 끝내기』(길벗, 2001); 행복한 사진나라 http://happyphoto.woweb.net, 후지 사진교실 http://fujifilm.co.kr/academy; 디시인사이드 사진강좌 http://diciinside.com

으로 한다. 여기에는 많은 비용과 기술상의 문제가 제기될 수 있는 부분이기 때문에 사진자료가 기본이 될 수밖에 없다.

둘째, 사진 촬영은 작품의 배경이 되는 풍경과 작가를 비롯한 관련 인물과 서지사항과 같은 문학 관련 자료 및 역사적 사건 기록사진 등을 대상으로 한다. 여기에서 주로 사용되는 기기가 디지털 카메라이다. 따라서 디지털 카메라의 준비와 사용방법에 대한 이해는 필수다. 디지털 카메라를 사용하기 전에는 우선 사진의 크기와 해상도를 결정할 필요가 있다. 일반적으로 사진의 크기는 2048×1536, 1024×768, 640×480 등의 세 가지가 있고, 해상도는 Fine, Normal, Basic 세 가지가 있다. 그 중, 사진의 규격은 크기 2048×1536, 해상도 Fine으로 하는 것이 적절하다. 그것은 크고 높은 해상도의 사진을 작고 낮은 해상도의 사진으로 변환시킬 수는 있어도, 그 반대는 불가능하기 때문이다.[28] 또한 주요한 풍경사진들은 파노라마 기법을 활용하여 전체를 조망할 수 있도록 해야 한다. 여기에는 대상 작가·작품의 형평성과 일관성 문제가 제기될 수 있으므로 신중을 기해야 한다. 물론 대하장편 소설과 같은 총체성을 드러내는 작품은 예외일 수 있다.

셋째, 문학작품을 시퀀스(sequence) 단위로 분할하여, 각 장면별로 촬영장소를 선정하고 촬영한다. 수집된 이미지 자료는 작품 진행순

---

28) 문화관광부에서는 디지털콘텐츠 제작의 조건을 다음과 같이 제시한 바 있다.
문자텍스트는 TXT 혹은 HTML 형식으로 전산 입력된 자료이거나 해상도 100dpi 이상으로 스캐닝된 자료, 사진은 스캐닝 해상도 600dpi 이상의 자료, 필름은 스캐닝 해상도 2400dpi 이상의 자료, 사운드는 44.1khz 16bit 이상의 WAV자료이거나 22.1khz 12bit 전송율 64kbps 이상의 MPEG4자료, 동영상은 해상도 640×480 이상 전송율 8Mbps 이상의 MPEG2 자료이거나 해상도 320×240 이상 전송율 300Kbps 이상의 MPEG4 자료를 요구하고 있다.
문화관광부·한국문화콘텐츠진흥원, 『2003년도 제1차 우리 문화원형의 디지털콘텐츠화사업 자유공모 사업안내서』(2003. 3), p.14.

서에 따라서 배치될 수 있도록 구성한다.

넷째, 문학텍스트상의 공간과 실제의 공간과 차이가 있을 때는 시대적 상황을 고려하여 작품의 배경이 된 동시대의 이미지 사진과 변화된 현실 상황을 고려한 현재의 이미지 사진을 병행하여 싣는 것도 방법이다. 그리고 이와 같은 변화의 추이 혹은 대강의 윤곽을 문장으로 기술해야 한다.

다섯째, 시간과 기술적인 숙련이 필요한 음성파일 제작 및 동영상 촬영은 '작가와의 인터뷰', '현지인 증언', '분명하게 파악되는 작품 배경의 360도 촬영(동영상 촬영의 경우 동일)'의 경우만을 대상으로 한다.[29]

한편, 문학공간에 대한 분석 결과를 효과적으로 운용하기 위해서는 전국적인 규모의 문학공간지도를 시디롬(CD-Rom)으로 작성해

---

29) 이외에 다음과 같은 기술적인 측면도 고려되어야 한다.
   첫째, 현장답사에서 이미지자료를 수집하기 위해서 사진 촬영에 필요한 '광선 위치', '구도', '앵글' 등의 선정방법에 대한 간략한 이론을 숙지할 필요가 있다.
   우선, 사진 촬영의 가장 첫 번째 단계는 '빛의 위치'를 선정하는 작업이다. 피사체의 정면 카메라의 뒤에서 비치는 광선을 정면광이라고 하고, 피사체의 뒷면 카메라의 정면에서 비치는 광선을 역광이라고 한다. 각 위치별로 나타나는 광선의 특징에는 여러 가지가 있으나 문학공간 탐사에는 정면광과 사광의 위치에서 촬영하는 것이 시각적인 효과를 높일 수 있다. 다음으로, 사진 촬영의 핵심은 '구도'이다. 물론 예술적인 사진이 필요한 것은 아니지만, 그래도 어느 정도 시각적 효과를 얻을 수 있는 자료가 필요하기 때문에, 구도에 주의해야 한다. 구도를 설정하실 때에는 다음 사항을 고려해야 한다.
   ① 찍는 사람의 의도가 명확하게 전달되었는가? ② 화면에 균형이 잡혔는가? ③ 화면이 너무 양분되면 단조롭고 딱딱한 느낌을 줄 수 있다. ④ 한 화면에 너무 많은 것을 담으려는 시도는 피사체에 대한 집중도를 떨어뜨린다. ⑤ 여백 활용에도 신경을 써야 한다.
   일반적으로 가장 많이 활용하는 구도가 황금분할이다. 이는 프레임의 가로와 세로를 3분할하여 각 선이 만나는 지점에 주요한 피사체를 위치시키는 방법이다. 이런 방법은 사람의 시야와 가장 잘 부합되기 때문에 편안함을 주는 구도이다. 물론 여기에는 다양한 구도가 있지만, 이미지 자료들을 수집하는 데는 기본 구도만으로도 충분하다. 기본 구도들이 촬영하기도 쉽고, 이미지를 변용시키기에도 쉽기 때문이다. 응용 구도들은 사진 작품 자체로는 좋은 느낌을 만들 수 있지만, 이를 인터넷 및 CD-ROM에 활용하기는 어렵다. 그러므로 지나친 기교가 들어간 사진 촬영보다는, 사실의 명확한 전달에 더욱 주의해야 한다. 마지막으로, 광선 위치나 구도를 결정한 다음에는 촬영자의 위치(Angle)를 결정할 필요가 있다. 카메라의 눈이 어떤 위치에 있는지에 따라서 대상의 이미지가 완전히 틀려지기 때문이다. 특히 문학공간을

야 한다. 비용의 측면이 문제되지만 시디롬 작성시 기술적 측면에서 프리젠테이션 기능과 하이퍼링크[30] 기능을 혼합하여 문학공간지도를 적시할 필요가 있다. 여기서는 예시한 두 기능을 활용해서 수요자들에게 미학적인 측면을 고려하여 대상지역을 분명하게 제시하여야 한다. 예컨대, 대상지역을 클릭하면 문학공간의 대상이 된 지도가 나오게 되고, 이 가운데 특정지역을 클릭하면 대상지역과 관련된 작가의 목록이 예시된다. 그리고 그 공간에 맞는 대상작품들이 장르별로 제시된다. 그 중에서 대상작품을 클릭하면 작품의 배경 공간 화면이 제시된다. 이 공간을 중심으로 앞서 제시한 다양한 주제어를 클릭하면 사진 혹은 동영상 혹은 인터뷰 내용을 볼 수 있도록 배치해 놓는다. 또한 시디롬 제작과 연계된 기술적인 부분이지만 해당 작가와 작품 그리고 지역 등이 구체적으로 드러날 수 있도록 이미지

촬영하기 위해서는 다음과 같은 사항을 주의하면 좋은 결과를 얻을 수 있다.
① 입체감 강조하기 : 풍경을 촬영에서는 입체감을 느낄 수 있도록 촬영해주는 것이 좋다. 입체감을 주기 위한 방법은 다음과 같다.
· 측광을 이용하고 가능하면 조리개를 최대한 개방하는 것이 좋다. 조리개를 개방하여 근접촬영을 하면 배경의 초점이 흐려져서 시각적으로 입체감을 느낄 수 있다.
· 구도를 잡을 때 하이앵글보다는 아래쪽에서 위쪽을 향하여 촬영하는 로우 앵글을 사용하면 좀 더 입체감을 강조할 수 있기 때문에, 최대한 자세를 낮추어 촬영하는 것이 좋다.
② 파노라마 특수 촬영 : 파노라마 기법은 풍경 전체를 조망할 수 있는 특수촬영기법이다. 이것은 피사체를 좀더 크고 자세하게 표현할 때 이용하는 방법이며, 주로 사물이 시야에 모두 들어오지 않는 경우에 사용된다. 이를테면 장엄한 풍경, 아파트 내부, 박물관 내부, 자동차 내부 등이다. 파노라마 기법은 카메라의 위치를 고정한 후에 그 장소에서 회전하면서 여러 장의 사진을 촬영한 다음, 포토 샵 등의 프로그램을 활용하여 한 장의 사진으로 재조합하는 것이다. 보통 360도 전체를 촬영할 때는 24장 정도의 사진을 찍는다.
둘째, 디지털 카메라에서 가장 어려운 촬영법은 야간 촬영이다. 주위가 어두워지면 카메라의 셔터가 느리게 작동하기 때문에, 이런 점에서 손으로 들고 찍는 것보다는 삼각대를 사용하시는 것이 좋다. 또 뷰파인더가 있는 카메라의 경우에는 LCD액정보다는 뷰파인더를 보면서 사진을 찍는 것이 좋다.
셋째, 디지털 카메라의 줌(Zoom) 기능에는 광학 줌과 디지털 줌이 있다. 광학 줌은 렌즈의 거리를 조절하여 멀리 있는 피사체를 가까이 잡는 방법이고, 디지털 줌은 화면의 일부를 부분적으로 확대하는 것이다. 그러므로 디지털 줌 기능을 사용하면 해상도가 떨어질 수밖에 없다. 그러므로 선명한 이미지 정보를 확대하기 위해서는 디지털 카메라의 줌 기능을 자제해야 한다.
30) 웹부라우저에 나타난 내용을 클릭했을 때 관련 있는 다른 곳으로 연결되는 기능.

화하는 작업도 필요하다. 이는 문화산업과 연계될 수 있는 기본적인 토대가 되는 것으로 문학공간의 문화 산업화뿐만 아니라 잠정적 독자들에게 폭넓은 독서층을 형성하거나 새로운 관심을 불러일으킬 수 있는 장점이 있다.

4. 마무리 : 문화산업의 현현을 위하여

가브리엘 마르셀은 인간을 "여행하는 존재(Homo viator)"[31]라고 규정한 바 있다. 때때로 인간은 그 여정의 과정에서 망연자실하기도 하고 절망을 맛보기도 하지만, 그래도 그 여정은 '희망의 참다운 장소'라고 그는 말한다. 물론 세계를 낙관적으로 전망하고 있는 마르셀이 말한 여정은 삶의 여정에 해당되겠지만 결국, 인간의 삶은 공간의 여행과 뗄레야 뗄 수 없다. 이 점이 인정된다면, 여행은 '일상의 심연 저 밑바닥에 웅크리고 있는 감각들을 심상에 그려 넣는 아주 희귀하고도 인상적인 체험'이라고도 할 수 있다.[32] 그렇다면 그것은 "일상적 생활 속에서 졸고 있는 감정을 일깨우는 데 필요한 활력소"[33]가 되는 것임에 틀림없다. 이런 점에서 볼 때, 문학은 도서관의 낡은 서가나 화려한 응접실의 장식물일 수 없다. 문학은 "생활이고 삶이고 연구의 실천"[34]이기 때문이다.

이제, 모든 문학은 우리의 일상에서 향유되어야 한다. 그것이 문학공간을 탐색하는 이유이다. 인간에게 잠재된 일탈의 욕망을 문학공

---

31) 김형오, 『구체철학과 여정의 형이상학』(인간사랑, 1990), 라크로아의 '마르셀 평전' 중에서.
32) 강진호, 『한국 문학의 현장을 찾아서』(문학사상사, 2002), p.11.
33) 장 그르니에, 강진호, p.11 재인용.
34) 강진호, Ibid., p.6.

간을 통해 향수하도록 해야 한다. 이런 점에서 잠재적 문학 수요자들에게 모든 감각의 촉수를 열고 예술의 점이지대인 문학공간의 현장에 이르도록 해야 한다. 그렇게 하기 위한 대안 가운데 하나가 한국 문학공간을 데이터베이스화해서 이것을 문화산업에 활용하는 것이라 할 것이다.

이와 같은 생각에 이르기까지 이 논의에 전제된 것이 바로 문학공간에 대한 이해를 문화산업의 차원으로 끌어올려야 한다는 것이다. 우리 국토 전체가 "문화의 박물관이자 문학의 현장이며 그 요소요소에 중요한 문학적 자취를 숨겨두고 있다"[35]는 목소리를 받아들인다면, 이제 우리는 문학을 바라보는 눈을 '문화의 눈'으로 돌려야 할 때이다. 즉, 인식의 확장을 꾀해야 한다. 문제는 그것을 어떻게 얼마나 의미 있게 담아내는가 하는 것이다. 이런 차원에서 보면, 문학공간답사는 결과적으로 역동적인 '한국문화유산답사'라 할 수 있을 것이다.

그렇다면, 이 연구를 문예미학의 차원에서 영상미학의 차원까지 끌어올려 문화 상품화 할 필요가 있다. 문학공간의 데이터베이스 구축은 결국 문학연구의 기초자료, 학교 및 평생교육자료, 문예창작교육 보조자료, 문화콘텐츠 개발 참고자료, 한국문화 세계화를 위한 홍보자료 등의 다양한 영역에서 폭넓게 활용될 수 있기 때문이다. 또한 그 결과물을 출판, 인터넷 홈페이지, 시디롬 등의 다양한 매체로 제작하여 효과를 극대화시킬 수 있다.[36] 이러한 매체의 제작은 문자보다는 '영상 매체와 컴퓨터 등을 통해 상상력을 키워온 세대들'[37]의 새로운 문화적 감수성에 크게 영향을 줄 것으로 기대된다. 그러

---

35) 강진호, Ibid., p.17.
36) 김수복, 「문학공간답사의 문학교육적 활용방안 연구」, op.cit., p.81.
37) 최병우, op.cit., p.222.

나 이 기대치를 충족시키려면 동영상의 제작이 절실하지만 여기에는 현실적으로 물질적인 측면과 물리적 시간의 어려움이라는 난제가 놓여 있다. 이것을 앞으로의 과제로 남긴다.

한편, 여기에서 중요한 것은 문학교육의 본질이 문자와 깊이 관련되어 있음 몰각해서는 안 된다는 사실이다. 시청각 자료에 너무 치중하다보면 오히려 문학의 본질을 잊을 우려가 없지 않다. 현란한 매체에 의해 문자를 읽기보다는 오히려 그림을 감상할 위험이 없지 않기 때문이다. 특히 소설의 경우, 작품을 적절히 생략한다거나 압축하여 제시하는 것은 작품이 갖는 완결성을 이해시켜야 한다는 문학교육의 본질에서 벗어나는 것이 된다. 이러한 점에서 인터넷 환경(시디롬)에서 문학교육을 효과적으로 운영하기 위해서는 많은 시행착오를 겪어야 할 것이다.[38]

따라서 문학공간의 문화 산업화를 위해서는 이 점에 특히 유의하면서 문예미학과 영상미학이 잘 조응될 수 있는 연구가 진행되어야 한다. 이에 대한 폭넓고 깊이 있는 논의가 지속되어야 할 것이다.

김명준(강남대 강사)

---

38) 최병우, Ibid., pp.221~226 참조.

참고 문헌

〈국내외 논저〉

강진호, 「한국 문학의 현장을 찾아서」, 문학사상사, 2002.
김수복, 「문학공간답사의 문학교육적 활용방안연구」, 한국문예창작학회 제6회 정기학술세미나 자료집, 2004. 4.
_____, 「문학공간의 데이터베이스 활용과 문화산업」, 『문학과 산업, 어떻게 만나야 하나』, 문학사랑특별기획 제1회 학술세미나자료집, 동국대 한국문화연구단, 2004. 9. 24.
_____, 「문학공간답사를 활용한 문예교육방안 연구」, 미발표원고.
김명준, 『한국의 분단소설』, 청운, 2003.
김양희 · 김영자, 『즐거운 문학수업』, 성림, 2002.
김정동, 『문학 속 우리 도시기행』, 옛오늘, 2001.
김형오, 『구체철학과 여정의 형이상학』, 인간사랑, 1990.
김혜숙, 「문학작품을 활용한 지리수업」, 『지리환경교육 4(1)』, 한국지리환경교육학회, 1996.
문화관광부 · 한국문화콘텐츠진흥원, 「2003년도 제1차 우리 문화원형의 디지털콘텐츠화 사업자유공모 사업안내서」, 2003. 3.
박혜영, 「문학과 공간:이론적 접근1」 『덕성여대논문집』 제25집, 덕성여자대학교, 1996.
우한용, 「문학교육의 문화론적 기초」, 『문학교육과 문화론』, 서울대출판부, 1997.
이은숙 · 장은미, 「한국문학공간의 특성과 Web GIS구축자료에 관한 기초 연구」, 『문화역사지리』 제13권 제1호, 2001. 6.
임동헌, 『소설가 임동헌의 이미지 여행 – 길에서 시와 소설을 만나다』, 글로세움, 2003.
장윤정, 「문학작품을 지리교육에 이용하기 위한 기초연구 – 김정한을 사례로」, 부산대학교 교육대학원 석사학위청구논문, 1995.
장일구, 「소설 공간론, 그 전제와 지평」, 한국소설학회 편, 『공간의 시학 – 한국소설연구4』, 예림기획, 2002.
조형진, 『디지털 카메라와 포토샵 단숨에 끝내기』, 길벗, 2001.
최병우, 『다매체 시대의 한국문학연구』, 푸른사상, 2003.
최혜실, 『디지털시대의 문화 읽기』, 소명출판, 2001.
에드워드 홀, 최효선 옮김, 『숨겨진 차원 – 공간의 인류학』, 한길사, 2003.
알라이다 아스만, 변학수 · 백설자 · 채연숙 옮김, 『기억의 공간』, 경북대학교출판부, 2003.
앤터니 이스톱, 박인기 옮김, 『시와 담론』, 지식산업사, 1994.
이푸 투안, 구동회 · 심승회 옮김, 『공간과 장소』, 대윤, 1999.
레온 에델, 김윤식 옮김, 『작가론의 방법』, 삼영사, 1988.
모리스 블랑쇼, 박혜영 옮김, 『문학의 공간』, 책세상, 1998.

〈문학기행〉

동국대학교 한국문학연구소, 『한국문학지도』, 계몽사, 1996.

이종근, 『전북문학기행』, 신아출판사, 1997.
이대규, 『남도문학기행』, 이외문화사, 1999.
장태동, 『서울문학기행』, 미래M&B, 2001.
한만수, 『태백산맥 문학기행』, 해냄, 2003.
박진숙 외, 『마당발－김원일의 〈마당깊은 집〉을 찾아가는 발걸음』, 청동거울, 2002.
김훈·박래부, 『문학기행 2』, 한국문화원, 1997.

〈사이버문학공간 및 사진자료 사이트〉
안영선의 국어여행(imunhak.com.ne.kr)
우리나라 문학지도(eduweb01.edunet4u.net/~bluewave)
임형의 남도문학기행(namdou.com)
편운문학관(www.poetcho.com)
김유정문학촌(www.kimyoujeong.org)
만해문학관(manhae.or.kr)
채만식문학관(chaemansik.gunsan.go.kr)
행복한 사진나라(http://happyphoto.woweb.net)
후지 사진교실(http://fujifilm.co.kr/academy)
디시인사이드 사진강좌(http://dcinside.com)

3 문학공간 답사와 문학교육

1. 서론

문학은 인간정신을 탐구하는 학문이자 역동적인 예술행위이다. 그러므로 문학교육도 역시 이러한 두 가지 측면이 모두 고려되어야 할 것이다. 그러나 현재 각급 학교에서 이루어지고 있는 문학교육 현실은 이러한 문학의 속성을 충실히 반영해내지 못하고 있다.

중·고등학교 문학교육의 열악한 실정에 대해서는 이미 수많은 지적이 있었으니 새삼스럽게 다시 언급할 필요는 없을 것이다. 그런 실정을 개선하기 위한 노력이 끊임없이 재기되고 있다는 사실이 오히려 주목되는데, 대표적인 몇 가지만 살펴보면 다음과 같다. 우선, 문학교육이론의 측면에서는 문학을 구성하는 작가·작품·독자 등의 요소를 정태적으로 파악하지 않고, 역동적인 구조를 형성하면서 상호주체적인 실천을 하는 일종의 실천태로 파악하고자 하는 견해가 도입되고 있다.[1] 제도적인 측면에서는 7차 교육과정 개정에 따라 창작교육을 도입하여 예술행위로서의 문학특성을 반영하려는 노력이 이루어졌지만, 이 역시도 파행적인 진행이 이루어지는 현실이다.[2] 이외에도 특별활동 독서클럽을 활용하여 학습자 중심의 읽기 교육을 시도하거나, 협동학습을 통해 그동안 거의 이루어지지 못했던 창작 교육을 강화하려는 노력, 그리고 인터넷을 활용한 학습프로그램과 수업 모형을 개발하려는 노력 등도 지속적으로 이루어지고 있다.[3]

 대학의 교육현장도 별반 사정이 다르지 않다. 현재 여러 대학의 문학교육은 주로 문헌자료에 의지하여 이루어지고 있는데, 이런 학습 방법은 자칫 문학의 역동성을 간과하여 작품에 내포된 현장성을 간과하고 문학작품의 이해를 단순한 자료 분석 수준에 머물게 한다는 한계를 가진다. 또한 변화하는 시대상황에 부합되는 학습 자료의 개발이 이루어지지 못했기 때문에 학생들의 동감을 이끌어내지 못하고 있으며, 그에 따라 작품에 대한 이해력도 현저히 약화되는 실정이다. 학생들이 「빼앗긴 들에도 봄은 오는가」와 「상록수」 등과 같은 작품에 내포된 일제강점기 상황을 이해하지 못하게 된 것은 이미 오래 전의 일이며, 심지어는 비교적 최근 작품이라고 할 수 있는 「농무(農舞)」나 「삼포 가는 길」·「난장이가 쏘아올린 작은 공」·「관촌수필」 등과 같은 작품들도 학생들의 동감을 확보하지 못하고 있다. 이처럼

---

1) 우한용, 「문학교육의 문화론적 기초」, 『문학교육과 문화론』, 서울대학교출판부, 1997, p.5.
2) 진중섭, 「학교 현장 창작교육의 현실과 과제」, 문학과문학교육연구소, 『창작교육, 어떻게 할 것인가』, 푸른사상, 2001, pp.112~115.
3) 이러한 노력의 결과는 최근 학위논문을 통해 활발하게 발표되고 있는데, 대표적인 예는 아래와 같다.
  · 임영규, 『독서클럽 활동을 통한 효율적인 독서지도 방안 연구』, 한국교원대학교 석사학위논문, 2002.
  · 조영주, 『협동학습을 통한 뒷이야기 상상하여 쓰기 지도방안 연구』, 한국교원대학교 석사학위논문, 2002.
  · 최두목, 『WBI(웹기반수업)를 활용한 국어과 교수 학습 방법 연구』, 한국교원대학교 석사학위논문, 2002.

학생들에게 있어 문학작품은 그야말로 텍스트 자료에 지나지 않게 되었고, 이에 따라 문학예술이 가진 역동성도 이해되지 못하는 실정이다. 이런 상황에서 올바른 문학교육이 이루어지기 힘들다는 것은 너무도 자명하다.

본 연구는 이러한 상황인식을 바탕으로 시도되었다. 인간의 정신에 대한 냉철한 연구 활동과 끊임없는 재해석 및 창조활동을 통해 진행되는 역동적 예술행위라는 문학의 특징을 고려하여, 문학교육 현장의 정태성을 극복하고, 학생독자들의 능동적인 작품이해와 나아가 창조적인 문학 활동으로까지 이어질 수 있는 학습방안을 모색하는 것을 본 연구의 목적으로 삼는다.

이를 수행하기 위해 본 연구는 문학공간 답사라는 학습방법을 주목한다. 물론 이것은 작품 자체에 대한 분석을 중심에 두는 종래의 교육 및 연구방법[4]과는 다소간의 차이가 있는 것이다. 그러나 이러한 학습방법은 문학작품 창작을 지망하는 사람들에게 전통적인 수련방법으로 권장되어 왔으며, 문학작품에 대한 심도 있는 이해를 유도하기 위한 보조학습수단으로 최근 주목받고 있다. 문학이 인간의 삶을 대상으로 하는 것이고, 그 인간의 삶이 시간과 공간의 영향에서 자유로울 수 없다는 사실을 감안한다면, 문학공간을 답사하고 그 속에 담긴 의미를 파악하는 활동은 문학의 역동성을 가장 직접적으로 이해하고 학습할 수 있는 방안이라고 판단된다. 이것이야 말로 살아

---

[4] 이러한 관점은 르네 웰렉의 주장에서 비롯된 것으로, 미국의 신비평은 물론 우리의 문학교육 체계의 형성과정에도 많은 영향을 끼쳤다. : R. Wellek & A. Warren, The Theory of Literature, Penguin University Books, 1973, p.139. ; cf. "The natural and sensible starting-point for work in literary scholarship is the interpretation and analysis of the works of literature themselves. After all, only the works themselves justify all our interest of an author, in his social environment and the whole process of literature."

있는 문학의 지층을 두드리는 작업, 다시 말해 문학 텍스트가 내포하고 있는 의미를 찾아내어 문학의 현장성과 역동성을 되살리는 작업이라고 할 수 있을 것이다.

2. 문학공간 답사의 문학교육적 활용 가능성

1) 문학공간 답사의 현황

문학공간 답사는 주로 각급 학교보다는 사회/평생교육원 및 문화센터를 중심으로 이루어져 왔다. 이는 문학공간 답사에 대한 인식이 본격적인 교육활동의 일부가 아니라, 문화를 활용한 여가활동 쯤으로 파악되어 왔다는 사실을 증명하는 것이다. 그 명칭에 있어서도 학술적인 탐구활동인 '답사(踏査)'가 아니라 여행의 의미가 강한 '기행(紀行)'이라는 용어를 보편적으로 사용되고 있다는 사실도 같은 맥락에서 파악될 수 있겠다.

하지만 최근 들어서는 제도권 교육에서도 문학공간 답사를 학습방법의 하나로 활용하려는 노력이 계속되고 있다. 대표적인 예로 배경구의 『독서기행을 통한 독서지도』를 들 수 있는데, 이는 강원도 동해시 소재 종합계 고등학교의 교내 특별활동부서인 〈독서기행반〉 소속 학생 25명을 대상으로 이루어진 독서활동지도에 대한 보고서이다. 연구자가 학생들을 지도한 기간은 총 8주인데, 그 중에서 5회에 걸쳐 강원도 영동일대를 답사했으며, 이를 통해서 다음과 같은 효과를 얻었다고 정리했다. 독서기행을 통해 학생들이 여러 문학작품의 갈래를 흥미롭게 접하는 기회에 되었고, 작품배경을 상상하며 읽는 습관이 길러졌으며, 지역사회의 문화 예술을 이해하는 계기가 되었다는 것이다.[5] 물론 이 연구는 특정 학교의 특정 동아리를 대상으로 이루어진 것이기 때문에 일반화하기는 무리가 있으며, 앞으로 이 분야에 대한 연구가 지속적으로 이루어야 할 것으로 판단된다.

문학공간 답사와 관련되는 서적도 상당 종류 출판되어 있는데, 그 대부분이 1990년대 중반 이후에 발표되었다는 사실이 주목된다. 이는 문학의 이념적 측면과 사회와의 영향관계에 주목해왔던 기존의 논점이, 생활 속의 문학으로 전이되고 있다는 연구방향의 변화에 따른 것이라고 파악된다. 그러한 저작 중에서 대표적인 것만을 언급하면 다음과 같다.

동국대학교 한국문학연구소의 『한국문학지도』(계몽사, 1996)가 문학공간 답사와 관련되는 연구서 중에서 가장 대표적인 것이다. 상하권으로 구성되어 있는 이 책의 가장 큰 특징은 우리의 문학현장을 행정구역에 따라서 정리하고, 각 지역별로 구분하여 실제 문학공간 답사에 도움이 되도록 구성했다는 점이다. 각 문학현장을 지도상에 표시하여 첨부한 것도 역시 실제 답사에 도움이 될 수 있는 구성방법이다. 이러한 정리방법은 이후의 관련서적들에서도 큰 변화 없이 적용되고 있다. 그러나 이미 적지 않은 시간이 지나 문학 환경에 많은 변화가 있었기 때문에, 현재 상황에 적합한 새로운 문학공간 답사의 결과정리가 요구된다.

이종근의 『전북문학기행』(신아출판사, 1997), 이대규의 『남도문학기행』(이외문화사, 1999), 장태동의 『서울문학기행』(미래M&B, 2001) 등

---

5) 배경구, 「독서기행을 통한 독서지도」, 한국교원대학교 석사학위논문, 2003, pp.61~73.

의 저술은 특정지역의 문학현장만을 소개한 것이다. 이처럼 연구범위를 한정시키려는 접근방식은 특정 공간에 대한 밀도 있는 연구와 분석이 가능해졌다는 점에서는 긍정적이지만, 문학현장들 간의 상호영향관계를 파악하기 힘들다는 한계를 가진다. 또한 이러한 저술들은 개인적인 연구로는 전 국토에 걸쳐있는 문학공간을 통합적인 시각에서 파악하기 힘들다는 한계를 가진다.

한만수의 『태백산맥 문학기행』(해냄, 2003)은 앞서의 저술들과는 다소 성격을 달리한다. 이는 한 작품을 선정하여, 그 작품에 등장하는 다양한 공간들을 꼼꼼하게 답사하고 분석한 결과물인데, 문학공간 답사의 새로운 방법론으로 주목된다. 이외에도 김수복 외의 여러 저자가 집필한『마당발―김원일의 〈마당깊은 집〉을 찾아가는 발걸음』(청동거울, 2002)도 주목된다. 이도 역시 한 가지 작품을 선정하고 미시적 안목에서 문학공간 답사를 했다는 사실은 앞의 책과 같지만, 그런 답사활동을 단순히 작품에 대한 이해에 국한시키는 것이 아니라, 그 경험을 토대로 새로운 작품을 창작하는 과정까지를 유도하고 있다는 점에서 의미를 가진다. 이러한 저술들은 문학공간 답사의 새로운 방법론으로 주목될 만하지만, 앞으로 보다 폭넓은 작품을 대상으로 하는 답사가 진행된 후에야 더욱 집약적이고 체계적인 연구 성과가 나올 수 있을 것으로 판단된다.

지금까지 살펴본 것처럼, 문학공간 답사는 우리 문학교육에서 그리 낯선 학습방법만은 아니다. 오히려 매우 활발하게 이루어지고 있으며, 집적된 성과물도 상당하다. 그렇지만 현재 시행되고 있는 문학공간 답사 활동에는 적지 않은 문제점들이 내포되어 있다.

첫째, 이론적 취약성을 지적할 수 있다. 문학공간 답사와 관련된 성과물이 출판되어 있지만 앞서 언급한 몇 개의 저술을 제외하면 대부분이 기행문이나 여행안내서에 불과한 수준이다. 문학공간 답사가 문학교육에 실질적으로 적용되기 위해서는 우선 이 분야에 대한 다양하고 체계적인 연구가 진행되어야 할 것이다. 특히 문학공간 답사의 준비과정이라고 할 수 있는 대상 지역 및 작가·작품의 선정방법에서부터, 행사진행과 자료조사, 자료의 정리와 보존에 이르는 각종 방법론에 대한 매뉴얼이 선정되어야 한다. 그런 이후에 연구결과를 활용할 수 있는 다양한 문학교육방법론에 대한 연구도 병행되어야 할 것이다.

둘째, 지나친 대중성이 지적될 수 있다. 물론 이것을 문제점이라고만 치부할 수는 없으며, 오히려 문학의 대중화는 장려되어야 할 부분이다. 그렇지만 일부 문화센터에서 개최되고 있는 문학기행은 체계도 갖추지 못했고 심도 있는 진행도 이루어지지 못하는 단순한 여행에 불과한 경우가 많다. 이러한 행사는 지양되어야 할 것이다. 이제는 단순한 기행이 아니라 문학공간에 대한 학술적이고 교육적인 답사차원에서 행사가 기획되고 진행되어야 한다. 결과물의 출판에 있어서도 이런 측면은 고려되어야 하는데, 뚜렷한 학문적 기준과 이론적 토대를 갖추지 못한 채 제작된 문학기행 서적들은 가벼운 읽을거리 이상의 의미를 가질 수는 없다.

셋째, 행사진행의 현실적인 어려움도 지적될 수 있다. 문학공간 답사 등의 현장학습에는 적지 않은 비용이 필요하다. 참가인원의 교통비며 식비는 물론이고, 일정이 길어질 경우 숙박비도 부담이 되고, 참가인원들이 각종 안전사고에 노출되기 쉽다는 사실도 위험요소가 된다. 특히 아직 성인이 아닌 학생들을 대상으로 하는 문학공간 답사의 경우에는 이것이야말로 가장 심각한 문제라고 할 수 있다. 이러한 현실적인 어려움을 극복하기 위해서는 예산의 확보와 함께, 다양한 프로그램의 개발, 그리고 철저한 안전교육 등이 선행되어야 할 것이다. 아울러 실제 답사를 실시하지 않고도 유사한 효과를 얻을 수 있는 교육 교보재의 개발도 고려되어야 할 부분이다.

넷째, 집단적이고 체계적인 연구가 선행되어야 한다. 앞서의 선행 연구 자료들에 대한 검토에서 지적했던 것처럼, 문학공간 답사는 전 국토를 대상으로 진행되는 것이 바람직하다. 물론 특정 지역의 향토 색을 표방하고 있는 작품도 적지 않으나, 많은 수의 문학작품에서는 다양한 공간들이 영향관계를 형성하고 있기 때문이다. 뿐만 아니라 문학공간의 특징은 개별적인 언급보다는, 각 지역간의 비교를 통해서 보다 명확해질 수 있다는 점 역시 고려되어야 할 것이다. 이러한 전 국토적인 연구가 몇몇 개인들의 헌신적인 노력에 의해서 이루어질 수 있는 규모가 아니다. 그러므로 문학공간 답사는 문화단체나 학회, 아니면 대학 연구팀 등의 선도 집단(先導 集團)에 의해 주도되는 것이 바람직하다고 판단된다.

2) 문학공간 답사의 교육적 의미

문학교육은 현대 교육과정의 한 경향이라고 할 수 있는 인간중심의 교육을 효과적으로 실현할 수 있는 교육방법이다. 그러므로 이는 "생각하고 느끼고 생활하고 행동하는 개체를 육성하는 것이며 사랑할 수 있고, 깊이 느낄 수 있고, 내적인 자아를 넓힐 수 있고, 창조할 수 있는 사람 또는 자기교육의 과정을 계속할 수 있는 사람을 육성"[6]

---

6) C. H. Patterson, 장상호 역, 『인간주의 교육(Humanistic Education)』, 박영사, 1980, p.22.

하는 역할을 수행해야 할 것이다.

이러한 문학교육의 역할을 고려하면, 문학교육의 학습자를 단순하게 각급 학교의 재학생으로 파악하기보다 다원화된 계층이 포함된 집단으로 설정할 필요가 있다. 문학교육의 학습자 설정에 있어 스피로(J. Spiro)가 설정한 학습자 역할모형이 도움이 될 것이다. 그의 견해를 도표로 정리하면 아래와 같다.[7]

역할모형	문학교육을 보는 관점
문학비평가	비판적이고 분석적인 사고의 발전: 철학으로서의 문학
문학연구자	지식의 습득과 이 지식을 분석하고 종합하여 맥락화하는 능력: 정전으로서의 문학
작가	언어를 매개로 하는 실험과 창조적인 자기표현의 재능을 계발: 창조성을 훈련하는 자료로서의 문학
감식력 있는 독자	텍스트나 대상이 되는 문화가 무엇이든 간에 읽기를 통해 자율성, 향유, 감상 능력을 계발: 자율적 읽기를 촉발하는 자료로서의 문학
인문주의자	인간조건에 관한 공감과 이해의 계발: 인문주의적 훈련자료로서의 문학
능력 있는 언어사용자	언어 기능의 계발과 모든 장르와 맥락 안에서 언어 기능의 인식: 언어 사용 실례로서의 문학

위의 도표를 통해서 알 수 있는 것처럼, 문학교육의 잠재적인 학습자는 다양한 측면에서 고려되어야 한다. 그러나 현행 중·고등학교의 교육체계로는 이런 학습자 역할모형을 모두 만족시키는 교육이 이루어지기 힘들다. 비록 7차 교육과정에서 창작교육과 관련된 부분

---

7) J. Spiro, "Assessing Literature:Four Papers", Assessment in Literature Teaching(ed. C. Brumfit), Modern English Publ., 1991, p.18. : 김상욱, 『문학교육의 길 찾기』, 나라말, 2003, p.41. 재인용.

이 보강되었다고는 하지만, 교육현장의 현실은 그에 대한 학습이 이루어지기 힘들다. '사범대학 국어교육과에서 4년간의 교사 양성과정을 마치고, 15년을 국어교사로 근무했으면서도 창작과 관련된 어떠한 강의나 연수를 받아본 기억이 없다'[8]는 일선 교사의 증언은 그런 현실을 반영하는 예이다. 실질적으로 중·고등학교의 문학교육은 앞서 제시된 역할모형 중에서 '감식력 있는 독자'와 '능력 있는 언어 사용자' 정도만을 만족시킬 수 있을 뿐이다.

대학 교육에 들어서야 비로소 이러한 역할모형이 충족될 수 있다. '인문주의자'의 경우는 일련의 교양수업과 전공수업을 통해서, '문학연구자'의 경우는 국어국문학과의 전공과정을 통해서, 그리고 '문학 비평가'와 '작가'의 경우는 문예창작과의 전공과정을 통해서 충족된다. 하지만 대학의 문학교육 역시 모든 역할모형을 충족시킬 수 없다는 점에서는 중·고등학교의 경우와 다를 것이 없다. 특히 교양수업과 전공수업의 연계가 원활하지 못하고, 학과 간의 교육적 협력이 활발하지 못한 우리의 대학교육 현실에서는 이처럼 다양한 학습자 역할모형을 동시에 만족시키는 일은 불가능에 가깝다.

문학공간 답사는 이러한 통합교육을 실현시킬 수 있는 학습방법이다. 답사대상과 지역을 선정하는 과정에서는 문학연구자·감식력 있는 독자·능력 있는 언어 사용자의 역할이 요구되고, 답사를 진행하고 자료를 수집하는 과정에서는 인문주의자·감식력 있는 독자의 역할이 요구되며, 마지막으로 수집된 자료를 분석하고 이를 토대로 새로운 작품을 창작하는 과정에서는 문학비평가·문학연구자·작가·능력 있는 언어사용자의 종합적인 역할이 강조되기 때문이다. 그러

---

8) 진중섭, 앞의 글, p.113.

므로 문학공간 답사는 자칫 특정 학습자만을 대상으로 이루어지기 쉬운 학교 교육에 균형감각을 부여할 수 있는 문학교육 방안이라고 하겠다.

여기에 사회/평생교육원과 문화센터 등에서 이루어지는 문학교육의 목적과 가치까지 고려한다면, 문학공간 답사가 가지는 문학교육적인 가치는 더욱 부각된다. 특히 문학공간 답사는 기존의 학교에서 이루어졌던 텍스트 분석 중심의 교육에 적응하지 못했던 학생독자들이 문학을 좀더 쉽고 친근하게 받아들일 수 있도록 만드는 학습 방안이라고 하겠다.

3. 문학공간데이터베이스를 활용한 교육 방안

1) 문학공간데이터베이스 구축의 필요성

앞서 이미 지적되었던 것처럼, 문학공간 답사를 준비하고 진행하는 과정에는 적지 않은 어려움이 따른다. 우선 적합한 대상을 선정하고 답사지역을 결정하기 위해서는 우리 문학에 대한 전반적인 이해를 갖춘 기획자가 필요하며, 행사를 원활하게 진행하기 위해서는 인력 및 비용은 물론이고 각종 안전사고까지 통제할 수 있는 관리요원이 확보되어야하고, 또한 수집된 자료를 분석·정리하기 위해서는 각종 프로그램을 활용할 수 있는 운영인력이 필요하기 때문이다.

그러나 이와 같은 답사 준비 및 진행과정 자체가 학생들에게 좋은 교육기회가 된다. 다소간의 어려움이야 있겠지만, 학생들이 직접 문학공간 답사를 기획하고 진행하며 결과를 도출해내는 일련의 과정을 수행함으로써 능동적인 학습참여가 이루어지기 때문이다. 다만 그러한 개인의 노력에 앞서 선도 집단의 연구가 선행되고, 그 연구결과물이 답사 준비자에게 제공된다면 준비 및 진행과정이 보다 수월하게 이루어질 수 있을 것으로 기대된다. 즉, 문학공간 답사에 대한 데이터베이스를 구축하고 그것을 문예학습에 활용하는 방안이 고려되어야 할 것이다.

문학공간 데이터베이스 구축의 필요성은 다음과 같은 네 가지 측면에서 고려될 수 있다.

첫째, 자료의 보존이 가능하다. 급격한 사회변화로 인해, 문학사의 귀중한 사료(史料)이자 문화유산으로 보존되어야 할 문학현장들이 급속도로 훼손되고 있다. 그 대표적인 예로 이문구의 소설『관촌수필』의 무대가 되는 충남 보령의 관촌마을을 들 수 있다. 이곳은 작품에서 실제 지명이 언급되고 있기 때문에 문학공간 답사가 활발하게 이루어진 지역이다. 그렇기 때문에 문학현장의 훼손에 대한 기록이 많이 남아있다. 김훈·박래부 기자의『문학기행』에 수록된 내용에서는 관촌마을 뒷동산에는 늙은 팽나무가 남아있다는 기록이 있으나, 동국대 한국문학연구소의『한국 문학지도』의 기록에는 이를 찾을 수 없다는 내용이 나오며, 필자가 2002년 봄에 학생들과 함께 찾았던 관촌마을에는 이러한 흔적조차 찾아볼 수 없었다. 이처럼 경제개발의 논리에 의해서 수많은 문학유산들이 급격하게 사라지고 있다. 개인의 재산권 행사를 정책적으로 금지할 수는 없겠지만, 개발에 앞서 충분한 기록과 자료수집 작업이 이루어졌다면 차후 문학연구에 필요한 기초 자료가 확보될 수 있었을 것이다. 그러므로 문학연구의 기초 자료를 확보한다는 측면에서, 우리의 문학현장에 대한 데이터베이스 구축작업은 시급히 진행되어야 할 연구 과제라고 판단된다.

둘째, 교육 자료로 활용이 가능하다. 문학작품에 대한 충분한 이해가 이루어지기 위해서는 작품의 형성배경이 되는 시대상황과 공간적 특징에 대한 독자들의 공감이 필요하다. 물론 이것이 작품을 이해하고 연구하는 필수불가결한 요소라고는 할 수 없겠으나, 이 작업이 바탕이 될 때 작품에 대한 독자의 감동과 이해는 배가될 수 있는 것이다. 특히 이것은 전통적인 마을공동체나 자연의식을 직접 경험하지 못하고 자란 중·고등학생 및 대학생들에게 절실히 요구되는 선행학습이다.

예를 들어「메밀꽃 필 무렵」의 경우, 작품을 읽은 학생들의 대부분은 메밀꽃이 무엇이고 어떻게 생겼는지 알지 못하는 경우가 많다. 백과사전 등을 통해 꽃의 특성에 알게 된다고 하더라도, 그 분위기를 이해하는 학생은 많지 않다. 그러니 작품에 묘사된 "밤중을 지난 무렵인지 죽은 듯이 고요한 속에서 짐승 같은 달의 숨소리가 손에 잡힐 듯이 들리며, 콩포기와 옥수수 잎새가 한층 달에 푸르게 젖었다. 산허리는 온통 메밀밭이어서 피기 시작한 꽃이 소금을 뿌린 듯이 흐뭇한 달빛에 숨이 막힐 지경이다"라는 유명한 구절에도 동감하지 못하고, 이런 동감이 선행되지 않으니 학교 교육현장에서 이 작품의 주제로 제시하고 있는 '떠돌이 삶의 애환 속에 펼쳐지는 인간 본연의 애정'[9]이라는 설명은 그저 수능시험을 보기위한 암기사항에 지나지 않게 되는 것이다. 이런 학생들에게 필요한 문학수업은 작품의 주제와 형식 등에 대한 설명이 아니라, 직접 봉평 지역을 찾아가 메밀꽃이 피어 있는 달밤을 경험하게 만드는 일일 것이다.

---

9) 박혁 선생의 국어교실(http://210.218.66.140/pk9781).

문학공간 답사를 활용한 학습의 효과는 앞서 언급했던 배경구의 연구를 통해서 이미 증명되었다. 그는 문학공간 답사 활동을 통해서 학생들이 작품배경을 상상하며 읽는 습관이 길러졌으며, 지역 사회의 문화예술을 이해하는데 도움이 되었다고 설명하고 있다.[10] 이처럼 문학공간에 대한 답사 및 자료조사는 문학작품에 대한 이해를 향상시킬 수 있는 좋은 학습방법이라고 하겠다.

그러나 현재 각급 학교에서 이루어지는 문학교육은, 예산 및 지도교사 인원의 부족·안전사고 예방 등의 이유로 실질적인 문학답사는 거의 이루어지지 못하는 실정이다. 문학공간 데이터베이스는 이러한 학교 문학교육의 한계점을 보충할 수 있는 교육 자료로 활용될 수 있다. 문학답사를 준비하고 인솔해야하는 교사들에게는 지침서 역할을 담당할 수 있을 것이며, 실제 문학답사에 참가할 수 없는 학생들에게는 간접경험의 기회를 제공하는 역할을 수행할 수 있을 것으로 기대된다.

셋째, 평생/사회교육, 문학에 대한 대중적 관심확대를 유도할 수 있다는 측면이다. 이는 최근에 지적되고 있는 '인문학의 위기'에 대한 대처방안이라는 의미도 함께 가진다. 아울러 이를 통해서 문학을 비롯한 인문학의 저변인구 확대와 관심을 고조시킬 수 있는 효과를 얻을 수 있다.

넷째, 각종 문화콘텐츠 개발의 기초 자료를 축적할 수 있다. 문화산업은 21세기 주도산업으로 각광받고 있으며, 정부에서도 각종 문화콘텐츠 사업에 대한 지원계획을 발표하고 있다. 그러나 현재 제작되고 있는 우리의 문화콘텐츠 수준은 지원에 비해서 미비하기만 하

---
10) 배경구, 앞의 글, pp.63~68. 참고.

다. 여기에는 여러 가지 이유가 제기될 수 있겠지만, 무엇보다 예술적인 가치와 대중성을 겸비할 수 있는 수준 높은 콘텐츠의 개발이 이루어지지 못했다는 것도 한 원인이 된다. 그런데 문학과 문예창작 분야는 다양한 자료가 축적되어 있으며 폭넓은 독자층이 형성되어 있기 때문에, 문화콘텐츠로 변용될 수 있는 가능성을 많이 가지고 있는 영역이라고 하겠다. 이를 위해서는 우리의 문학 자료들을 데이터베이스화하고, 그것을 체계적으로 활용할 수 있도록 변용하는 기초 작업이 요구되는데, 문학공간 데이터베이스 구축을 통해서 그런 작업이 수행될 수 있을 것으로 기대된다.

아울러 한국문학의 세계 경쟁력 강화라는 측면도 고려해볼 가치가 있다. 최근 유럽의 여러 국가를 비롯해서 러시아·중국·일본 등의 나라에서 한국의 문화와 문학에 대한 관심이 증가하고 있으며, 외국의 여러 대학에서 한국어문학전공을 개설하고 있다. 이러한 사실을 고려하여 차후 본 연구의 성과물에 대한 외국어 번역작업이 실시된다면 한국문학을 해외에 소개하고 홍보할 수 있는 좋은 기회가 만들어지리라고 판단된다. 또한 외국 대학의 한국어문학전공에서 적절한 문학교재의 확보에 어려움을 겪고 있다는 사실을 감안하면, 문학공간 데이터베이스 구축은 이후 한국문학의 외국어 번역작업으로 이어지는 후속연구를 활성화시킬 수 있을 것으로 기대된다.

2) 문학공간 데이터베이스의 활용 가능영역

문학공간 데이터베이스 구축작업을 통해서 형성되는 결과물은 다양한 측면에서 활용이 가능한데, 이는 다양한 매체의 개발이 병행될 때 보다 큰 효과를 얻을 수 있다. 그러므로 문학공간 데이터베이스가 적용될 수 있는 각종 영역들을 활용매체와 함께 살펴보도록 하겠다.

첫 번째로 활용이 가능한 영역은 연구 기초자료 수집이다. 이는 문학연구에 필요한 기초 자료를 수집하고 그것을 일목요연하게 정리하는 작업이다. 여기에 지도 위에 문학공간의 분포상황을 표시하는 작업이 병행된다면, 보다 시각화된 자료가 만들어질 수 있을 것이다.

이런 작업을 통해 만들어진 결과물은 기존에 이루어진 것처럼 출판매체를 통한 활용이 가능하다. 출판물은 교수자 및 학습자에게 가장 익숙한 매체이면서 보편적으로 활용되고 있는 매체이기도 하다. 이 매체는 다량의 텍스트 자료를 수록할 수 있으며, 자료의 가독성도 뛰어나다는 장점을 가진다. 다만 문학공간자료들 사이의 상호관련성이 가시적으로 파악되기 힘들고, 부분과 전체의 상관관계 역시 쉽게 파악되지 않는다는 단점을 가진다. 그러므로 이 매체를 활용할 경우에도, 그러한 단점을 보완하기 위해서는 사진·도표 등의 시각자료가 다량으로 첨가되어야 할 것이다.

한편으로 인터넷 홈페이지를 활용매체로 선택하는 방법도 가능하다. 이는 앞서의 출판매체와는 달리 온라인 문화의 특성을 지니게 된다. 즉, 사이트 접속자의 적극적인 상호작용성(interaction), 정보제공의 기능성(information service provider), 동호회로 사이버 공간상에서 참여하는 커뮤니티 사이트(community site)로의 발전가능성을 내포하고 있다.[11] 또한 수집된 자료를 지속적으로 업데이트할 수 있다는 장점도 가진다. 반면에 텍스트 자료의 가독성이 떨어지고, 연구결과의 지적소유권이 보장받기 어렵다는 단점을 가진다.

---

11) 이은숙·장은미, 「한국 문학공간의 특성과 Web GIS 구축자료에 관한 기초연구」, 『문화역사지리』 제13권 제1호, 2001. 6, p.30.

출판매체와 인터넷 홈페이지의 장단점을 보완할 수 있는 매체로 CD롬 타이틀의 제작도 고려해 볼 수 있다. 하지만 이것도 역시 정보의 지속적인 업데이트를 할 수 없다는 단점을 가진다.

두 번째 활용 가능영역은 학교교육 또는 평생교육 참고 자료이다. 이는 문학공간 데이터베이스를 중·고등학생 및 대학생의 문학교육 참고 자료로 제작하는 방법이다. 또한 이것은 일반인들의 교양 함양에 기여할 수 있는 문화교육 콘텐츠로 활용될 수도 있다.

이 방법도 앞서의 경우처럼, 출판매체·인터넷 홈페이지·CD롬 타이틀 등의 매체를 활용하는 제작이 가능하다. 그러나 이 경우에는 현장학습의 보조도구로 활용되는 것을 염두에 두어야 하기 때문에, 출판매체 보다는 인터넷 홈페이지와 CD롬 타이틀로 제작되는 것이 효과적이다.

세 번째 활용 가능영역은 문예창작교육 참고자료이다. 이는 문학공간자료에 대한 이해를 토대로 새로운 창작물을 만들어내는 일련의 과정을 포함하는데, 인터넷 홈페이지와 CD롬 타이틀 등을 활용하는 시청각 교육과 기존의 창작교육이 결합된 개념이다. 이것은 특히 최근 대학을 중심으로 이루어지고 있는 멀티미디어 교실과 결합될 때 효과가 극대화될 수 있을 것이다.

멀티미디어 교실은 개인용 컴퓨터를 중심으로 웹(Web) 기반을 구축함으로써 다양한 정보화 환경을 통합적으로 연결하고 비디오·오디오·프로젝터 등과 결합되어 조성된 디지털 환경에서 이루어지는 교육형태로, 전통적인 문자 기반의 교육환경에 급진적 변화를 가져온 학습방법이다.[12] 이는 문예창작교육에도 그대로 적용되고 있는

데, 영상자료나 음악자료 등을 감상한 뒤에 그 느낌을 작품에 표현하는 방법, 프로젝터를 활용하여 한 사람의 작품을 공동으로 수정하는 방법 등이 현재 활용되고 있다.

아울러 최근 새로운 창작방법으로 제기되고 있는 디지털 서사(digital narrative)의 세부 분야인 하이퍼텍스트 서사(hypertext narrative), 멀티미디어 서사(multimedia narrative), 인터랙티브 서사(interactive narrative) 등의 교육방법[13]에도 활용될 수 있을 것이다.

네 번째 활용 가능영역은 문화콘텐츠 개발 참고자료이다. 이는 문학공간데이터베이스를 각종 문화콘텐츠 개발에 참고가 될만한 기초자료로 제작하는 방법이다. 고급 문화콘텐츠를 형성하기 위한 노력은 문화관광부와 한국문화콘텐츠진흥원을 주축으로 활발하게 진행되고 있다. 2003년에 진행되었던 〈우리 문화원형의 디지털콘텐츠화사업 자유공모〉 등의 사업이 대표적인 예인데 이 공모는 문화콘텐츠 시나리오 소재 개발 분야, 문화콘텐츠 시각 및 청각 소재 개발 분야, 전통문화·민속자료 소재 콘텐츠 개발 분야 등의 세 가지 분야에 걸쳐 모집되었다. 이중에서 적용가능한 분야는 '문화콘텐츠 시나리오 소재 개발 분야'로, 이는 문화콘텐츠 시나리오 창작소재를 개발하기 위해서 설화나 역사 등의 문화원형을 비교·분석·해설 및 재구성하여 디지털 표현 양식에 맞춰 구성한 디지털콘텐츠를 의미하는 것이다.

문학공간 데이터베이스 구축을 통해서 우리 문학 자료들이 각 지역별, 작가별로 정리될 수 있으며, 이를 토대로 각 자료들 사이의 비

---

12) 조지형, 「인문학의 '위기'와 디지털 인문학」, 김도훈 외, 『디지털 시대의 인문학, 무엇을 할 것인가』, 사회평론, 2001, p.158.
13) 강상대, 「대학교 소설 창작교육의 방법론」, 『동양학』 35권, 단국대학교 동양학연구소, 2004, pp.115~120.

교와 분석이 가능해지는 것이다. 이와 같은 자료의 해설 및 재구성을 바탕으로, 앞서 언급했던 문예창작교육 자료로서의 기능이 첨가된다면, 새로운 디지털콘텐츠의 개발이 가능할 것으로 기대된다. 이런 공모에서 요구하는 콘텐츠의 지원기준은 디지털콘텐츠로 제작되는 것을 목표로 하기 때문에, 인터넷 홈페이지 혹은 CD롬 타이틀에 적합한 형식으로 콘텐츠가 제작되어야 할 것이다.[14]

마지막 다섯 번째 활용 가능 영역은 한국문학 세계화를 위한 홍보자료이다. 이는 두 가지 측면에서 고려해 볼 수 있다. 하나는 외국대학 한국어문학전공의 문학교육 자료로 이용되는 것이고, 다른 하나는 외국인을 대상으로 하는 한국문학 홍보자료로 이용하는 것이다. 이것은 앞서 제시한 출판, 인터넷 홈페이지, CD롬 등의 모든 매체를 활용하는 것이 가능하다.

물론 이 영역이 효율성을 가지기 위해서는 문학공간 데이터베이스의 번역작업이 병행되어야 할 것이다. 그러나 번역이 이루어지지 않더라도, 문학공간 데이터베이스의 구축만으로도 충분한 가치를 가질 것으로 판단된다. 이를 기점으로 해서 다양한 후속 연구가 가능하기 때문이다.

---

14) 구체적인 기준은 다음과 같다. 문자텍스트는 TXT 혹은 HTML 형식으로 전산 입력된 자료이거나 해상도 100dpi 이상으로 스캐닝 된 자료, 사진은 스캐닝 해상도 600dpi 이상의 자료, 필름은 스캐닝 해상도 2400dpi 이상의 자료, 사운드는 44.1khz 16bit 이상의 WAV자료이거나 22.1khz 12bit 전송율 64kbps 이상의 MPEG4자료, 동영상은 해상도 640×480 이상 전송율 8Mbps 이상의 MPEG2자료이거나 해상도 320×240 이상 전송율 300Kbps 이상의 MPEG4자료. : 문화관광부·한국문화콘텐츠진흥원, 〈2003년도 제1차 우리 문화원형의 디지털콘텐츠화사업 자유공모 사업안내서〉, 2003. 3. p.14.

4. 결론

　기존의 문학교육은 문학을 고정불변의 텍스트로 간과해 버리는 경우가 많았다. 그렇지만 올바른 문학교육을 시행하기 위해서는 문학예술의 역동성이 보다 부각되어야 할 것이다. 본고는 그 시행방법으로 문학공간 답사에 주목했다.
　문학공간 답사는 문학작품에 대한 효율적 이해를 위한 보조수단으로 활용되었으며, 문예창작을 지망하는 사람들의 전통적인 수련방법으로 권장되어 왔다. 이 학습방법은 각급 학교 와 사회/평생교육원 및 문화센터를 중심으로 이루어지고 있으며, 관련 서적도 상당 종류 출판되어 있는 현실이다.
　그러나 현재 실행되고 있는 문학공간 답사는 이론적 취약성, 지나친 대중성, 행사 진행의 현실적인 어려움, 개인적 연구의 한계 등의 문제점을 가지고 있다. 이러한 문제를 극복하기 위해서는 문학공간 답사 방법 및 이론적 토대에 대한 이론적 고찰이 이루어져야 하고, 이를 바탕으로 논리와 체계성을 갖춘 행사가 기획되어야 하며, 행사 진행을 전담할 수 있는 전문 인력의 양상이 병행되어야 한다. 아울러 직접 문학공간 답사를 실시하지 않고도 유사한 효과를 얻을 수 있는 교육교보재의 개발이 고려되어야 할 것이다.
　문학공간 답사를 통해서 수집된 자료를 데이터베이스로 구축하는 작업이 바로 그런 교육자료 개발의 출발점이 된다. 문학공간 데이터베이스의 구축은, 문학사료(文學史料)의 보존이 시급하게 요구되고, 현장성이 강조되는 문학교육 자료가 부족하며, 문학에 대한 대중적 관심 확대를 유도할 수 있을만한 평생/사회교육 자료가 요구되고, 각종 문화콘텐츠 개발을 위한 기초 자료의 형성이 필요하다는 측면에서 시급하게 진행되어야 할 연구이다. 이러한 문학공간 데이터베이스 구축은 몇몇 개인의 노력에 의해서만 진행하는 것은 무리이고, 문화단체나 학회, 혹은 조직적인 연구 인력이 확보된 대학 연구팀에서 진행되는 것이 타당하다고 하겠다.

문학공간 데이터베이스는 문학연구의 기초자료, 학교 및 평생교육 자료, 문예창작교육 보조자료, 문화콘텐츠 개발 참고자료, 한국문화 세계화를 위한 홍보자료 등의 영역에서 활용될 수 있다고 판단되었다. 또한 그 결과물을 출판, 인터넷 홈페이지, CD롬 등의 다양한 매체로 제작하여 효과를 극대화시킬 수 있을 것이다.

지금까지 살펴본 내용처럼, 문학공간 답사는 문학교육의 균형감각을 확보하기 위해서 필요한 학습방법이다. 하지만 일선 문학교육현장에서 이를 시행하는 데에는 적지 않은 어려움이 있다. 이를 위해서는 직접 문학공간 답사를 실시하지 않더라도 유사한 효과를 얻을 수 있는 교육 자료의 개발이 절실하게 요구된다. 바로 그러한 측면에서 문학공간데이터베이스 구축의 필요성이 제기된다고 하겠다.

그러나 전술된 것처럼, 문학공간 데이터베이스 구축은 개인의 연구에 의해서 이루어질 수 있는 규모가 아니며, 아직 관련이론에 대한 정비작업도 진행되지 않았다. 또한 연구결과물 제작에 있어서 전산 및 인터넷 디자인 등의 유사 전공들과의 협력이 이루어져야 할 것이다.

앞으로 개별 작품을 대상으로 문학공간 답사를 활용한 실천적인 활동이 교육현장에서 이루어진다면, 효율적인 문학공간 답사 방법론 및 작품별 교육방안에 대한 구체적인 모형이 제시될 수 있을 것으로 기대한다. 이를 후속 연구과제로 남긴다.

김수복(단국대 교수)

참고문헌

강상대, 「대학교 소설창작 교육의 방법론」, 『동양학』, 35권, 단국대 동양학연구소, 2004.
김도훈 외, 『디지털 시대의 인문학, 무엇을 할 것인가』, 사회평론, 2001.
김상욱, 『문학교육의 길 찾기』, 나라말, 2003.
김수복 외, 『마당발 - 김원일의 〈마당깊은 집〉을 찾아가는 발걸음』, 청동거울, 2002.
김훈・박래부, 《문학기행》, 한국문원, 1997.
동국대학교 한국문학연구소, 『한국문학지도』, 계몽사, 1996.
문학과문학교육연구소, 『창작교육, 어떻게 할 것인가』, 푸른사상, 2001.
문화관광부・한국문화콘텐츠진흥원, 「2003년도 제1차 우리 문화원형의 디지털콘텐츠화 사업 자유공모 사업안내서」, 2003.
배경구, 『독서기행을 통한 독서지도』, 한국교원대학교 석사학위논문, 2003.
우한용, 『문학교육과 문화론』, 서울대학교출판부, 1997.
이대규, 『남도문학기행』, 이외문화사, 1999.
이은숙・장은미, 「한국 문학공간의 특성과 Web GIS 구축자료에 관한 기초연구」, 『문화역사지리』 제13권 제1호, 2001.
이종근, 『전북문학기행』, 신아출판사, 1997.
임영규, 『독서클럽 활동을 통한 효율적인 독서지도 방안 연구』, 한국교원대학교 석사학위논문, 2002.
장태동, 『서울문학기행』, 미래M&B, 2001.
조영주, 『협동학습을 통한 뒷이야기 상상하여 쓰기 지도방안 연구』, 한국교원대학교 석사학위논문, 2002.
최두목, 『WBI(웹기반수업)를 활용한 국어과 교수 학습 방법 연구』, 한국교원대학교 석사학위논문, 2002.
한만수, 『태백산맥문학기행』, 해냄, 2003.
C. H. Patterson, 『인간주의 교육(Humanistic Education)』, 박영사, 1980.
R. Wellek & A. Warren, The Theory of Literature, Penguin University Books, 1973.
박혁 선생의 국어교실(http://210.218.66.140/pk9781)

4. '문화콘텐츠 탐사'에 의한 한국문학 공간의 '가상현실'화

1. 서론

한국문학 작품이 생산된 장소는 산업화되면서 훼손되고 멸실될 위기에 처해 있어 그 어느 때보다 잘 보존하여야 할 필요성이 제기되고 있다. 문학은 그 어떤 예술 장르보다 인간의 삶과 밀접한 관련을 갖고 있다. 그래서 인간이 살아온 삶의 자취인 공간과 시간의 문제는 언제나 문학에서 가장 중요하게 다뤄지는 예술적 인식 요소들 중 하나였다. 특히 문학 작품이 생산된 공간은 사회적·문화적·생활적·시대적 단자들을 모두 담지하고 있는 점에서 상당히 중요한 부분이라 할 수 있다. 여기서 공간은 장소·곳·땅·토지 등을 내포하고 있는 개념으로서 토포필리아(Topophilia)라 할 수 있다.[1] 공간이라는 말에 가까운 그리스어 Topos는 사물의 고유한 장소라는 뜻을 지닌

---

1) 김열규, Topophilia : 토포스를 위한 새로운 토폴리지와 시학을 위해서, 『한국문학이론과 비평』 제20집, 한국문학이론과비평학회, 2003. 9. p. 9.

다. 토포필리아는 topos와 philia의 합성어로서 장소에 대한 사랑이라는 의미를 갖는다. 이것은 인간 스스로가 머물고 있는 환경공간에 대해 남다른 애착을 갖게 되고 특별한 의미를 부여하기도 하며, 특정 장소에 애착을 보이는 과학적 문화적 인접성까지도 확보한다.[2] 가령 박태원의 소설「천변풍경」에서 청계천이라는 공간이 당시 사회의 문화적·사회적 요소들을 모두 담고 있으며 새로운 담론을 창출하기도 하는 것에서 '청계천'이 토포필리아가 됨을 의미한다.

한국문학 연구에서 토포스에 대한 연구는 상당히 있어 왔고 어느 정도 연구 성과를 이뤄내고 있다. 그러나 장소가 갖는 다양한 의미들을 사회적 문화적 언어 체계의 코드에서 읽어내어 새롭게 재현해 내는 문제에 있어서는 별 관심이 없었다. 다시 말해 작품 생산이 이뤄지는 생산자의 입장에서만 토포스를 보면 미적 향수의 대상에 지나지 않았다. 그러나 작품 수용자, 즉 독자의 입장에서 보면 토포스가 새롭게 의미를 만들어내는 토포필리아가 될 수 있는 가능성이 열리고 있다. 그것이 정보문화산업의 발달에 의해서이다. 특히 한국처럼 IT 산업이 발달된 나라에서 정보는 정보재(Information goods)가 되어 재화나 물질과도 같은 역할과 의미를 담고 있다. 이것이 디지털 기술의 발달에 의해 가능해졌고, 컴퓨터를 중심으로 한 인터넷은 물품 생산자와 구매자를 쌍방향으로 소통하여 주는 혁명과도 같은 가능하게 한다. 석유와 같은 부존자원이 부족한 한국과도 같은 나라에서 디지털 기술의 발달은 부국의 패러다임을 바뀌게 하고, 선진국이 될 수 있는 기회를 제공하여 준다. 이러한 상황에서 최근 CT(Culture Technology)가 성황을 이루고, 각종 다양한 콘텐츠가 개

---

2) Yi-Fu Tuan. Topophilia, Prentice-Hall Inc., 1974. p. 4.

발되어 산업화되고 있다. 문화콘텐츠는 한국의 전통적이며 세계적인 문화 자산을 디지털콘텐츠로 만들어 새로운 산업이 될 수 있는 '원소스멀티유스(One source multi use)'와 같은 역할을 한다. 무궁무진한 자원의 보고인 한국 문화는 디지털 기술에 의해 다양한 콘텐츠로 만들어질 것이고, 그것에 의해 새로운 문화콘텐츠가 생겨날 것이다. 또한 멀티미디어의 요소들을 잘 활용한다면 현실 못지않은 가상의 세계가 만들어질 것이다.

본고는 한국문학의 문화콘텐츠로 활용할 수 있는 많은 방법 중 한국문학 작품이 생산된 공간을 가상의 세계에서 현실 못지않은 리얼리트를 만들 수 있는 방법이 없을까 하는 생각에서 비롯되었다. 그렇게 하기 위해서는 먼저 '문화콘텐츠 탐사(Field Research of Cultural Contents)'가 이뤄져야 한다. 문화콘텐츠 탐사란 한국문학의 현장에 대한 답사 및 조사 연구를 실행함으로써, 문화콘텐츠를 창출하기 위한 자료를 확보하는 데 있다. 문학공간에 대한 답사나 기행을 통해 문학 작품이 생산된 현장을 볼 수 있는 기회가 많았지만, 이것을 데이터베이스로 만들어 콘텐츠를 개발하여 가상의 공간에서도 현장 못지않게 볼 수 있는 방법이 없을까 하는 것에 대해서는 지금까지 많이 연구되어 있지 않다. '문화콘텐츠 탐사'는 자료들을 데이터베이스로 구축하여 보관하는 데 목적을 두어서는 안 된다. 그것을 어떻게 활용하여 새로운 부가가치를 창출할 수 있는가로 나아가야 진정한 의미에서 문화콘텐츠산업이 될 수 있다. 그렇다고 본고에서 콘텐츠를 비즈니스로 활용하는 방안을 제시하는 데 연구 목적이 있지 않다. 문학공간을 웹 사이트에서 구축하여 문화산업을 만들 수 있는 데 기초가 되는, 원소트멀티유스가 될 수 있는 방안을 제시하는 데 있다.

2. 웹 사이트에 구축된 문학공간

1) 국내의 경우

국내에서 문학공간을 활용하여 구축된 웹 사이트는 그렇게 많지 않다. 그래도 널리 알려진 것과 활용도가 큰 것을 중심으로 살펴보고 그것들이 갖고 있는 문제점을 검토하여 보기로 하겠다.

남도문학기행(http://gonamdo.or.kr)은 문학 기행을 통해 얻은 다양한 자료들을 구축한 웹 사이트이다. 이 사이트는 조정래와 함께하는 태백산맥 기행, 이청준을 따라가는 장흥 문학기행, 김승옥과 함께 하는 순천 무진기행 등을 콘텐츠로 하고 있어 깊이 있는 답사를 통해 작품에 대한 이해를 높여 주고 있는 점에서 주목할 만하다. 또한 각 작가들의 동영상 강연도 제공하고 있어 작가의 목소리를 직접적으로 들음으로써 작가에 대한 현장감 있는 이미지를 얻을 수 있는 점에서 눈여겨 볼 만하다. 그리고 다양한 콘텐츠를 담고 있으며 특히 멀티미디어적인 요소를 십분 활용하고 있다. 그러나 대상지역과 작가가 한정되어 한국문학의 공간 전체를 아우르지 못하는 문제를 지니고 있다.

임형의 남도문학기행(http://namdo.com)은 전라도 일대의 문학 자료를 고대부터 현대에 이르기까지 모두 구축한 웹 사이트이다. 이 사이트는 한 공간의 문학적인 흐름을 통시적 시각에서 제시한 점에서 특이하다. 그러나 지역적인 한계를 벗어나지 못했고, 작품의 작가에 대한 깊이 있는 콘텐츠를 담고 있지 못한 문제가 있다.

안영선의 국어여행(http://imunhak.com.ne.kr)은 242명이나 되는 작가들의 시비·생가·묘소 등의 위치와 사진 자료를 구축하고 있다. 또한 김동명, 김동인, 김영랑, 서정주, 송순, 신동엽, 심훈, 이병기, 이육사, 이효석, 정지용, 정철, 채만식, 한용운 등의 작가들에 대한 설명도 되어 있다. 그리고 일반 출판물에 대한 정보를 같이 볼 수 있도록 전자책을 링크하여 제공하고 있는 점이 특이하다. 이 사이트는 문학공간답사에 필요한 기초 자료를 제공하고 있다. 그러나 주소정보와 사진자료를 단순하게 나열하였을 뿐 작가의 생애와 작품에 등장하는 공간과의 상관 관계를 밝히는 콘텐츠를 개발하지 못한 문제점이 있다.

우리나라 문학지도(http://eduweb01.edunet4u.net/~bluewave)는 전국을 경기도, 강원도, 충청북도, 충청남도, 경상북도, 경상남도, 전라북도, 전라남도, 서울특별시, 부산광역시, 대구광역시, 광주광역시 등의 12개 지역으로 구분하여, 각 지역에 위치한 문학유적을 정리한 점에서 다른 사이트들과 구분되는 특징이라 할 수 있다. 더욱이 이 사이트는 문학 공간에 대한 웹 사이트 구축이 학교 교육에서 절실하게 필요로 함을 일깨운 점에서 가치 있다고 할 수 있다.

문학공간을 활용한 웹 사이트가 국내에 그렇게 많지 않은 상태이다 보니 아직 콘텐츠가 빈약하고 디지털 기술을 활용한 멀티미디어적 요소가 부족한 문제가 있다. 더욱이 그것을 데이터베이스하여 디지털 콘텐츠로 활용할 수 있는 기초 자료 역할도 제대로 발휘하지 못하는 큰 문제를 안고 있다.

2) 해외의 경우

해외에 소개되고 있는 한국문학에 대한 대표적 웹 사이트는 다음과 같다.

미국

http://www.mijumunhak.com(미주한국문인협회)
http://jxwriters.com(미주한국기독교문인협회)
http://www.kccla.org(LA한국문화원)
http://www.lib.berkeley.edu/KConsort(북미지역한국학콘소시엄)
http://www.skas.org(미주한국학자모임)
http://www.fas.harvard.edu/~korea(하버드 대학 한국학 센터)
http://www2.hawaii.edu/korea(하와이 대학 한국학 센터)
http://www.koreanwriters.com(세계한민족작가연합)
http://www.lib.washington.edu/East-asia/korea/koreapg.html(워싱턴대학한국학연구실)
http://koreaWeb.ws(한국학 연구 웹페이지)
http://www.hawaii.edu/asiaref/korea/korea.htm(하와이대학 도서관 한국 콜렉션)
http://www.columbia.edu/cu/ckr/(Columbia University Korea Reseach Center)
http://www.isop.ucla.edu/korea(UCLAKoreaReserchCenter)
http://www.lib.berkeley.edu/EAL/(UC 버클리 한국학 연구소)

중국

http://www.ybwriter.com(延 作家協會)
http://www.oir.pku.edu.cn(北京大學)
http://www.cun.edu.cn(中央民族大學)
http://www.ybu.edu.cn(延 大學)

일본

http://www.zinbun.kyoto-u.ac.jp/~mizna/shinbun/(データベース 前日本在住朝鮮人關係新聞記事檢索)

http://www.jls.co.kr/japan/qna/jhl.htm(일본 교포문학)

http://www.ioc.u-tokyo.ac.jp/~koreandb/(근대조선관계서적데이터베이스)

http://www.han.org/a/lib/(朝鮮關係論文データ檢索システム)

외국의 경우, 각 지역별로 출신 작가들에 대한 문학박물관이 건설되어 다양한 자료들을 수집·보존하고 있으며, 그에 관련된 연구가 끊임없이 발표되고 있다. 뿐만 아니라 변화하는 시대 상황에 따라 다양한 매체를 활용하는 연구결과의 재생산도 활발하게 이루어지고 있다. 그동안 오프라인(OFF-LINE)에서 구축되었던 문학박물관이나 서적 및 논문들의 연구결과들이, 홈페이지나 CD-ROM 등의 온라인(ON-LINE) 네트워크를 통해서 다시 만들어지고 있는 것이다. 그 중에서도 홈페이지와 관련된 부분은 특히 주목되는 부분이다.

① **미국의 경우**

미국의 경우에는 각 대학 연구소 및 지방단체들을 중심으로 다양한 네트워크가 구축되어 있는데, 오히려 너무 인터넷 홈페이지들이 난립하여 정보의 가치를 구분하기 힘들 정도이다. 이처럼 다양한 홈페이지 중에서도 〈에드거 앨런 포 문학관(http://poemuseu.org)〉를 대표적인 예로 수 있다. 〈에드거 앨런 포 문학관〉은 작가가 리치몬드에 살았던 시기를 중점적으로 다루고 있다는 점에서 특징적이다. 이 홈페이지는 작가의 생애와 가계도(家系圖)를 비롯하여 그의 시 작품과 그와 관련된 그림 등의 기초정보를 충실하게 제공하고 있으며, 특히 〔Education Resources〕라는 게시판을 별도로 마련하여, 교사와 학생들에게 다양한 학습 자료를 제공하고 있다. 아울러 특히 생가와 첫 직장 등의 다양한 공간정보를 수록하고 있다는 사실도 역시 특징적이라고 하겠다.

지금까지 살펴본 것처럼 자국의 문학유산을 수집·정리하고, 다양한 매체들을 통해 소개하며, 이를 통해 형성된 자료를 문화콘텐츠 사업과 연계시키는 것은 전 세계적인 추세라고 할 수 있다.

② **일본의 경우**

일본은 어느 나라보다도 문학박물관 홈페이지 구축이 체계적으로 이루어져 있다. 우선 각 행정구역별로 사이버문학관이 구축되어, 지역 출신 작가들에 대한 소개를 실시하고 있으며, 작가들의 개인 홈페이지도 다양하게 만들어져 있다. 그 중에서도 대표적인 사이트를 몇 가지만 살펴보자면 〈일본근대문학관(http://www.bungakukan.or.jp)〉과 〈키나가와근대문학관(http://www.kanabun.or.jp)〉 등을 들 수 있다. 그러나 무엇보다 주목되는 사이트는 〈일본 문학리스트 (http://www.shok oku.ac.jp/~nakazawa/bungaku.html)〉이다.

〈일본 문학리스트〉 사이트는 일본 전역에 산재되어 있는 문학관과 문학 관련 홈페이지들을 일목요연하게 정리해 둔 것인데, 그 체계를 살펴보면 다음과 같다. 우선 일본 전역을 지형적 역사적 사회적 상관관계를 고려하여, 홋카이도(北海島)·도후쿠(東北) 지역, 관토(關東)·쥬부(中不) 지역, 긴키(近畿)·주고(中東) 지역, 시코쿠(四國)·규슈(九州) 지역, 외국 지역 등의 5개 권역으로 구분하고, 각 권역에 소속되어 있는 문학관의 주소 정보를 제공하고 있다. 아울러 각각의 문학관들의 홈페이지를 링크해 놓았으며, 아직 홈페이지가 만들어지지 않은 곳은 오프라인 상의 박물관 소재지와 주소를 정리해 두었다. 특히 각 문학관 홈페이지에 새로운 정보가 수록 여부를 가시적으로 표현했다는 것이 가장 큰 특징이라고 하겠다.

이와 같은 정리체계는 우리나라의 사이트에서도 찾아볼 수 있으나, 자료의 양적인 측면에서 보자면 큰 차이가 난다고 하겠다. 특히 지역구분의 방법론이나, 자료조사의 엄밀성 등은 본 연구의 진행에 있어서 많은 참고가 될 수 있으리라고 판단된다.

③ 러시아의 경우

유럽의 문학 관련 홈페이지는 정부의 정책적인 지원에 의해 구축된 것들이 많다는 점이 특징적이다. 그만큼 유럽 국가들은 문화유산에 대해 관심과 애정을 보이고 있으며, 특히 이러한 문화유산을 단순히 보존하고 홍보하는 데 그치는 것이 아니라, 이를 토대로 하는 다양한 문화콘텐츠를 창출해내고 있다는 점도 역시 주목할 만한 점이라고 하겠다.

최근 러시아에서는 인터넷의 도입과 함께 각종 사이버문학관들이 속속 개설되고 있다. 그 대표적인 것으로는 〈톨스토이 문학박물관〉(http://www.debrvansk.ru/~press/Tolstoy.html)을 들 수 있다.

〈톨스토이 문학박물관〉은 톨스토이의 생애와 작품을 포함한 다양한 기초 자료들을 제공하고 있다. 톨스토이의 작품에는 러시아의 자연과 민족성에 대해 많은 언급이 포함되어 있기 때문에, 문학공간과 작품과의 상관관계에 대한 연구가 활발하게 이루어지고 있는데, 이 홈페이지는 그러한 연구의 기초 자료를 제공한다. 특히, 『전쟁과 평화』에서 나타나는 아우스터리츠·볼로디노·셴그라벤 등지에서 벌어진 주요 전투, 모스크바 소실(燒失) 등의 장면에 대한 묘사는 많은 연구자들이 주목하는 부분이며, 『부활』의 시베리아 유형 장면, 『안나 카레라나』에 등장하는 귀족들의 사치스러운 문화공간으로의 페테르부르크 등도 역시 주목을 받는 부분이라고 하겠다.

이처럼 러시아는 온라인과 오프라인 두 가지 측면에서 문학 자료에 대한 보존과 활용을 위한 노력을 기울이고 있다. 특히 현재까지는 오프라인에 비해, 온라인 결과물이 상대적으로 취약하지만, 앞으로 인터넷 기반시설에 대한 정비가 이루어질 경우에는 급속도로 성장할 것으로 판단된다. 또한 러시아의 문학 관련 인터넷 홈페이지들은 주로 작가 중심으로 이루어져 있다는 점이 주목되는데, 이는 이미 구소련 시기에 오프라인 상의 문학박물관이 많이 건립되었으며, 전 국토를 대상으로 하는 체계적인 조사활동이 선행되었기 때문이라고 판단된다. 이러한 점은 시사하는 바가 크다. 즉, 본 연구에서 이루어지는 국토 전체에 대한 문학지형 데이터베이스가 완성되면, 이를 토대로 다양한 작가 연구가 이루어질 수 있을 것이다.

3. 문학공간을 확정하기 위한 선결 과제

문학의 문화콘텐츠 탐사를 통해 문학 공간을 확정짓는 작업을 한다. 문학 공간을 설정하기 위해 작가와 지역이라는 두 가지 기준에 의해 대상과 범위를 확정짓는다. 두 번째로 이것을 문화콘텐츠로 만들기 위한 작업을 한다.

1) 문화콘텐츠 탐사

본 연구에서 가장 우선되어야 할 과제는 연구 대상이 되는 작가와 작품을 선정하는 일이다. 작가와 작품의 선정은 한국 현대문학사 기술에 있어서 평가 상의 자리매김을 받았거나 최근까지 문학교육의 현장에서 의미를 인정받은 바 있는 작가와 작품을 중심으로 한다. 왜냐하면 문학사 기술은 당대 문학에 관련되는 여러 가지 주변 사건이나 요소들을 함께 고려하고 반영하고 있다는 점과 우리 삶의 변화와 함께 진행되어 왔다는 점에서 참고 가능한 것이고, 문학제도교육의 현장에 있는 학자나 비평가들은 문학예술의 미적 성취도와 지적 호기심의 충족을 누구보다도 빨리 그리고 폭넓게 반영하고 있기 때문에 이들의 의사를 통한 작가·작품의 선정은 나름의 중요성을 갖는 것이라 하겠다.

작품의 선정은 시·소설·희곡·평론의 4대 문학 장르를 기본으로 하고, 필요에 따라서 아동문학 작품을 포함하여 선정한다. 작가와 작품 선정은 현장답사의 여건 및 작가와 작품의 특색에 대한 다각적인 검토를 통해 이루어지며, 그 규모는 약 100여명으로 한정한다.

본고의 대상이 되는 지역은 한국 전역이며, 현재 사용되고 있는 행정상의 지역구분을 기준으로 활용한다. 이는 자료의 수집·분류 및 현장답사의 편의에 따른 것이며, 아울러 본 연구가 교육 자료로 활용될 경우 이용자의 편리를 고려한 것이다. 물론, 북한 지역과 만주 및 일본을 비롯하여 우리 민족이 거주했거나 하고 있는 모든 지역들이 대상에 포함되겠지만 이들 지역은 현실적으로 현장답사가 불가능하므로, 이에 대해서는 본 연구의 범위에서 제외하며, 후속연구의 과제로 남긴다. 기본적인 연구지역은 다음과 같은 3개의 권역으로 한다.

경기―충청권역은 최근 활발하게 개발이 이루어지기 있기 때문에, 문학자료의 훼손도 급격하게 진행되고 있다. 그러므로 이들 지역에 대한 답사는 시급하게 이루어져야 한다고 판단되어, 연구 1년차 대상 지역으로 선정했다.

다음으로 강원―경상권역은 지역간의 교류가 활발하게 이루어졌다는 역사적 사실에 근거한 분류이다. 특히 경상북도와 강원도의 경계는 행정구역 상으로는 구분되어 있으나, 인접 지역에서는 다른 어느 지역보다 활발한 문화교류가 이루어졌다. 그러므로 이 지역은 통합하여 같은 시기에 연구 활동을 시도하는 것이 필요하다고 판단된다.

마지막으로 제주―전라권역은 지역 간의 연관성은 가지지 않는다. 하지만 해방 이후 한국전쟁을 전후하는 시점에서 이 지역들은 공통적으로 사상투쟁·민중항쟁이 이루어졌다는 공통점을 가진다. 이는 현대사 전체 혹은 문학사 전체에서 보자면 많은 부분을 차지하는 것은 아니지만, 이러한 경험이 반영되어 있는 문학작품이 다수 발표되었기 때문에 이 지역들을 함께 다룰 수 있는 이유가 된다고 판단된다.

각 권역별 작가의 분포는 다음과 같다. 우선 경기―충청권역 출신 작가들은 총 742명으로 전체 인원의 38.6%를 차지한다. 세부 지역별로는 경기도가 416명으로 21.7%(서울 257명·인천 32명 포함), 충청북도가 107명으로 5.4%, 충청남도가 219명으로 11.5%(대전 21명 포함) 등이다. 이중에서 서울은 가장 많은 출신 작가를 가지는 지역인데, 총 257명으로 이 인원은 경기도의 62%, 전체 작가의 13.2%를 차지한다. 인천은 32명으로 경기도의 7.4%에 해당한다. 그러므로 이들 지역에 대해서는 별도의 일정을 배정하여 보다 엄정한 답사를 진행해야 할 것이다.

현장 답사를 통해 얻어진 정보를 다음과 같이 분류한다.

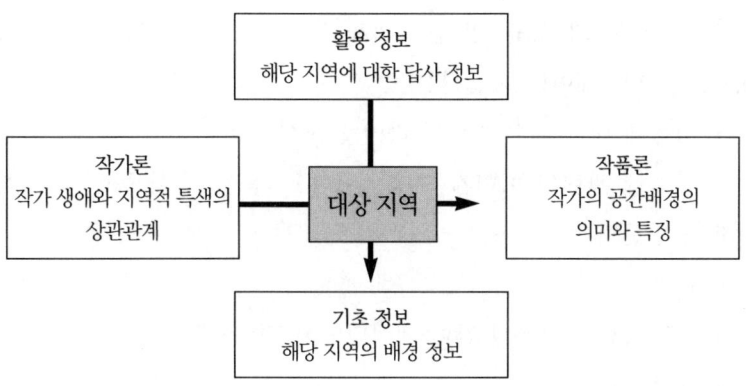

이와 같은 분류에 의해 수합된 정보들은 데이터베이스로 만든다. 데이터베이스로 만들기 위해서는 다음과 같은 작업을 함께 진행한다.

2) 문화콘텐츠로 만들기 위한 작업

작가의 경우에는 다음과 같은 순서로 작업을 한다.
① 작가에 대한 연보를 작성하는데 HWP, HTML, XML 등의 방식으로 데이터를 입력한다.
② 작가에 대한 사진, 이미지, 비디오, 음성 등에 대한 데이터를 만든다.
③ 작가의 생애에 관한 동영상이 있으면 이것 역시 멀티미디어로 제작한다.

작품의 경우에는 다음과 같은 순서로 한다.

① 작품 원전에 대한 정보를 수집한다.
② 작품 텍스트를 전부 디지털로 입력한다.
③ 문서구조화 표준 양식에 의해 입력하는 데, HWP, HTML, XML 등으로 데이터를 입력한다.
④ 작품에 대한 해설 스토리 라인을 구성한다.
⑤ 작품에 관련된 이미지, 사진, 비디오, 음성, 음향 등에 대한 데이터를 만든다.

구축된 자료는 다음과 같이 데이터베이스를 만든다.
① 작품 DB
② 작품내 용어 사전
③ 작품 색인 DB 등이다.
④ 멀티미디어 DB는 한국 현대문학 작품, 그림, 소리 데이터를 포함한다.
⑤ 색인 멀티미디어는 작품 정보가 색인된 DB를 의미한다.

4. 결론 : 가상현실(Virtual Reality)로 구현된 문학 공간

가상현실이란 개념은 가상공간(Cyber Space)[3]과 유사한 개념으로서 인간의 감각계와의 상호작용을 통해 컴퓨터에 의해 인위적으로 만들어진 3차원의 세계를 말한다. 가상 현실은 사람이 그 속에 빠져 들어갈 수 있는, 컴퓨터가 만들어낸 인터랙티브 3차원 환경이라고

---

3) M. Poster, Theorizing Virtual Reality, Cyberspace Textuality(M. Ryan ed.), Indiana University Press, 1999.

할 수 있다.

　가상현실은 현실 세계를 사실적으로 그려내면서 현실 세계가 갖고 있는 시간과 공간의 제약성을 넘어서고 있다. 컴퓨터를 통해 가상현실을 사용자가 체험하고, 현실 못지 않은 세계임을 실감할 수 있는 장치를 마련한다. 이것은 현실적인 제약을 뛰어넘으려는 인간의 노력의 결과이며 인터넷 기술의 발달에 의해 가능해진 새로운 세계이다. 황국명은 최근 한국 소설의 가상현실의 재현전략을 논하는 자리에서 가상현실을 다음과 같이 설명한다. "초현실, 가상현실 혹은 사이버공간은 오늘날 문화적 지배소로 여겨진다. 이는 후기자본주의의 경제와 현실이 문화생산을 규정하거나 적어도 문화생산과 깊은 연관이 있다는 뜻이다. 그렇다면 현대소설 역시 문화생산과 연관된 다양한 매체, 변화된 사회의 새로운 소통형식, 다양한 복제기술 등에 둔감할 수 없을 것이다."[4] 이밖에도 많은 연구자들이 가상현실이 문학 전반에 걸쳐 나타나고 있는 현상이라고 하고 있는[5] 것처럼 가상현실에서 재현된 문학 공간은 문학을 수용자인 독자의 입장에서 새롭게 볼 수 있는 미학적 전기를 마련할 것이다.

　문화콘텐츠의 탐사를 통해 얻어진 각종 데이터를 컴퓨터의 웹 사이트에 가상현실을 만들기 위해 가장 좋은 방법은 '테스크탑형 가상현실'을 만드는 것이다. 이것은 우리들이 가장 많이 접하는 방식으로서

---

4) 황국명, 현대소설의 가상현실 재현전략과 정치적 환상 연구, 『한국문학논총』 제35집, 2003. 12. p.350.
5) 이용욱, 『사이버문학의 도전』, 토마도, 1996.
　김종회, 최혜실 편저, 『사이버문학의 이해』, 집문당, 2001.
　이선이 편저, 『사이버문학론』, 월인, 2001.
　국제어문학회 편, 『문자문화와 디지털문화』, 국학자료원, 2001.
　김재국, 『디지털시대의 대중소설』, 예림기획, 2002.
　최병우 외, 『다매체 문화와 사이버소설』, 푸른사상, 2002.

컴퓨터만 있으면 가능한 일이다. 마우스, 키보드, 모니터, 조이스틱과 같은 일상적인 장비만을 갖고 비교적 쉽게 제작할 수 있으며, 사용자 역시 쉽게 이를 활용할 수 있다. 제작 방법은 '파노라마 VR'과 '오브젝트 VR'로 나눠 볼 수 있다.[6] 파노라마 VR은 사용자가 정해진 공간에서 주위 배경을 둘러 보는 효과를 내는 기술이다. 상하좌우 180°에서 360°까지 볼 수 있어 특정 장소를 가지 않더라도 그곳에 와 있는 느낌을 준다. 오브젝트 VR은 사용자가 특정 사물을 실제처럼 둘러가면서 볼 수 있는 효과를 낸다. 가령 특정 사물의 한 단면이 아니라, 앞, 뒤, 옆, 위, 밑면을 축소, 확대해 가면서 볼 수 있다.

이와 같은 방법을 통해 가상현실을 지역, 작가, 작품 중심으로 렉시아를 만든다. 각 렉시아에 들어가면 지역에 맞는 작가와 그것에 맞는 작품이 하나로 링크되게 만든다. 텍스트는 하이퍼텍스트 기능을 하도록 한다. 지역, 작가, 작품, 인물, 사건, 배경, 스토리라인 등이 모두 하나로 링크된 하이퍼텍스트로 텍스트를 제작한다. 가상현실의 문학 공간에 온 많은 사람들은 자신이 직접 현실의 장소에 있는 듯한 착각을 갖게끔 텍스트를 통해 재현한다. 여기에 멀티미디어 DB로 제작된 비디오와 소리가 '파노라마 VR'과 '오브젝트 VR'와 같은 방법에 의해 구현되면서 리얼리트를 더욱더 잘 드러나게 한다.

본고는 '문화콘텐츠 탐사(Field Research of Cultural Contents)'를 활용한 한국문학 공간을 가상현실(Virtual Reality)로 만드는 방안을 제시하는 데 목적을 두었고, 그것이 구체적으로 어떤 양식과 방법, 그리고 그 속에 담긴 문제가 무엇인지에 대한 연구는 다음 연구를 통해 구체화시켜 나갈 것이다.

우정권(단국대 강의전임강사)

---

[6] 최석원, 전통문화콘텐츠 개발에 관한 연구 : 남도지방 석탑을 중심으로, 동신대대학원, 2003. 2.

참고문헌

권영민, 『한국근대문인대사전』, 아세아문화사, 1990.
_____, 『한국현대문인대사전』 상·하, 아세아문화사, 1991.
_____, 『한국현대문학대사전』, 서울대학교 출판부, 2004.
_____, 『한국현대문학사 1·2』, 민음사, 2002.
강진호, 『한국문학 그 현장을 찾아서』, 계몽사, 1997.
_____, 『한국문학의 현장을 찾아서 : 문학사에 우뚝 선 거목의 자취』, 문학사상사, 2002.
국제어문학회 편, 『문자문화와 디지털문화』, 국학자료원, 2001
김구림, 『한국의 문학비를 찾아서』, 문학아카데미, 1995.
김수복, 「문학공간답사의 문학교육적 활용방안 연구 - 문학공간데이터베이스 구축을 위한 시론」, 한국문예창작학회 제6회 학술세미나 발표자료, 2004. 4.
_____, 『상징의 숲 : 우리 시의 상징과 자아동일성』, 청동거울, 1999.
김영자 외, 『작가·작품의 고향을 찾아서 떠나는 즐거운 문학수업』, 성림, 2001.
김윤식, 『문학기행』, 문학사상사, 2001.
김윤식 외, 『한국현대문학사』, 현대문학, 2002.
김윤식·김현, 『한국문학사』, 민음사, 1996.
김정동, 『문학 속 우리 도시 기행』, 옛오늘, 2001.
김종회, 최혜실 편저, 『사이버문학의 이해』, 집문당, 2001
김학동, 『문학기행 시인의 고향』, 새문사, 2000.
동국대 한국문학연구소, 『한국문학지도』, 계몽사, 1996.
박래부 외, 『문학기행』, 한국문원, 1997.
박진숙 외, 『마당발 - 김원일의 '마당깊은 집'을 찾아가는 발걸음』, 청동거울, 2002.
박태상, 『한국문학의 발자취를 찾아서』, 태학사, 2002.
신경림, 『시인을 찾아서』, 우리교육, 1998.
윤정국 외, 『명저의 고향』, 비룡소, 1994.
이대규, 『남도문학기행』, 이회문화사, 1999.
이선이 편저, 『사이버문학론』, 월인, 2001
이용욱, 『사이버문학의 도전』, 토마도, 1996
이재선, 『우리 문학은 어디에서 왔는가 : 원천·지속·변화의 문학적 주제론』, 소설문학사, 1986.
이종근, 『전북문학기행』, 신아출판사, 1997.
임동헌, 『길에서 시와 소설을 만나다』, 글로세움, 2003.
임동헌, 『시와 소설을 찾아가는 여행길』, 아세아미디어, 1996.
장선희 외, 『호남문학기행』, 박이정, 2000.
장태동, 『서울문학기행』, 미래M&B, 2001.
최재봉, 『간이역에서 사이버스페이스까지 - 한국문학의 공간탐사』, 이룸, 2003.
최재봉, 『역사와 만나는 문학기행』, 한겨레신문사, 1997.
한만수, 『태백산맥 문학기행』, 해냄출판사, 2003.

함동선, 『한국문학비』, 청한문화사, 1993.
황국명, 현대소설의 가상현실 재현전략과 정치적 환상 연구, 『한국문학논총』 제 35집, 2003. 12.
홍성표 외, 『산사문학기행』, 이회문화사, 1996.

古谷綱武, 『文學紀行：評論感想集』, 東京：竹村書房, 1938.
Epstein, N., The Friendly Dickens : Being a Good-Natured Guide to the Art and adventures of the Man who Invented Scrooge, Viking Press, 1998.
Frank, J., Doestoevsky : The Mantle of the Prophet, 1871-1881, Princeton Univ Pr., 2002.
Hoffman, A., Inventing Mark Twains : The Lives of Samuel Langhorne Clemens, William Morrow & Co., 1998.
Loeffer, J., Adventures with Ed : A Portrait of Abbey, University of New Mexico Press, 2002.
Merton, Robert K. Social Theory and Social Structure. rev. ed., New York : The Free Press, 1957.
Noble, J. R., Recollections of Virginia Woolf/by her Contemporaries, Ohio Univ Pr., 1994.
Poster, M., Theorizing Virtual Reality, Cyberspace Textuality(M. Ryan ed.), Indiana University Press, 1999.
Reeder, R., Anna Akhmatova : Poet and Prophet, Picador USA, 1995.
Schur, Edwin. Labelling Deviant Behavior. New York : Harper and Row, 1971.
Sutherland, Edwin H. and Donald R. Cressey. Criminology. New York : J. B. Lippincott Company, 1970.
Waldron, M., Lactilla, Milkwoman of Clifton : The Life and Writings of Ann Yearsley, 1753-1806, Univ of Georgia Pr., 1997.

5 디지털콘텐츠로의 문학공간 구현 방법

1. 서론

문학작품이 독자들과 괴리되었다는 지적은 새삼스럽지 않다. 문학이 변화하는 시대적 요구를 수용하지 못하고 있다는 지적도 새삼스럽지 않다.[1] 또한 수동적인 텍스트 분석으로 일관했던 문학교육이 학생들의 동감과 이해를 유도하는데 실패하고 있다는 지적 역시 새삼스럽지 않다.[2]

그러나 이러한 진단들이 그대로 문학의 가치가 사라졌다는 논리로 연결될 수 있는 것은 아니다. 문학은 여전히 인류의 정신문화를 창조하고 전달하며 보존하는 역할을 가장 효과적으로 수행하고 있는 예술이며, 이러한 역할은 앞으로도 크게 변하지 않을 것이다.

---

1) 최혜실, 『디지털 시대의 문화읽기』(소명출판, 2001), pp.16~17.
2) 진중섭, 「학교현장창작교육의 현실과 과제」, 문학과문학교육연구소, 『창작교육, 어떻게 할 것인가』(푸른사상, 2001), pp.112~115.

변하는 것은 문학의 가치 그 자체가 아니다. 오직 문학의 원질(原質)을 전달하는 매체가 변모했을 뿐이다. 구술언어로 이루어졌던 고대의 문학이 중세의 보편언어라는 매체를 받아들여 문자 텍스트로 자리잡았고, 근대 이후 모국의 문자라는 매체를 받아들여 성장하였으며, 이제 다시 멀티미디어라는 복합적인 매체를 수용하여 새로운 형식을 창조하고 있는 것이다. 요컨대 지금까지 이루어진 문학의 변화는 대부분 매체의 문제로 국한된다. 여타의 예술 장르와 마찬가지로, 인간의 사상과 감성을 표현하고 삶의 진리를 추구한다는 문학의 기본적인 본질은 변모하지 않았고, 변할 수도 없다. 연주되는 악기가 달라지더라도 음악의 본질 자체는 변하지 않는 것, 사용하는 물감을 바꿔도 미술의 본질 자체는 변하지 않은 것과 같은 이치이다. 그러므로 앞서 언급된 논의들은 문학의 표현 매체에 대한 측면에서 이해해야할 필요가 있다.

이 연구도 역시 문학이 새롭게 수용해야 하는 매체인 멀티미디어 환경과 그것을 활용하여 구현된 디지털콘텐츠에 주목한다. 이는 시대 변화에 대한 무분별한 수용이나, 문학의 가치에 대한 도전이 아니다. 오히려 문학의 기본적인 가치를 적극적으로 옹호하고, 이를 확산시키기 위한 노력이라고 해야 할 것이다.

특히, 이 연구는 단국대학교 문예창작전공에서 2004학년도 2학기 전공IT 과목으로 개설된 〈문학예술기행〉 수업의 일환으로, 이문구의 대표작 『관촌수필(冠村隨筆)』의 무대가 되는 관촌마을 일대에 대한 현장답사 내용을 정리하고, 이를 바탕으로 하여 문학작품을 활용한 디지털 문화콘텐츠 개발 가능성을 검토하는 데 그 목적을 둔다.

2. 〈사이버 관촌마을〉 구축의 필요성

1) 『관촌수필』의 가치

이문구의 『관촌수필』은 1972년 5월에 발표된 「일락서산(日落西山)」부터, 1977년 1월에 발표된 「월곡후야(月谷後夜)」에 이르기까지 모두 8편으로 이루어진 연작소설이다.[3] 이 작품이 가진 가치는 다음의 네 가지 측면에서 살펴볼 수 있다.

우선 주목되는 부분은 개인사(個人史)와 사회사(社會史)의 결합이라는 측면이다. 작가는 작품집의 후기를 통해서, 그리고 여러 대담을 통해서 이 작품이 자신의 유년기 체험과 고향마을 사람들에 대한 이야기라고 밝힌 바 있는데, 이러한 작가의 경험은 '가족사의 차원에서나 개인사의 차원에서 참담한 몰락의 스토리'[4]를 형성하고 있다. 여기에 1790년대를 전후하여 가속화된 산업화 경향이 결합되면서 작품의 긴장관계가 형성된다. 주지하다시피 우리 사회의 산업화는 '사회 각 부분의 합리화와 분화, 특히 도시와 농촌, 중심부와 주변부의 양극화를 기본적인 동력으로 이루어졌으며, 이러한 과정에서 농촌공동체의 해체 내지 희생을 대가로 이룩된 것'[5]이었다. 그동안 이문구와 그의 작품세계에 내려졌던 평가들[6]은 대부분 이러한 문학

---

3) 『관촌수필』에 수록된 작품들의 발표 시기 및 지면은 다음과 같다. : 「일락서산」(《현대문학》 1972년 5월호), 「화무십일(花無十日)」(《신동아》 1972년 10월호), 「행운유수(行雲流水)」(《월간 중앙》1973년 3월호), 「녹수청산(綠水靑山)」(《창작과 비평》, 1973년 가을호), 「공산토월(空山吐月)」(《문학과 지성》 겨울호), 「관산추정(關山芻丁)」(《창작과 비평》 1976년 겨울호), 「여요주서(與謠註序)」(《세계의 문학》, 1976년 겨울호), 「월곡후야」(《월간 중앙》 1977년 1월호).
4) 황종연, 「도시화·산업화 시대의 방외인」, 《작가세계》(1992년 가을호), p.53.
5) 진정석, 「이야기체 소설의 가능성」, 문학사와 비평 연구회, 『1970년대 문학 연구』(예하, 1994), pp.169~170.

사회학적인 인식을 토대로 이루어졌다.

다음으로 주목되는 것은 공간구조에 대한 것이다.『관촌수필』은 '관촌마을'이라는 단일한 문학공간을 다루고 있지만, 이는 시대상황의 변화에 따라 〈목가적이고 전통적인 가치체계가 남아 있는 1950년대의 관촌마을〉과 〈급격한 도시화가 진행되는 자본주의적인 가치가 침범하는 1970년대의 관촌마을〉이라는 두 개의 대립적인 공간으로 변별된다. 바로 이러한 공간들의 대립이 작품 서사의 원동력으로 작용한다고 하겠다.

이와 함께,『관촌수필』에 대한 가치평가에서 자주 언급되었던 부분은 서술에 대한 문제였다. 질박하면서도 유장한 충청방언을 근간으로 하는 작품의 서술은 우리 고유어를 '토속적 정취와 농경문화적 생활감각을 불러일으키는데 적절하게 활용'[7]하고 있다는 평가를 받고 있는데, 이는 그대로 작가의 문학세계를 구축하는 주요 요인으로 설명된다. 이런 측면에서『관촌수필』은 고유어와 토속어의 보존을 위한 학습텍스트로의 가치를 가진다.

마지막으로 지적할 수 있는 부분은『관촌수필』에 내포된 생태학적 세계관이다. 이는 '모든 현상들이 근본적으로 상호의존하고 있으며 개인과 사회가 자연의 순환 과정에 깊이 관련'[8]되어 있다고 판단하

---

6) 대표적인 예로 다음 논의들을 들 수 있다. 권영민은 '농촌의 한가운데에서 농민들이 겪고 있는 삶의 고통을 그려'내고 있다고 평가했으며, 이재선은 '근대화 도시화 과정이 수행되고 있는 현상과 관련된 농촌의 사회적 조건을 다각적으로 제시하고 있다'는 평가를 내렸다. cf. 권영민,『한국현대문학사』(민음사, 1993), p.307. ; 이재선,『현대한국소설사』(민음사, 1991), p.301.
7) 전정구,「토속어의 활용과 관용적 표현」, 이기문 외,『문학과 방언』(역락출판사, 2001), p.411.
8) F. Capra,「생태학적 세계관의 기본 원리」,《과학사상》제10호(1994. 8.), p.201. : '생태학적 세계관'은 엄밀한 의미에서의 '생태주의'와는 구분된다. 생태학적 세계관 자체는 주의·주장으로 발전하기 이전의 인식단계, 즉 포괄적 의미에 해당한다고 하겠으므로『관촌수필』역시 생태주의를 전면에 부각시킨 작품으로 파악하는 것은 무리이다.

는 세계관을 의미하는 것으로, 작품의 다음과 같은 요소들이 이에 해당한다. 첫째, 서사구조가 농촌과 도시의 대립에 근간을 두고 있다는 점. 둘째, 내용의 전개에 있어서도 땅과 관련을 맺고 살아가는 사람들의 이야기로 이루어진다는 점. 셋째, 주요 인물들에 대한 상징물이 왕소나무(할아버지)—감나무(어머니)—선산을 지키는 구부러진 나무(유복산) 등으로 구성되어 있다는 점. 이러한 생태학적 세계관은 최근 들어 문화·사회·정치·경제 등의 다양한 분야에서 활발하게 논의되고 있는데, 이를 통해서 『관촌수필』은 지속적인 재해석이 가능한 당대적 가치가 확보된다.

2) 수용자 현황

본격적인 수업 진행에 앞서 『관촌수필』에 대한 학생들의 인지도를 조사했다. 〈문학예술기행〉을 수강하는 23명의 학생 중에서 대부분이 작품의 제목을 들어본 적이 있었지만, 대표 작품인 「일락서산」을 제외하면 실질적인 독서를 하지 않은 것으로 파악되었는데, 그 이유는 다음과 같은 세 가지로 제시되었다.

① 중·고등학교 교과서에 작품 전체가 수록되지 않아 접할 기회가 없었다.
② 생경한 충청도 방언이 이해되지 않는다.
③ 문장이 너무 길어서 의미를 파악하기 힘들다.

작품에 대한 이해가 부족했기 때문에, 전체 학생을 6개 조로 편성하여 각 조별로 1~2편의 작품을 집중적으로 분석하도록 지시하고,

분석결과를 보고서로 작성하도록 했다. 작품의 전반적인 내용은 퀴즈시험을 통해서 이해할 수 있도록 했으며, 테스트 결과 이해도가 떨어지는 학생들을 대상으로 재시험을 실시하여 이해의 수준을 높였다.

이러한 일련의 독서과정을 거친 후에 작품에 대한 학생들의 반응을 다시 한번 파악하니, 처음과는 다르게 호의적인 반응이 많았다. 특히 어휘를 조사하는 과정에서 방언의 재미를 깨달았다는 의견과 반복된 독서로 의미 파악이 가능해지자 캐릭터의 성격과 공간의 분위기를 확인할 수 있어서 흥미로웠다는 의견이 많았다. 학생 반응 중에서 대표적인 것을 정리하면 아래와 같다.

- 사투리로 쓰인 대화들은 마치 타임머신을 타고 그들의 옆에 서서 듣는 기분이었다. (송주희, 문예창작전공 2학년)
- 읽을수록 풍부한 캐릭터와 문체가 돋보였다. (김루비, 문예창작전공 2학년)
- 몇 번을 반복해서 읽다 보니 뚜렷하지 않지만 뿌연 시골동네의 풍경이 서서히 머릿속에 그려지는 것이었다. (허지희, 문예창작전공 2학년)
- 순박한 농촌의 모습, 그 안에 오밀조밀 살아가는 사람들의 모습은 고향의 진정한 의미와 따뜻한 인간애의 가치를 다시금 느끼게 하는데 충분했다. (문연주, 문예창작전공 2학년)
- 교과서에서나 배웠던 6~70년대 농촌 젊은이들의 이야기들이 재미있게만 다가왔다. (김지현, 문예창작전공 2학년)

3) 현장답사

『관촌수필』의 무대가 되는 충청남도 보령시 대천 2동 일대에 대한 현장답사는 2004년 10월 26일과 27일에 걸쳐서 진행되었다. 교통편은 기차를 이용했는데, 이는 다음과 같은 두 가지 이유에 근거한 것이다. 첫째 관촌마을은 장항선 대천역에서 도보로 10분 정도 걸리는 곳에 위치하여 이동이 용이하며, 둘째 연작의 첫 작품인 「일락서산」의 서두가 화자가 기차를 타고 고향으로 돌아오는 것으로 설정되어 있다. 그러므로 기차를 이용하는 방법이 학생들에게 소설을 재현하는 효과를 줄 수 있으리라고 판단했다.

단국대학교 문예창작전공이 위치한 천안에서 대천역까지 소요시간은 약 2시간 정도인데, 이 시간을 활용하여 이동 중 선행학습을 실시했다. 작품 내용에 대해서는 이미 충분히 숙지된 상태였기 때문에, 기존에 실시되었던 문학공간답사 내용을 알려주었다. 학생들에게 배부된 자료는 김훈·박래부 기자의 『문학기행』(한국문원, 1997) 1권에 수록된 관련 내용으로, 답사지에 도착하기 전까지 읽어보도록 했다. 또한 작품 내용에 관해 이해되지 않았던 부분에 대한 보충 질문을 받았다.

14시 15분에 천안에서 출발한 기차가 대천에 도착한 것은 16시 05분, 대천역에서 관촌마을까지 도보로 이동하며 주변의 풍물을 감상하게 했다. 마을로 가는 길목에서 학생들은 '관촌이발소', '갈머리떡방앗간' 등 작품 속에 제시된 것과 유사한 상호가 보일 때마다 관심을 보였다.

관촌마을에 도착한 후, 마을 초입에 건립된 관촌마을 기념비에서 간략하게 작품의 문학사적 의미와 문학공간에 대한 설명을 했으며, 공간답사 활동의 주의사항을 알려주었다. 이어 학생들은 조별로 나누어, 작품을 읽으면서 미리 분석·정리해 두었던 문학공간에 대한 답사활동을 실시했다.

학생들은 매우 의욕적으로 답사에 참가했다. 일부 학생은 장항선 기차가 관촌마을을 지나가는 모습을 촬영하기 위해서 철로 근처에서 한 시간 가량을 기다리기도 했으며, 일부 학생들은 작품 속에 등장하는 왕소나무가 있던 자리를 찾기 위해 현지 주민들과의 인터뷰를 시도하기도 했다. 아래의 인용은 학생들이 현지 주민과의 인터뷰를 통해 확보한 관촌마을에 대한 증언이다.

> 여기(갈머리 주유소)가 2003년에 생겼지. 여기가 농지개량조합이 있던 자리야. 그 전에는 왕소나무가 있었다는데 나도 그걸 본 적은 없고 이야기는 들었어. 여기(주유소가 있는 자리)가 원래 저만큼(봉숭아 화단) 높았다고. 농조 때는 그냥 놔 뒀었는데 주유소를 만들면서 자리를 다 깎아냈어. 왕소나무는 농조 때는 그 터가 있었어. 저기(주유소 들어오는 곳) 저쯤이었지. 그런데 칠성바위에 대해서는 나도 모르겠네. 칠성바위를 본 기억은 없어. 내가 여기서 꽤 오래 살았는데 말이지. 내가 59년 전부터 대천에 살았다고. 그때는 저기(논밭)가 다 바다였어. 그런데 구획하고 나니까 이렇게 됐지.
>
> — 심재준(64세, 대천 출생, 농지개량조합 조합장 역임)

일부 학생들은 작품에 제시된 관촌마을 이외의 문학공간을 자체적으로 답사하는 열의를 보이기도 했다. 「공산토월」의 등장인물인 '석공'이 감금되었던 농업조합 미곡창고의 위치를 마을이장과 택시기사의 도움을 받아 찾아내기도 했으며, 「여요주서」에 등장하는 공간이기는 하지만 시설물에 대한 사진촬영이 금지된 지역인 파출소와 법원을 찾아가 직원들에게 답사의 취지를 호소하고 허락을 받아내기도 했다. 또한 「월곡후야」를 담당했던 조의 학생들은, 작품 속에 '월곡리'로 설명된 지역을 찾기 위해서 동사무소와 주변 공인중개사무소의 도움을 받아 대천역 주변 30㎞ 지역들을 탐문하여 '월전리'를 유사한 공간으로 추정하고, 자체적으로 일정을 잡아 별도의 답사를 실시하기도 했다.

이틀째 답사는 일부 학생만 참여하였다. 숙소를 잡았던 대천 해수욕장 근처를 확인하고, 전날 확인하지 못했던 대천역 주변을 답사했으며, 토정 이지함 선생을 모시는 화암서원(華巖書院)을 찾았다. 화암서원은 관촌마을에서 8㎞ 정도 떨어진 청라면 장산리에 위치해 있고 청라저수지 인근에 은폐된 것처럼 세워진 건물이기 때문에 초행자가 찾아가기는 쉽지 않았지만, 작품과의 연계성을 고려하여 답사지역에 포함했다. 작품에서 이지함 선생은 지팡이로 왕소나무를 만들고, 철마가 지나면 고향을 떠나라는 예언을 했던 인물로 그려져 학생들의 관심이 집중된 인물이었고, 화자의 할아버지가 향교와 서원의 일을 돌보면서 소일하는 것으로 제시되기 때문이다.

이상과 같은 일정으로 답사를 진행한 뒤에, 학생들에게 촬영한 사진을 첨부하고 답사에 대한 감상문 및 『관촌수필』과 관촌마을 답사를 소재로 한 창작계획을 보충하여 기존의 결과보고서를 보강하도록 하였다.

4) 결과보고

문학공간 답사활동에 대한 학생들의 전반적인 평가는 『관촌수필』의 이해에 도움이 되었다는 긍정적인 반응이었다. 그러나 학생들은 작품 속에 제시된 공간과는 너무도 다르게 변화된 현실을 쉽게 받아들이지 못했다. 소설이 발표된 지도 30년이 지났고, 작품 속에 제시된 시대배경은 대부분 1950년대라는 점을 지적했지만, 학생들은 현실에서 작품의 공간을 찾아볼 수 없다는 사실을 여전히 안타까워했다. 학생들이 가장 아쉬워했던 소실 공간을 몇 가지만 지적하면 다음과 같다.

첫째, 이층 양옥집으로 변한 이문구 선생의 고택(古宅). 이는 학생들이 가장 아쉬운 점으로 지적했던 부분이다. 한 학생은 '널찍한 대지에 집들이 군데군데 있는 곳을 그려왔던 나에겐, 부엉재 오르막에 다닥다닥 붙어 있는 집들의 모습은 생소하기까지 했다'(고미선, 문예창작전공 2학년)라고 대답하기도 했다. 그러나 학생들은 현재의 생가에 감나무가 있다는 사실을 발견했고, 이를 작품에서 어머니의 상징물로 제시된 감나무를 발견한 것처럼 즐거워했다. 물론 작품 속의 감나무야 화자가 고향을 떠나기 전에 베어 버린 것으로 되어 있으니 현재의 감나무와 같을 수는 없겠지만, 학생들은 '감나무의 후손이라도 되는 것처럼 한참을 바라보았다'고 진술했다.

둘째, 왕소나무와 칠성바위 등 작품 주요 소재들의 소실. 앞서 설명한 것처럼 왕소나무에 대한 흔적은 이제 찾아볼 수 없었고, 증언을 통해서만 위치를 확인할 수 있었다. 이와 함께 칠성바위를 확인할 수 없다는 사실도 지적되었다. 왕소나무 자리는 증언을 통해서라도 확인될 수 있었지만, 칠성바위에 대해서는 현지민들도 알지 못했다. 한 학생은 주위의 돌을 주워서 자신이 생각했던 칠성바위의 모습을 만들어 보기까지 했다.

셋째, 지형의 인공적인 변화. 부엉재와 솔수평의 변화된 모습도 지적되었다. 이 공간들은 그나마 위치를 찾을 수 있었는데, 뒷산에 남아있던 수령 400년 된 팽나무가 인근 고층아파트 공사로 없어졌다는 사실이 아쉬웠다. 특히 기차 안에서 나눠줬던 자료에 이 팽나무에 대한 언급이 있었기 때문에 학생들의 아쉬움이 더욱 컸던 것으로 파악된다.

　넷째, 농경지로 변한 바다. 『관촌수필』 속에는 바다, 혹은 갯벌을 주요 배경으로 하는 작품이 포함되어 있지만, 현재 관촌마을 주변의 바다는 간척사업에 의해 농경지로 변해 버렸다. 작품을 읽고 안개가 자욱하게 피어 있는 갯벌을 연상했던 학생들이 특히 당혹스러워했는데, '언덕 아래 갯벌을 보지 못한 사실이 못내 아쉬움으로 남았다. 시내 뒤편으로 이어진 기찻길 위에 서서 아래로 펼쳐진 논을 들여다보며, 그곳이 그때 그 갯벌이었을 것이란 짐작만 할 수 있을 뿐이었다'(조세라, 문예창작전공 2학년)는 감상은 많은 학생들의 동감을 얻었다.

　많은 학생들이 작품내용과 가장 유사했던 부분으로 관촌마을 입구에서 바라본 노을을 지적했다. 지형과 주변 환경은 많이 변했지만, 주변의 산과 들을 부드럽게 감싸는 듯한 낙조(落照)는 시간과 공간의 변화를 뛰어넘어, 공감을 일으키기 충분했다.
　문학공간답사가 끝난 직후, 학생들에게 『관촌수필』에서 가장 기억에 남는 부분을 물었더니, 많은 학생들이 아래와 같은 부분을 지적했는데, 그만큼 관촌마을에서 목격했던 노을의 영향이 컸던 것으로 판단된다.

　　어느덧 하루의 피곤이 짙게 물든 해는 용마루 위 서산마루로 드러눕는 중이었고, 굴뚝마다 쏟아져 나와 황혼을 드리웠던 저녁 연기들은, 젖어드는 땅거미와 어울려 처마 끝으로만 맴돌고 있었다. 나는 이어 칠성바위 앞으로 눈을 보냈는데 정작 기대했던 그 할아버지의 환상은 얼핏 하지도 않았다. 그런데도 할아버지의 넋만은 벌써 남의 땅이 되어버린 칠성바위 언저리에 아직도 묵고 있을 것만 같았음은 웬 까닭이었는지 몰랐다. 잘 있어라 옛집, 마지막으로 그렇게 중얼

거리며 다시 한번 옛집을 되돌아보았을 때, 그 너머 서산마루에는 해가 지고 있었다. 지는 해가 있었다.[9]

이상과 같은 현장답사 활동을 통해서 문학공간답사가 '문학 텍스트가 내포하고 있는 의미를 찾아내어 문학의 현장성과 역동성을 되살리는'[10] 데 효과적인 교육방법이라는 사실이 증명되었다. 하지만 사회 변화에 따라 소실되어 버린 문학공간이 적지 않았기 때문에, 과거의 자료를 복원할 수 없다는 현장학습의 한계가 도출되기도 했다.

이러한 한계를 극복하기 위해서는 멀티미디어 매체를 적극적으로 활용하여 디지털 환경에서 소실된 문학공간을 복원하는 작업이 이루어져야 할 것이다. 일련의 과정을 통해 구현된 디지털콘텐츠는 〈사이버 관촌마을〉이라고 명명할 수 있을 것인데, 다음 장에서 그 구체적인 구현 방법을 살펴보도록 한다.

3. 〈사이버 관촌마을〉 구현 방법

1) 사이버박물관의 적합성

〈사이버 관촌마을〉은 소실된 현실공간을 복원하여 이문구의 원작 소설 『관촌수필』에 대한 이해도를 높이고, 이를 바탕으로 문학 전반

---

9) 이문구, 「일락서산」, 『관촌수필』(문학과지성사, 1991), p.48.
10) 김수복, 「문학공간답사의 문학교육적 활용방안 연구」(한국문예창작학회 제6회 정기학술세미나 자료집, 2004), p.65.

에 대한 관심을 고취하는 데 목적을 두는 문화콘텐츠로 개발되어야 한다.

이러한 요구조건에 부합하기 위해서는 가시적(可視的)인 특성을 갖춘 콘텐츠가 제작되어야 하는데, 그 과정에서 멀티미디어 매체가 적극적으로 활용되어야 할 것이다. 또한 사용자의 편의성을 고려하여 디지털 환경, 특히 인터넷 홈페이지를 통해서 콘텐츠의 게시가 이루어지는 방안이 타당하다고 판단된다. 결과적으로 〈사이버 관촌마을〉은 일종의 사이버박물관으로 제작되어야 한다.

'사이버박물관'이란 인터넷 환경에서 구축된 박물관을 의미하는데, 아직 활성화된 개념은 아니다. 국제박물관협의회(ICOM : The Inernational Council of Museums)가 1989년에 개정한 정의에 따르면, 박물관은 "인류와 그 환경의 물질적 증거물을 학습·교육·향유하기 위해 수집·보존·연구·전승·전시하며, 사회에 봉사하고 그 발전에 기여하는, 대중에 개방된 항구적인 비영리 기관"[11]이라고 규정되는데, 아직까지 일반적인 개념은 현실 공간에 구현된 건축구조물을 의미하는 것으로 받아들여지고 있다. 그러나 인터넷 환경이 발전하면서 기존 박물관의 홈페이지들이 제작되고 있으며, 이러한 홈페이지들의 기능도 기존 박물관에 대한 단순한 안내에서 독창적인 디지털 콘텐츠를 제공하는 개념으로 바뀌고 있는 추세이다.

이러한 현실상황을 고려하자면, 사이버박물관은 현실 공간에서 구현될 수 없는 '박물관 오브제(museum object)'[12]를 제공하는 새로운 개념의 문화콘텐츠 구현방식이라고 할 수 있으며, 이러한 형식이야

---

11) George Ellis Burcaw, 양지연 역, 『큐레이터를 위한 박물관학』(김영사, 2001), p.23.
12) 박물관학에서 '오브제'는 물질적이고 삼차원의 형태를 가진 모든 종류의 물체를 의미하며, '박물관 오브제'는 일정한 목적을 가지고 수집된 박물관의 소장품에 속한 오브제를 의미하는 용어로 사용된다. : George Ellis Burcaw, 위의 책, p.15.

말로 관촌마을의 소실된 공간을 복원하려는 목적을 가진 〈사이버 관촌마을〉에 적합하다고 하겠다.

　박물관의 가장 중요한 기능은 '전시'이며, 이를 효과적으로 구현하기 위해서는 시나리오와 디스플레이가 고려되어야 한다. 시나리오는 박물관 전시의 원점이자 효과적인 정보전달을 위한 수단이며, 디스플레이는 뮤지엄 오브제의 의미를 부각하여 관람객들에게 지적이면서도 미적인 감동을 전달하기 위한 기술이다.[13] 이러한 개념을 사이버박물관에 적합하게 변형하자면, 체계적인 스토리텔링과 디지털콘텐츠 개발이라 할 것인데, 이에 부합하여 〈사이버 관촌마을〉의 구현방법을 제시하도록 하겠다.

2) 체계적인 디지털 스토리텔링의 확보

　〈사이버 관촌마을〉을 구축은 디지털 스토리텔링을 기반으로 이루어진다. 디지털 스토리텔링이란 디지털콘텐츠에 적용되는 스토리텔링을 지칭한다. 디지털콘텐츠는 기술을 표현 매체로 활용하여 제작된 콘텐츠, 즉 여섯 단계로 구성된 미디어 영상물의 표준 제작 공정[14] 중에서 최소한 기획 개발에서부터 후반작업에 이르는 과정에서 디지털 기술이 활용된 작업을 의미한다. 이처럼 디지털 스토리텔링은 디지털 미디어를 매체로 하기 때문에 상호작용성·네트워크성·복합성이라는 특징을 가지며, 이는 인간의 오감(五感)에 호소하는 '총체적

---

13) 오츠카 카즈요시, 홍종필 역, 『박물관학』(백산출판사, 2004), pp.243~268. 참고.
14) 베니 김(Benny Kim), 『영화 메이지먼트』(문지사, 2002), pp.159~183. : 베니 김이 제시한 미디어 영상물 표준 제작 공정은 다음과 단계로 이루어진다. ①기획 개발(Development) ②제작 준비(pre-Production) ③제작(Production) ④후반작업(Post-Production) ⑤배급(Distribution) ⑥상영(Exhibition).

즉각성'이라고 설명되기도 한다.15) 정리하자면 디지털 환경에서 전개되는 이야기들은 다양한 국면이 동시다발적으로 전개되는 복잡한 형태로 발현된다는 것이다. 그러므로 이처럼 복잡한 국면을 총괄할 수 있는 체계적인 스토리텔링이 요구된다.

① **도입부의 활용**

문학작품에 있어서 도입부는 매우 중요한 의미를 가진다. 소설가 전상국은 작품 첫머리를 창작의 성패를 결정하는 갈림목이라고 단언하면서, 그 중요성을 독자와 창작자의 측면에서 제시하고 있다. 독자에게 있어서 도입부는 '그 작품 여행에서의 첫만남이며 첫인상'이기 때문에 그 첫경험을 통해서 독자가 작품을 읽을지 여부가 결정되며, 또한 창작자에게 있어서는 좋은 작품을 만들기 위해 '잠재된 상상력을 응집시키는' 부분이라는 것이다.16) 또한 정한숙은 도입부를 '하나의 창작품이 제시되는 최초의 양상이며, 작품을 가장 암시적이고 상징적으로 드러내는 시초'라고 설명하면서, 도입부 제시의 일반적인 유형으로 배경(setting) 설정을 들고 있다.17)

이는 디지털콘텐츠에서도 마찬가지인데, 도입 부분(intro)에서 전체적인 내용과 분위기를 표현하여, 사용자들이 콘텐츠의 성격을 분명히 인식할 수 있는 기회를 제공해야 한다. 도입부를 잘 활용하고 있는 예로 〈미국 국립산업사박물관(National Museum of Industrial History)〉 홈페이지(www.nmih.org)를 들 수 있다. 이 홈페이지 도입부의 화면구성은 타임카드와 시계로 이루어져 있다. 마우스로 타임

---

15) 이인화, 「디지털 스토리텔링 창작론」, 고욱 외, 『디지털 스토리텔링』(황금가지, 2003), pp.16~17.
16) 전상국, 『당신도 소설을 쓸 수 있다』(문학사상사, 1991), pp.273~274.
17) 정한숙, 『현대소설창작법』(웅동, 2000), p.302.

카드를 드래그하여 시계 장치에 넣으면 시계바늘이 거꾸로 돌아간다. 그리고 1830년의 증기기관부터 시작하여, 1876년의 전화, 1879년의 전기, 1885년의 코카콜라, 1903년의 비행기 등 미국의 산업에 공헌한 발명품들이 사진과 함께 스쳐지나간다. 1분 정도의 짧은 시간으로, 홈페이지에서 전달하고자 하는 내용을 압축적으로 제시하는 것이다.

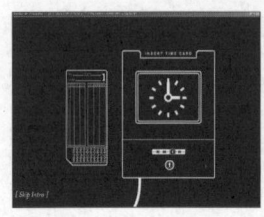 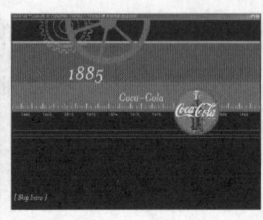 

〈사이버 관촌마을〉의 도입부는 이러한 정보전달 기능과 함께 예술적 측면이 강조되어야 한다. 콘텐츠의 목적이 홍보나 안내 등의 단순한 정보전달에 있지 않고, 그 자체로 문화적 가치를 가지는 콘텐츠이기 때문이다. 그러므로 〈사이버 관촌마을〉의 도입부는 단편영화, 혹은 애니메이션 기법을 활용하여, 『관촌수필』의 서정성을 충분히 표현할 수 있도록 구성되어야 할 것이다. 도입부 구성의 예를 시나리오 형식으로 표현하면 다음과 같다.

#01. F.I. 관촌마을의 전경이 빛바랜 사진처럼 제시되며,
　　　서정적 느낌의 음악이 깔린다. (이후 #6까지 계속 이어진다.)
#02. 화면의 오른쪽 구석에서 조그만 열차가 등장한다. (E:열차 바
　　　퀴소리)
　　　열차는 정면으로 다가오며 부각. 열차는 원근법으로 처리하여 입체감을 살린다.

#03. 열차가 화면을 가득 들어오면, 화면은 열차 내부가 된다. 창밖으로 보이는 풍경이 보인다. 풍경의 구성은 대천역으로 진입하는 과정에서 볼 수 있는 실제 풍경과 관촌마을의 과거 모습들.

#04. (E:기적소리) 역무원의 도착 안내 방송이 들린다.
"이번 정차할 역은 대천(또는 관촌), 대천 역입니다."

#05. 장면이 전환하며, 현재의 관촌마을의 경관이 제시된다.
NAR(50대의 남자) : "세월은 지난 것을 말하지 않는다. 다만 새로 이룬 것들을 보여줄 뿐이다. 나는 날로 새로워진 것을 볼 때마다 내가 그만큼 낡아졌음을 터득하고 때로는 슬퍼하기도 했으나 무엇이 얼마만큼 변했는가는 크게 여기지 않는다. 무엇이 왜 안 변했는가를 알아내는 것이 더 중요했기 때문이다."(『관촌수필』의 일부)

#06. 화면이 뿌옇게 흐려지면서, 흑백사진으로 바뀐다. 배경 음악이 멈춘다. 사진에는 등장인물 캐릭터가 모두 나오고, 관촌마을의 주요 장소가 뒤로 보인다. 이제 사용자들이 인물이나 장소를 클릭하면 각각의 이야기로 들어갈 수 있다.

(END)

이러한 도입부 구성을 통해서 사용자는 『관촌수필』의 분위기를 미리 경험할 수 있고, 아울러 〈사이버 관촌마을〉의 성격도 파악하게 된다. 그리고 도입부의 마지막 장면은 등장인물이 한자리에 모여 찍은 흑백으로 처리되는데, 이는 다음에 설명될 공간별, 인물별로 이루어지는 스토리텔링으로 이어진다. 서정적 애니메이션으로 구성되는 도입부와 관촌마을에 대한 정보가 제공되어야 하는 홈페이지의 메인 화면이 연결된 것이다.

② 공간과 인물 중심의 스토리텔링

사이버박물관의 개념에 부합되도록 『관촌수필』을 재구성하기 위해서는 스토리텔링의 전환이 이루어져야 한다. 레싱(G. E. Lessing)이 그의 저서 『라오콘(Laokoon)』에서 지적했던 것처럼, 문학은 전통적으로 시간의 지배를 받는 예술로 분류되어 왔다.[18] 그러나 디지털 스토리텔링은 이와는 다른 양상을 보인다. 문학을 비롯한 전통적인 스토리텔링이 이야기 요소들을 종(縱)적으로 결합시켜 시간의 축으로 이어놓은 것이라면, 디지털 스토리텔링은 선택 가능한 이야기 요소들을 횡(橫)적으로 병렬시켜 공간의 축으로 구성한다. 그러므로 디지털 스토리텔링은 전통적인 스토리텔링과는 다르게 배경이야기·공간·아이템 등의 요소가 큰 비중을 차지하게 된다.[19]

이와 같은 디지털 스토리텔링의 특징을 고려하여 원작에 내포된 시간 중심의 스토리텔링을, 디지털콘텐츠에 적합한 공간 중심의 스토리텔링으로 전환하는 일련의 작업이 이루어질 필요가 있다. 앞서 『관촌수필』의 가치를 설명하는 단계에서 작품의 서사구조가 〈목가적이고 전통적인 가치체계가 남아 있는 1950년대의 관촌마을〉과 〈급격한 도시화가 진행되는 자본주의적인 가치가 침범하는 1970년대의 관촌마을〉이라는 두 공간의 대립을 통해서 이루어진다고 파악했다. 그만큼 여타의 문학작품에 비해서 『관촌수필』은 공간이 강조

---

[18] Jeoraldean McClain, "Time in the visual arts : Lessing and Modern Criticism", The Journal of Aesthetics, fall 1985, vol.XLIV. no.1. p.42.
[19] 전경란, 『디지털 내러티브에 관한 연구』(이화여대 신문방송학과 박사학위논문, 2003), pp.87~88.

되었으며, 이러한 특징은 이 작품의 디지털콘텐츠적인 변환을 용이하게 하는 강점으로 작용한다.

〈사이버 관촌마을〉에 포함되는 공간은 앞서 언급한 두 가지 공간에, 〈현재의 관촌마을〉을 첨부하여 총 3가지 공간 층위로 구성된다. 이 공간들은 시대 변화에 의해 구분되지만, 지형적인 공통점을 기반으로 다시 하나로 통합된다. 이러한 구분과 통합은 뚜렷한 경계를 가지지 않고, 사용자의 선택에 의해서 제시된다. 즉, 〈사이버 관촌마을〉은 자넷 머레이가 디지털 환경의 특징으로 제시한 '상호 참여적인 항해과정에 의해 창조'[20]되는 공간으로 구축되는 것이고, 그러한 공간에서 이루어지는 이야기는 동일한 사건(공간)에 대해서 서로 다른 진술이 이루어지는 '다중 형식 스토리(the multiform story)'[21]적인 특성을 가지게 된다.

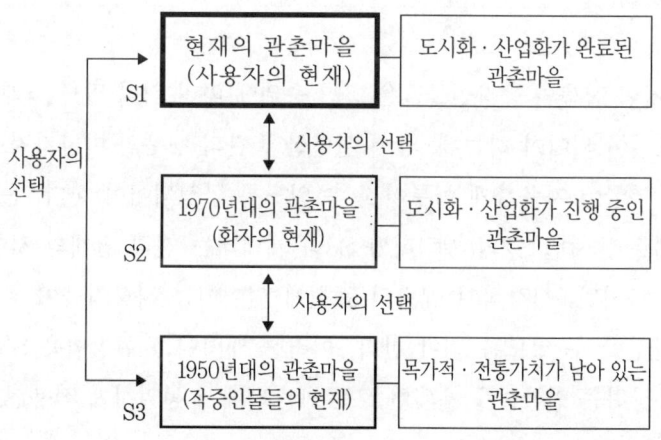

---

20) Janet Horowitz Murray, 한용환·변지연 역, 『사이버 서사의 미래 : 인터랙티브 스토리텔링(Hamlet on the Holodeck : The Future of Narrative in Cyberspace)』(안그라픽스, 2001), p.92.
21) 위의 책, p.34.

〈사이버 관촌마을〉의 공간 구성은 위의 그림과 같다. 각각의 공간에 해당하는 스토리텔링이 이루어져야 하며, 아울러 등장인물의 스토리텔링도 각각의 공간별로 별도로 제작되어야 한다. 『관촌수필』의 등장인물 중에서 화자·옹점이·할아버지를 대상으로 인물별 스토리텔링의 예를 들면 아래의 표와 같다.

등장인물	공간	인물 표현
화자	S1	도시에서 살다가 고향에 찾아온 40대 전후의 남성
	S2	
	S3	관촌마을에 사는 어린아이
옹점이	S1	등장하지 않음
	S2	약장수를 따라다니며 장터에서 노래 부르는 가수
	S3	관촌마을에 사는 소녀. 화자의 친구이자, 화자의 집 식모
할아버지	S1	등장하지 않음
	S2	등장하지 않음
	S3	관촌마을에 살고 있는 할아버지. 전통적 사고를 가진 노인

이처럼 작품의 등장인물들은 공간 층위에 따라 각각 별도의 캐릭터로 표현이 되어야 하는데, 앞서 설명한 공간의 경우와 마찬가지로 구분과 통합이 자유롭게 이루어질 수 있도록 구성되어야 한다. 옹점이를 예로 들자면 S2의 캐릭터와 S3의 캐릭터는 전혀 별개의 것이 되어야 하지만, 시각적인 캐릭터 표현에 있어서는 사용자들이 공통점을 발견할 수 있도록 해야 한다. 이러한 캐릭터 표현방법은 S3에서만 등장하는 인물들을 제외한 모든 캐릭터에서 동일하게 적용된다.

3) 에듀테인먼트 기능을 갖춘 콘텐츠 개발

일반적으로 박물관을 기획할 때는 다음과 같은 네 가지 조건을 고려해야 한다. 첫째 관람객들이 무엇을 읽거나 둘러보는가, 둘째 전시공간에서 어떻게 이동하는가, 셋째 하나의 전시물을 보는데 얼마나 많은 시간을 쏟는가 혹은 얼마나 오랫동안 전시장에 남아 있는가, 넷째 전시물 중 무엇을 보고 싶어 하고 보기 싫어하는가.[22]

이러한 조건에 대한 관람객의 반응은 오프라인과 온라인에서 완전히 다른 양상으로 나타난다. 오프라인에서는 오브제들이 고정되고 관람객이 움직이지만, 온라인에서는 관람객은 컴퓨터 앞에 고정되고 오브제들이 움직인다. 오프라인의 관람객들은 자신들이 그곳에 입장하기 위해 투자한 노력·시간·비용을 생각해서라도 가급적이면 장시간 머물려고 하지만, 온라인 관람객들은 투자한 내용이 거의 없기 때문에 제시되는 콘텐츠가 조금만 지루해도 다른 곳을 찾아 떠나게 된다. 말하자면 사이버박물관의 관람객들은 훨씬 더 조급하고 수동적인 수용자인 것이다.[23]

그러므로 사이버박물관의 운영이 원활하게 이루어지려면, 독자들에게 흥미를 줄 수 있는 콘텐츠가 지속적으로 공급되어야 한다. 일반적으로 게임이 이러한 측면을 충족시켜 주는 콘텐츠로 제공된다. 그러나 〈사이버 관촌마을〉의 성격을 고려하자면 단순한 흥미 위주의 게임보다는 에듀테인먼트(edutainment)적인 기능을 갖춘 콘텐츠의 개발이 요구된다.

에듀테인먼트는 교육(education)과 흥미(entertainment)를 결합시킨 신조어로, '학습 활동에 흥미라는 요소를 첨가시킴으로서 학생들의 참여와 흥미를 유발하는 새로운 형태의 교육'[24]을 의미한다. 〈사

---

22) C.G. Screven, 「비공식적 환경에서의 정보 디자인 : 박물관 및 공공 장소의 경우」, Robert Jacobson 편, 장동훈·김미정 역, 『정보 디자인』(안그라픽스, 2002), p.151.
23) 전봉관, 「웹 뮤지엄 스토리텔링의 개념과 영역」, 고욱 외, 앞의 책, p.202.
24) 강심호, 「디지털 에듀테인먼트 스토리텔링」, 위의 책, p.233.

이버 관촌마을〉에 참고가 될 만한 에듀테인먼트 기능을 갖춘 사이트들을 주요 콘텐츠별로 정리하면 다음과 같다.

① 학습용 게임

국립민속박물관 부설 〈어린이 민속박물관〉 사이트(www.kidsnfm. go.kr)가 에듀테인먼트적인 기능을 갖춘 게임을 제공하고 있다. 이 홈페이지는 어린이 민속박물관(박물관 소개)·민속마당·놀이마당·보물창고(자료실)·이것이 궁금해요 등 다섯 가지 범주로 구성되어 있는데, 이 중에서 민속마당에서는 설화와 민속을 소재로 하는 애니메이션이 제공되며, 놀이마당에서는 각종 플래시 게임들이 제공된다.

〈어린이 민속박물관〉에서 제공하는 애니메이션과 게임의 수준은 어린이를 대상으로 맞춰져 있기 때문에, 사용자의 한정될 수밖에 없다는 한계를 가진다. 그에 비해 〈사이버 관촌마을〉의 사용자는 고향에 대한 추억을 간직한 중년층과 문학수업에 참가하는 학생들로 예상되기 때문에, 이러한 즉물적이고 단순한 게임은 큰 효과를 거둘 수 없을 것으로 판단된다. 그러나 최근 들어 게임인구가 증가하고 있다는 점과 그것을 향유하는 연령대도 점차 낮아지고 있다는 점을 고려하자면, 예상 사용자의 정서에 적합한 게임 콘텐츠의 개발도 충분히 고려되어야 할 것이다.

② 예술적 콘텐츠

게임 이외에도 다양한 에듀테인먼트 콘텐츠의 개발이 가능하다. 미국의 〈홀로코스트 박물관〉 사이트(www.ushmm.org)의 경우처럼 동영상을 통해 역사 다큐멘터리를 상영한다든지, 우리나라 〈테디베어박물관〉 사이트(www.teddybearmuseum)의 경우처럼 예술작품이나 역사적인 사실을 패러디한 사진 자료를 제공하는 것도 좋은 방법이라고 하겠다.

『관촌수필』의 일부 내용을 애니메이션으로 제작하거나, 작가 이문구의 생애를 다큐멘터리로 제작할 수도 있으며, 관촌마을 및 대천 일대의 변천사를 사진자료로 제공하는 것 등이 실현 가능성이 높은 영역이라고 하겠다.

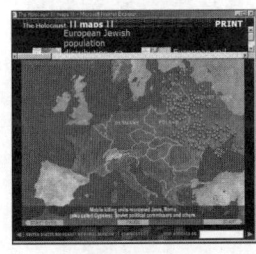  

③ 지역문화 학습 콘텐츠

〈사이버 관촌마을〉에서 간과할 수 없는 부분은 지역문화 홍보라는 측면이다. 그러나 기존 관공서 홈페이지의 문화관광안내처럼 일방적인 정보 전달만으로는 충분한 효과를 거둘 수 없다. 이 경우에도 사용자의 흥미를 유도할 수 있는 콘텐츠 개발이 요구된다.

작품에 제시되는 충청방언이 좋은 활용자원이 될 것이다. 앞서 가치판단 및 수용자 현황에서 설명했던 것처럼, 충청방언은 『관촌수필』이 가진 문학적 가치 중의 하나이다. 그러나 오히려 이러한 요소는 방언 자체에 익숙하지 않은 최근 독자들에게는 독서를 방해하는 요인이 되고 있다. 이러한 점에 착안하면 다음과 같은 두 가지 콘텐츠의 개발이 가능하다.

하나는 멀티미디어 환경을 활용하여 작품 속에 제시된 충청방언을 현지민의 발음으로 들을 수 있는 콘텐츠이며, 다른 하나는 사자성어 및 고어(古語)를 학습할 수 있는 콘텐츠이다. 이는 작품에 나타난 문체적 특성을 고려한 것이다. 『관촌수필』의 문장은 두 가지 층위를 가지고 있는데, 어머니와 옹점이를 비롯한 여인네들에 의해 주로 표현되는 생활어로서의 충청방언이며, 다른 하나는 할아버지에 의해 주로 표현되는 한자어이다. 이것은 모두 현재의 독자들이 쉽게 공감할 수 없는 부분이다. 바로 이러한 부분을 멀티미디어 환경을 활용하여 재현하고, 이를 통해 교육효과를 거둘 수 있는 효과를 거둘 수 있다. 이러한 콘텐츠들은 작품의 문학적 가치를 살리면서도, 독자들의 이해를 증진시키며, 아울러 지역문화의 홍보에도 도움이 되는 콘텐츠가 될 것이다.

4. 결론을 대신하여 : 〈사이버 관촌마을〉의 활용 가능성

이 연구는 단국대학교 문예창작전공 2학년 학생들을 대상으로 이루어졌던, 『관촌수필』 문학공간답사의 진행사항 및 성과를 보고했다. 이를 통해서 문학공간답사가 작품에 대한 이해를 돕고 특히 문학의 현장성과 역동성을 되살리는 데 효과적인 교육방법이라는 사실이 증명되었다. 그러나 이미 소실되어 버린 문학공간이 많았기 때문에, 작품의 분위기를 온전하게 체험할 수 없었다는 한계가 도출되기도 했다.

  이러한 한계점을 극복하기 위한 방안으로 제시된 것이 바로〈사이버 관촌마을〉로 명명할 수 있는 사이버박물관 시스템이었다. 이는 기존의 박물관에서 이루어졌던 전시 개념을 인터넷 환경에 도입한 것으로, 소실된 문학공간인〈1950년대의 관촌마을〉과〈1970년대의 관촌마을〉을 복원하여 현재화할 수 있는 좋은 방법이라고 기대된다.

  박물관의 전시에서 시나리오와 디스플레이라는 요소들이 고려되어야 하는 것처럼,〈사이버 관촌마을〉의 구현에 있어서도 체계적인 디지털 스토리텔링의 확보와 에듀테인먼트 기능을 갖춘 콘텐츠의 개발이 요구되었다. 체계적인 디지털 스토리텔링을 확보하기 위한 방법으로는 도입부의 활용과 공간 및 인물 중심의 스토리텔링이 제안되었다. 또한 에듀테인먼트 기능을 갖춘 콘텐츠를 개발하기 위한 예로 게임 분야의〈어린이 민속박물관〉사이트, 예술적 콘텐츠 분야의〈홀로코스트 박물관〉사이트의 다큐멘터리 동영상과〈테디베어박물관〉사이트의 패러디 예술작품, 지역문화 학습 콘텐츠 분야의 충청방언 활용 가능성 등이 제시되었다.

  이제 남은 문제는 이러한 문화콘텐츠의 활용가능성에 대한 부분이다. 문화콘텐츠는 예술적인 요소를 많이 포함하고 있으나, 그 기반에 내재된 산업으로의 속성을 간과할 수 없다. 즉, 아무리 의미 있는 제작의도를 가지고 있더라도, 이를 통해 부가가치를 창출할 수 없다면 콘텐츠로의 가치를 가지지 못한다. 그러므로 제작에 앞서 문화콘텐츠의 배급과 상영이 반드시 고려되어야 한다.

  〈사이버 관촌마을〉의 활용 가능성이 가장 높은 분야는 지역 문화에 대한 홍보이다. 이는 지방자체단체의 제작비 지원을 받는 방법으로 연계되는데, 최근 들어 각 지역별로 활발한 문화사업이 진행되고 있기 때문에 충분히 가능성이 있다고 판단된다. 이러한 제작비 지원이 이루어진다면, 기존의 지방자치단체 홈페이지와 연계된 배급과 상영이 가능하다.

다음으로 활용 가능성이 있는 분야는, 교육 콘텐츠적인 측면이다. 이는 앞서 언급했던 문학교육 방법과 연결되는 것으로, 현행 학교교육에서 여러 가지 이유로 실현되지 못하는 문학공간답사[25]를 대체하는 방법으로 〈사이버 관촌마을〉을 이용하는 것이다. 이 경우에는 홈페이지보다는 CD-ROM 등의 매체로 제작되는 것이 효과적인데, 학교 단위의 배급이 가능하기 때문이다. 교육현장에서는 교사의 지도를 받는 학생들이 직접 콘텐츠를 작동시키는 방법으로 상영이 이루어지게 된다. 이에 앞서 교사들을 대상으로 프로그램 운영 및 작품의 문학적 가치에 대한 연수를 실시하는 것도 좋은 마케팅 방법이 될 것이다.

이외에도 사회/평생교육 자료와 한국문학에 대한 해외 홍보자료로 활용될 수 있는 가능성도 충분히 고려될 수 있겠으나, 이는 소요비용 및 기대효과 등을 고려할 때 부차적인 요소라고 파악된다.

이러한 기대효과를 거둘 수 있는 〈사이버 관촌마을〉을 구현해서는, 연구개발 비용의 확보와 함께, 문학적·문화적 소양을 갖춘 개발자의 확보가 선행되어야 한다는 현실적인 어려움이 있다. 하지만 이를 극복하고 디지털콘텐츠의 구현이 이루어진다면, 문학의 저변인구 확대는 물론이고, 새로운 매체를 활용한 문학작품의 창작을 유도할

---

25) 김수복은 현행 학교 교육에서 문학공간답사가 이루어지기 힘든 이유로, 이론적 취약성·지나친 대중성·예산 및 진행요원의 부재 등 행사진행의 현실적인 어려움·개인적 연구의 한계 등을 들고 있다. : 김수복, 앞의 글, pp.67~69.

수 있는 효과를 얻을 수 있을 것으로 기대된다. 보다 실제적인 연구 개발 작업을 추후 과제로 남긴다.

최수웅(단국대 강사)

참고문헌

텍스트
이문구, 『관촌수필』, 문학과지성사, 1991.

국내외 논저
고욱 외, 『디지털 스토리텔링』, 황금가지, 2003.
권영민, 『한국현대문학사』, 민음사, 1993.
김수복, 「문학공간답사의 문학교육적 활용방안 연구」, 한국문예창작학회 제6회 정기학술세미나 자료집, 2004.
문학과문학교육연구소, 『창작교육, 어떻게 할 것인가』, 푸른사상, 2001.
베니 김(Benny Kim), 『영화 메이지먼트』, 문지사, 2002.
이재선, 『현대한국소설사』, 민음사, 1991.
전경란, 「디지털 내러티브에 관한 연구」, 이화여대 신문방송학과 박사학위논문, 2003.
전상국, 『당신도 소설을 쓸 수 있다』, 문학사상사, 1991.
전정구, 「토속어의 활용과 관용적 표현」, 이기문 외, 『문학과 방언』, 역락출판사, 2001.
진정석, 「이야기체소설의 가능성」, 문학사와비평연구회, 『1970년대 문학 연구』, 예하, 1994.
정한숙, 『현대소설창작법』, 웅동, 2000.
최혜실, 『디지털 시대의 문화읽기』, 소명출판, 2001.
황종연, 「도시화・산업화 시대의 방외인」, 《작가세계》, 1992년 가을호.

오츠카 카즈요시, 홍종필 역, 『박물관학』, 백산출판사, 2004.
F. Capra, 「생태학적 세계관의 기본 원리」, 《과학사상》 제10호, 1994. 8.
George Ellis Burcaw, 양지연 역, 『큐레이터를 위한 박물관학』, 김영사, 2001.
Janet Horowitz Murray, 한용환・변지연 역, 『사이버 서사의 미래 : 인터랙티브 스토리텔링(Hamlet on the Holodeck : The Future of Narrative in Cyberspace)』, 안그라픽스, 2001.
Jeoraldean McClain, "Time in the visual arts : Lessing and Modern Criticism", The Journal of Aesthetics, fall 1985, vol.XLIV. no.1.
Robert Jacobson 편, 장동훈・김미정 역, 『정보 디자인』, 안그라픽스, 2002.
사이버박물관 사이트
어린이 민속박물관(www.kidsnfm.go.kr)
테디베어박물관(www.teddybearmuseum)
미국 홀로코스트 박물관(www.ushmm.org)

제2부 현대시와 공간

현대시와 지형학적 상상력 | 1990년대 한국시의 공간과 그 전망 | 장소시의 발견과 창작 | 정지용 시의 '산'의 공간 인식 | 백석 시의 '집'의 공간 인식

1 현대시와 지형학적 상상력

1. 시의 공간, 공간의 시

 독일의 비평가 레싱(G.E. Lessing)은 그의 저서 『라오콘(Laokoon)』에서 시는 시간의 지배를 받는 예술이라고 분류했다. 즉 공간적이고 동시적인 속성을 가지고 있는 조형예술에 비해서, 문학은 시간적이고 연속적인 속성을 가지고 있다는 것이다.
 그러나 문학이 인간의 삶을 대상으로 한다는 사실이 변하지 않았다면, 이러한 분류는 극단적인 이분법에 지나지 않는다. 시간과 공간은 모두 인간의 삶을 이루는 중요한 요소들이기 때문에, 두 가지 중에서 어느 한쪽만이 강조될 수는 없는 일이다.
 현대 예술비평은 레싱 이후의 전통적 논리와는 다른 방향에서 예술작품의 시간과 공간 개념을 설명하고 있다. 즉, 공간예술인 회화에서 공간적 매체에 내재한 한계들을 극복할 수 있는 방법으로 시간성의 개념이 활발하게 도입되고 있는 것을 예로 들면서, 여타 예술 분야에서도 시간과 공간이 역사적으로나 절대적으로 구분되지 않고 함께 공존하고 있다는 주장이 제기되고 있다.

우리의 문학사에서 공간에 대한 논의는 활발하게 이루어지지 못했다. 그 동안의 논의에서 작품에 내포된 역사인식과 현실비판인식을 지나치게 강조해 왔기 때문이다. 이는 우리 현대사의 특수성에 기인하는 것으로 일제강점기와 분단현실, 그리고 권력집단에 의해 강압적으로 진행된 산업화에 대한 대응수단으로 문학이 인식되어 왔다. 물론 이러한 인식 자체에 문제가 있는 것은 아니다. 다만 역사인식과 현실비판의식이 강조되다 보니, 작품의 형식이나 구조에 대한 접근보다는 내용적인 측면이 부각될 수밖에 없었고, 이에 따라 역사의 시간적 속성이 문학에 대한 이해에도 그대로 반영되어, 작품의 서사성만이 집중적으로 부각되었다는 사실이 문제이다.

로만 인가르텐(R. Ingarden)이 그의 주저 『문학예술작품론』에서 지적한 것처럼 문학작품에 나타난 공간은 현실적 공간이나 기하학적 공간이 아니다. 인간의 감각기관과 지각기제의 도움으로 내재화된 공간, 즉 체험된 공간이다. 이러한 견해를 염두에 둔다면, 문학작품에 내포된 공간은 작가의 세계관과 현실인식이 반영되는 주요한 구성요소 중의 하나로 파악되어야만 한다. 여기에 우리가 문학공간에 관심을 기울여야 할 이유가 있다. 문학공간에 대한 관심은 작품 자체를 뛰어넘어 문학이 생산되는 현장 그 자체를 체험하는 작업이다. 또한 그것은 창조적인 예술가인 작가의 내면세계를 탐구하는 작업이며, 나아가 인류가 보편적으로 가지고 있는 원초적인 생명공간을 확인하는 작업이 될 것이다.

'지형도'라는 개념은 본래 지리학과 지구과학 분야에서 제시된 것이다. 지구과학에서는 우리가 살아가는 지구의 표면 형태를 조사하고 그 형성과정과 지역적 분포를 정리하여 지형을 계통적이며 체계적으로 이해하고자 하는 연구 활동을 '지형학(Geomorphology)'이라고 한다. 이러한 연구결과를 지도 위에 도식화한 것이 지리학에서 사용하고 있는 '지형(topographic map)'이다.

문학에 있어서 이런 개념이 적용되지 않았던 것은 아니다. 1945년 조셉 프랑크(Joseph Frank)가 근대문학의 주요한 패러다임으로 '공간형식(Spatial Form)'이라는 개념을 제기한 이후로, 다양한 관점에서 문학의 공간에 대한 논의가 이루어졌는데, 그 중에서도 특히 미첼(W.J.T. Mitchell)의 논의가 주목된다. 그는 텍스트의 공간형식을 인쇄 공간, 텍스트 안에 재현·모방된 의미 공간, 구조 공간, 주제 공간 등으로 구분하고 있다. 이 중에서 문학지형학에서 주목하는 것은 의미 공간, 즉 작가가 체험한 실제 공간을 작품 속에 어떤 형식으로 재현했는가 하는 점이다.

이에 대해서는 각 작가별·공간별로 다양한 논의가 이루어질 수 있겠지만, 여기서는 가장 일반적인 개념으로 도시 지형학적 상상력의 시와 자연 지형학적 상상력의 시로 나누어 개괄적으로 살펴보고자 한다.

2. 도시 지형학적 상상력의 시

최근 우리 시의 두드러진 경향 중의 하나는 도시 공간을 다루고 있는 작품이 증가했다는 점이다. 이제 도시야말로 오늘날의 가장 문제적인 공간이며, 가장 강한 영향력을 행사하는 공간이 되었다.

우리의 문학사에서 '도시'라는 공간이 제기되기 시작한 것은, 이른바 '모더니즘'이라 불리는 1930년대 일군의 작품들부터이다. 김기

림, 정지용, 김광균, 장만영 등의 시 작품, 그리고 이상과 박태원 등의 소설 작품이 그것이다. 그러나 이러한 작품들은 문학공간으로서의 도시의 가능성을 제시하기는 했지만, 그것이 내포하고 있는 의미를 깊이 있게 파고들지는 못했다. 이는 그 작가들이 갖춘 역량의 문제라기보다는 공간 자체의 문제이다. 아직 도시라는 공간이 충분히 성장하지 못했던 것이다.

이러한 공간과 작품의 상관관계는 1950년대의 김경린, 김수영, 박인환 등의 시 작품들에서도 찾아볼 수 있다. 그들은 1930년대 시인들에 비해 훨씬 문제적인 시각에서 도시를 바라보았으나, 그들이 그렸던 도시는 전쟁으로 폐허가 된 공간 이상의 의미를 가질 수 없었다.

그러므로 본격적인 의미에서 도시 공간이 제기되는 것은 1960년대 이후, 다시 말해 우리 사회가 산업화시대에 접어든 이후부터라고 하겠다. 이러한 도시화 경향, 그리고 도시시의 징후를 잡아낸 대표적인 작품은 김광섭의 「성북동 비둘기」이다.

> 성북동 메마른 골짜기에는
> 조용히 앉아 콩알 하나 찍어 먹을 널찍한 마당은커녕
> 가는 데마다 채석장 포성이 메아리 쳐서
> 피난하듯 지붕에 올라 앉아
> 아침 구공탄 연기에서 향수를 느끼다가
> 산 1번지 채석장에 도로 가서
> 금방 따낸 돌 온기에 입을 닦는다
>
> ─김광섭, 「성북동 비둘기」

그러나 '마당'과 '채석장'으로 대표되는 이 작품의 공간은 지나치

게 소박하다. 이 정도의 현실 인식으로는 도시 공간의 특징을 명확하게 드러낼 수 없다. 도시라는 공간은 좀더 파괴적이며, 악마적인 이미지를 가진 공간인데, 특히 산업화가 진행되면서 이러한 이미지는 더욱 심화되었다. 최승호의 일련의 작품들은 이러한 경향을 잘 대변하고 있다.

> 긴장한 고압선들 사이에
> 신호기가 서 있고
> 철도원이 깃발을 흔들어대고 있었다
> 떠밀리면서 개찰구를
> 빠져 나오면서 저무는 광장
> 노란 줄이 선명한 아스팔트가 보이고
> 넓적하게 깔린 쥐가죽
> 그 위로 육중한 타이어들이 굴러갔다.
> 붐비는 분주한 발걸음들
>
> — 최승호, 「발걸음」

그러나 1980년대 후반 이후, 우리가 흔히 고도산업사회라고 부르는 단계로 접어든 이후의 시 작품들은 앞선 작품들과는 전혀 다른 양상을 보이고 있다. 그들의 공간 인식 역시 앞선 세대의 그것에서 크게 벗어나는 것은 아니지만, 그 대응방법은 현저한 차이를 보인다. 앞선 세대의 작품들이 도시라는 공간 자체를 거부하면서 비판했다면, 최근의 시인들은 비판을 계속하되 도시라는 공간과 그 공간이 만들어낸 문화를 향유하고 있는 것이다. 그들의 작품에서 각종 대중문화, 광고문구, 상품적 이미지가 과감히 채용되는 것도 같은 맥락에서 이해될 수 있다.

> 압구정동은 체제가 만들어낸 욕망의 통조림 공장이다
> 국화빵 기계다 지하철 자동 개찰구다
> [⋯중략⋯]
> 세 겹 주름바지와, 니트, 주윤발 코트, 장군의 아들 중절모, 목걸이 등의 의류 액세서리 등을 구비할 것 그 다음
> 미장원과 강력 무쓰를 이용한 소방차나 맥가이버 헤어스타일로 무장할 것
> 그걸로 끝나냐? 천만에, 스쿠프나 엑셀 GLSi의 핸들을 잡아야 그때 화룡점정이 이루어진다
> 그 국화빵 통과 제의를 거쳐야만 비로소 압구정동 통조림통 속으로 풍덩 편입할 수 있게 되는 것이다
> 이것 어디를 둘러보라 차림새의 빈부 격차가 있는지 압구정동 현대아파트는 욕망의 평등 사회이다 패션의 사회주의 낙원이다
> ― 유 하, 「바람부는 날이면 압구정동에 가야 한다 2」

이처럼 시 작품 속에 날것에 가까운 형태로 제시되고 있는 상품 이미지는 도시 지향의 시가 가진 경박성으로 지적되어 왔다. 구사된 언어가 경박하고 선택된 소재들이 천박하다는 것이다. 그러나 이들이 제시하는 것들 역시 도시 문명이 내포하고 있는 현상 중의 하나라는 것은 분명한 사실이다. 이런 점에서 이러한 경향의 시는 김준오에 의해 '현실의 구체성을 확보하고 일상성을 회복'했다는 긍정적인 평가를 받기도 한다.

도시 지향적인 시들에 다루어지는 인간관계도 피상적으로 나열되는 상품이미지와 다르지 않다. 아래의 작품에 나타난 것처럼, 도시

에서 이루어지는 만남은 지극히 피상적이며 가볍다. 그들에게 감정이나 타인에 대한 배려는 중요하지 않다. 그들의 만남을 결정하는 것은 오직 순간적인 인상뿐이다.

> 그녀에겐 애인이 있어요
> 매일 수염 자라나는 스무 살의 남자가,
> 어느 날 종로를 걸어가는데
> 그가 다가와 한 마디 한 거예요.
> 이것 봐 하룻밤 놀지 않겠어?
> 그리고 척, 담배를 피워 물었지요.
>
> 그것뿐이에요
> 요사이는 구질구질하지 않거든요
> 그리고 그녀는 그가 좋았어요
> 둘이 팔짱끼고 걷는 중에도
> 얼마나 많은 여자애들이
> 그를 찝적거리는지
> 한눈이라도 팔면 금방 그를 놓쳐버릴 듯했죠.
>
> —장정일, 「그녀」

 도시 공간을 다루고 있는 작품에서 또 하나 두드러지게 제시되는 문화 현상은 컴퓨터와 인터넷을 통해 구현된 가상공간(cyber space)에 대한 것이다. 하재봉의 「비디오/퍼스널 컴퓨터」는 이러한 현상을 다룬 초기 작품이라고 할 수 있는데, 최근 들어 컴퓨터 사용에 능숙한 젊은 시인들을 중심으로 이런 현상에 대한 시적 차용이 활발하게 이루어지고 있다.

> 내 개인적 삶의 흔적은
> 컴퓨터 파일 [삭제] 키를 누르기만 하면 사라진다
> 나의 하루는 컴퓨터 스위치를 올리는 것
> 그리고 끊임없이 기록하고 기억을 저장시키는 것
> 세계는, 손 안에 있다
> 나는 컴퓨터 단말기를 통하여 지상의 모든 도시와
> 땅 밑의 태양 그리고 미래의 태아들까지 연결된다
> 나의 두 눈은 환한 불을 켜고 있는 TV
> 나의 두 심장은 거대하게 돌아가고 있는 공장의 발전실
> 모든 것은 내 개인용 컴퓨터의 스위치를 올려야만 움직이기 시작한다
> 전기를 공급하는 것은 그러나 그대의 의지
> 나는 내 몸 속으로 힘을 공급해주는 누군가에 의해 사육된다.
>
> ─하재봉, 「비디오/퍼스널 컴퓨터」

그러나 최근 작품들의 현실인식은 하재봉이 제시한 1980년대 후반의 그것과 크게 달라지지 않았다. 시대는 엄청난 속도로 변화하고 있는데, 시인의 인식은 이를 따라가지 못하고 있는 것이다. 앞으로 이러한 경향이 단순한 유행이 아닌 시대에 대한 성찰로 발전하기 위해서는, 보다 깊이 있는 성찰과 반성이 필요할 것이다.

지금까지 살펴본 것처럼, 우리의 현대시에 표현된 도시 공간은 주로 물신적 산업이미지로 팽배한 일상성의 공간, 타인과의 깊이 있는 교감이 이루어지지 않는 자아분열적인 공간, 현실이 아닌 가상공간

속에서의 교류만이 이루어지는 닫힌 공간으로 나타났다. 이 경향의 작품들이 해체 혹은 포스트모더니즘적인 특징을 가지고 있는 것도 이러한 특징이 반영된 것이라 하겠다.

3. 자연 지형학적 상상력의 시

앞서 살펴보았던 도시 지형학적 상상력의 시들이 최근 들어 활발하게 나타나고 있다면, 자연 지형학적 상상력의 시들은 전통적으로 제시되어 왔다. 특히 동양적인 세계관에서 '자연'은 이상향의 모델이었으며, '무위자연(無爲自然)', '물아일체(物我一體)' 등의 어휘에서 나타나는 것처럼 조화와 안위의 공간으로 표현되었다. 이러한 견해는 서양에서도 나타나는데, 인간과 자연 사이의 균형을 발견한 시대에는 자연을 모방하는 구상적 양식이 주로 나타난다는 보링어(Wilhelm Worringer)의 견해가 대표적이다.

그러나 우리의 현대시에서 자연지향적인 작품들은 앞선 시대에서 나타난 것처럼 은둔과 무위의 공간이 아니다. 오히려 도시 문명의 거센 영향력에 떠밀려 낙오된 사람들의 공간, 파괴되기 직전의 위태로운 공간으로 표현된다.

  일이 끝나 저물어
  스스로 깊어가는 강을 보며
  쭈그려 앉아 담배나 피우고
  나는 돌아갈 뿐이다
  삽자루에 맡긴 한 생애가

이렇게 저물고 저물어서
샛강 바다 섞은 물에
달이 뜨는구나
우리가 저와 같아서
흐르는 물에 삽을 씻고
먹을 것 없는 사람들의 마을로
다시 어두워 돌아가야 한다.

— 정희성, 「저문 강에 삽을 씻고」

그러나 이러한 공간이 그대로 절망으로 인식되는 것은 아니다. 현실적인 상황은 분명히 비관적이지만, 시인들은 바로 그러한 공간에서 또 다른 에너지를 발견하고 있다. 그것은 1970년대 이후 이른바 '민중시'라고 명명되었던 일군의 작품에서 지속적으로 추구하고 있는 민중의 힘, 다시 말해 어울림을 통해 만들어지는 흥겨움이다.

못난 놈들은 서로 얼굴만 봐도 흥겹다
이발소 앞에 서서 참외를 깎고
목로에 앉아 막걸리를 들이키면
모두들 한결같이 친구 같은 얼굴들
호남의 가뭄 얘기 조합 빚 얘기
약장사 기타 소리에 발장단을 치다 보면
왜 이렇게 자꾸만 서울이 그리워지나
어디를 들어가 섰다라도 벌일까
주머니를 털어 색시집에라도 갈까

— 신경림, 「罷場」

이처럼 흥겨운 어울림이 이루어지는 것은 주로 도시의 대척적인 공간인 농촌이라고 할 수 있다. 도시에 살고 있는 인물들의 만남이 찰나적인 것에 비해서, 농촌에 살고 있는 인물들의 만남은 지속성을 바탕으로 이루어진다. 그들은 서로의 사연을 알고 거기에 공감하면서 동질화된다. 즉, 도시에서의 만남이 개인적인 감정에 국한되는 것이라면, 농촌에서의 만남은 집단적인 정서로 확산되는 것이다.

자연은 이처럼 생활의 공간이 되기도 하지만, 즉 사물 그 자체의 공간으로 표현되기도 한다. 여행을 떠나거나, 홀로 숲 속으로 들어가는 행위, 바다를 바라보는 행위 등은 모두 사물 자체로의 자연 공간을 대면하는 것이다. 이러한 공간은 작가에게 반성의 기회를 제공한다.

나는 저녁 구천동 길을 간다. 새들이 숲속으로 사라지고 무량의 시간들도 사라진다 돌아보면 길섶에서 모습을 감추던 기억도 이 시간에는 옷자락을 끌며 어디론지 사라진다 나는 발 밑에서 고요가 부서지는 소리 듣는다 사물들이 제각각의 소리로 중얼거리고 얼비치며 떠나간다 나는 고요의 깊은 속으로 들어간다

― 최하림, 「구천동 시론」

자연 속에도 고립이 이루어진다. 그러나 이때의 고립은 도시 공간에서 보였던 것처럼 타인과의 결별이나 자아분열을 의미하는 것이 아니다. 자연 속에서의 고립은 스스로를 되돌아보기 위한 반성이며, 궁극적으로는 타인에게 되돌아가기 위해 거쳐야 하는 통과의례가 된다. 여행이 삶의 공간을 떠나 깨달음을 얻고 다시 삶의 공간으로 돌아오는 행위인 것처럼, 자연 속에서 고립되는 것은 삶을 떠나 반성하고 다시 삶으로 돌아가는 일련의 행동이라고 하겠다. 그러므로 도

시에서의 고립이 타인과의 소통이 이루어지지 못하는 닫힌 공간을 확인하는 것이라면, 자연에서의 고립은 타인 혹은 주위의 사물과 끊임없는 소통이 이루어지는 열린 공간을 확인하는 것이 된다.

지금까지 살펴본 것처럼 도시와 자연은 서로 대척적인 위치에 놓인 공간이며, 이들이 만들어낸 시적 의미도 상대적이었다. 그러나 주의해야 하는 것은 이들은 서로 다르지만 또한 서로 영향관계를 주고받고 있다는 점이다. 인생의 가장 극단적인 대칭인 삶과 죽음이 그러한 것처럼, 도시와 자연은 서로 다른 공간이지만 이웃한 공간이다.

앞으로 이에 대한 다양한 논의가 이루어질 때, 문학지형학은 보다 분명한 의미망을 형성할 수 있으리라고 판단된다. 특히 여러 공간에 대한 구체적인 논의가 진행되고, 그 결과가 집적된 후에야 한국 현대시의 지형도가 완성될 수 있을 것이다.

김수복(단국대 교수)

2 1990년대 한국시의 공간과 그 전망

1. 들머리

  사람의 나날살이는 시간 흐름과 공간 배열 속에서 이루어진다. 시간과 공간은 사람의 존재를 가능하도록 해주는 기본 요소인 셈이다. 이러한 시간과 공간은 사회과정의 산물이면서 사회과정을 산출하는 요인이기도 하다. 물리적·추상적 개념이 아니라, 사람과 사람이 관계를 맺고 조직하는 사회적 행위 속에서 시간과 공간은 진정한 뜻을 지닌다.[1] 이를 시간과 공간의 사회성이라 일컫는다.
  그 둘 가운데서 공간과 공간적 사고의 중요성이 오늘날 더욱 강조되고 있다. 어지러울 만큼 다양한 반근대, 탈근대 담론이 대부분 근대의 선형적인 시간 모델―곧 마르크스 인식론과 근대화론으로 대

---

1) 김왕배, 「일상생활의 철학적 의미와 생활정치」, 한국공간환경연구회 편, 『세계화시대 일상공간과 생활정치』, 대윤, 1995, 25면.

표되는―에 대한 반성에 큰 바탕을 두고 있는 데서 이 점을 엿볼 수 있다.[2] 이제 공간은 시간의 단순한 고형물이 아니다. 사회 현실의 구체적 조건이며 사회적 요인이다. 르페브르의 말과 같이 공간은 사회적 산물인 것이다.

상징 재화 가운데 하나인 시가 이러한 사회 현실공간과 유비관계에 놓이는 것은 당연한 일이다. 시는 텍스트 바깥의 사회공간과 나란한 허구의 장소임과 아울러 자기지시적인 담론공간이다. 시인은 자신의 경험세계와 상상적 성찰을 빌어 이를 마련한다. 읽는이 쪽에서 볼 때 이것은 작품에 그려진 표상공간과 그려져 있지 않은 비현실 공간 사이를 맞추어 연속성을 되찾고자 하는 일이다.

이때 텍스트를 구성하고 있는 언어 기호는 읽는이와 비현실 공간의 경계면이 된다. 그러한 경계면이 사라지고 표상 공간을 감싸는 형태로 나타나는 비현실 세계의 확대야말로 읽기를 빌어 현동화되는 텍스트공간인 셈이다.[3] 우리가 눈으로 읽을 수 있는 유일한 공간이 이것이다. 이것은 가까이 시인의 개인적 가치에서부터 멀게는 사회·정치적 가치를 표현하는 세계 모델이 된다. 이를 빌어 시는 현실공간을 반영하지만, 달리 그것을 능동적으로 조절, 형성하기도 하는 것이다.

그런데 시의 공간을 짚어내는 마땅한 틀을 마련하기는 쉽지 않다. 일의 목표나 경우에 따라 그것이 달라질 수 있는 탓이다. 슐츠나 볼

---

[2] 오늘날 다양한 공간 분석 이론의 변화 과정과 그 대강에 대해서는 아래 글에서 잘 간추려 놓고 있다.
  김용창, 「공간 정치경제학의 전화과정 비판」, 『이론』, 12호, 새길, 1995.
  권정화, 「미로 속의 사회―공간 이론과 대중문화 연구의 유혹」, 『공간과 사회』, 5호, 한국공간환경연구회, 1995.
[3] 前田 愛, 『都市空間のなかの文學』, 筑摩書房, 1984, 13면.

노브가 이끌어 주는 실존적 장소론은 공간의 사회·정치적 문맥을 드러내는 데에는 모자람이 많다. 꼼꼼하게 따져 읽는 일 또한 쉽지 않다. 이 글에서는 도상공간과 기술공간 그리고 주제공간이라는 세 겹으로[4] 나누어 시의 텍스트공간을 살피려 한다. 왜냐하면 1990년대 우리 당대시에 나타나고 있는 뜻있는 공간의 국면과 그 전망을 두루 짚어보려는 이 글의 목표에 가장 걸맞는 방법으로 여겨졌기 때문이다.

2. 인쇄공간과 사이버공간의 거리

시는 일차적으로 볼 때 기호이며, 꼴이다. 쪽 배치와 같은 물리적 공간이다. 출판 공정으로 말미암아 만들어지는 글자 배열이나 글꼴과 같은 세부 또한 마찬가지다. 이러한 요소들을 아우르는 수준은 공간이 바로 도상공간(iconic space)[5]이다. 근대문학의 경우 이러한 도상공간은 곧 인쇄공간을 뜻한다. 읽는이들은 시각적으로 연결되는 인쇄공간을 여러 부분으로 나누어 지각하지만, 읽기를 되풀이하는

---

[4] Y.J.T. Mitchell이 간추려 놓은 문학 텍스트의 네 가지 공간 형식이라는 층위설에 따랐다. 다만 구조공간은 남겨두고 셋만 다루었다. 구조공간은 다른 자리에서 따로 떼 비중 있게 다루어야 할 일거리인 탓이다. 이러한 Mitchell의 분류는 Frye에 힘입어 문학공간 형식의 다양성을 살려낼 수 있는 일반론을 겨냥한 것이어서, 미국 당대소설의 공간 분석을 위해 마련한 Malmgren의 틀과도 서로 맞물려드는 점이 많다. 네 가지 공간 형식의 겹짜임으로서 단일한 텍스트공간을 이룬다고 본 Mitchell과 달리, Malmgren은 작품의 공간을 텍스트공간과 패러공간, 곧 독자의 공간으로 나눈 다음, 그 둘 가운데서 텍스트공간만이 서사공간과 서술공간으로 나뉘면서 하나의 겹짜임을 이루는 것으로 보았다.
W.J.T. Mitchell, 'Spatial Form in Literature : Toward a General Theory', The Language of image, The Univ. of Chicago Press, 1980.
Malmgren, Fictional Space in the Modernist and Postmodernist American Novel, Bucknell UP, 1985.
[5] Malmgren은 이것을 글자, 낱말, 쪽, 구성이라는 넷으로 나누어 살폈다.

과정에서 상상력의 작용에 따라서 그 부분들을 이어 맞추어 연속성을 되찾게 한다.

우리 시의 경우 도상공간 수준에서 크게 달라진 시기는 천구백칠십년대로 볼 수 있다. 글자 배열로만 볼 때 그 앞선 시기에는 세로쓰기가 큰 흐름이었다. 그 위에서 이저리 시줄을 끊어 가락글이 되도록 했다. 시집에 시를 얹을 때도 이 점은 마찬가지였다. 이 경우 시줄이 오른쪽에서 왼쪽으로 놓이고, 눈길은 수직 운동을 전제로 삼게 된다. 이러한 수직 배열은 알게 모르게 한쪽 안에 시줄을 적게 담을 수밖에 없도록 이끌었다. 그러다 보니 시집 한 권을 구성하는 작품 수는 많지 않아도 되었다.

그러나 천구백칠십년대를 지나서면서 시의 글자 배열은 가로쓰기를 큰 흐름으로 하게 된다. 왼쪽에서 오른쪽으로 수평 읽기를 중심으로 삼은 뒤, 위 아래 눈길 이동을 뒤따르게 해, 한 편의 시를 연속 공간으로 지각하도록 만든 셈이다. 우리 시의 평균 시꼴이 두루 길어지게 되는 데에 이 일의 이바지가 있었다. 게다가 현실주의 시의 전통이 내면화되는 데에도 이 일이 뒷받침된 것으로 여겨진다. 그러나 크게 보아 우리 현대시는 도상공간을 두루 활용, 탐색하여 그것을 시의 가능성으로 이끌어들이고자 한 노력을 많이 기울이지 않는 쪽이었다.

자, 다시
앞! 앞으로 나란히!
뒤! 뒤로 나란히!
위! 위로 나란히!
아래! 아래로 나란히!

자, 따라해!
엄마 어마
엄!마! 어!마
아! 빠! 아! 파?
아! 빠! 아! 파?
으잉? 이게?
찰싹! 아아아앙—
뚝! 뚜욱! 뚝! 못 하겠어?
다시 해봐
자, 천천히이
아아 빠아 나아 빠아
힘차게! 아! 빠! 나! 빠! 아빠! 나!빠!

— 정남식의 「아빠 수업」[6] 가운데서

    이 시는 제목 그대로 우리 시대 '아빠 수업'의 모습을 보여준다. 구성원의 동의를 얻지 못한 권위로 아랫사람을 누르려고만 하는 가부장권에 대한 알레고리다. 언제나 "말과 행동을 가르치기"만 하려는 '아빠'의 독단을 바로 진술하지 않고 도상 처리에 기대 드러내고자 했다. 먼저 그것은 느낌표와 물음표의 빈번한 사용에서 찾을 수 있다. 쪽의 여백 처리가 새로워진 것은 당연한 일이다. '엄마', '아빠'라는 낱말을 '어마', '아파', '나빠'와 같이 바꿔치기 하여 낱말을 겹으로 읽히도록 한 데서도 그 점을 찾을 수 있다. 글꼴을 바꾼 일 또

---

6) 정남식, 『시집』, 문학과지성사, 1990.

한 마찬가지다.

  그러나 이 경우, 읽는이들의 시지각을 썩 낯설게 만들 만한 도상효과에 이르고 있지는 않다. 적극적으로 말장난을 쳐 본다든가, 월을 뒤틀어 버리거나, 글자의 물리적 자질을 엉뚱하게 이끌고자 한 의도는 보이지 않는다. 아직까지 우리 시는 글자와 낱말들을 쪽 위에 이질적으로 뿌려놓음으로써, 인쇄공간을 변혁하고자 하는 일에는 소극적이다. 그런 만큼 나아갈 자리는 오히려 더 많이 열려 있는 셈이다.

    파일을 열고 들어간다
    명조체의 강이 흘러나온다
    수평을 곡선으로
    강의 모양새를 조절한다
    잿빛은 축소 투명함 선택
    기름띠 제거 오물 삭제
    숨은 폐기물 지우기
    강물의 속도 조절
    (↑)위로 위치 이동
    물새 불러모으기
    갈대와 바람 수초 원 위치
    젖은 비비추 냄새 입력 불가
    강의 소리 통신 받아야
    수면 위 물잠자리 집중 조명
    강물에 떠 있는 낮달 언뜻언뜻
    강물에 풀어지는 길 탐색
    귀향하는 사람들 확인

모니터 밖으로 강이 넘쳐 난다
  무너미*의 사람들 확대
  강쪽으로 창문을 낸다
  강에게 명령한다
  거꾸로 흐르기 일어서기
  튀어오르기 날아가기
  높이 세운 장대 끝으로
  강이 흘러간다

*무너미 : 마을 이름

— 공혜경의 「강」[7]

 오늘날 도상공간에 나타난 커다란 변화는 시의 생산과 유통 과정에 정보 영상 기술이 도입되고, 그에 대한 욕구 또한 더해 가고 있는 데서 말미암는다. 옮긴시는 컴퓨터의 모니터 공간을 시의 얼개로 삼았다. 단순한 글감으로 컴퓨터를 끌어들이는 데서 한 발 더 들어섰다.[8]
 시인은 모니터 공간 안의 한줄 한줄을 "강"으로 유추하며 그 흐름을 글쓰는 일에 빗대었다. 현실공간과 가상공간의 위계가 뒤바뀌고, 경계조차 무너지고 있다. 우리가 겪고 있는 발 빠른 공간 경험의 변화를 잘 보여주고 있는 시다. 그러나 도상공간에서 볼 때는 아직까

---

7) 공혜경, 『연근무늬 밖 세상』, 나남출판, 1998.
8) 컴퓨터와 시 사이의 결합은 여러 가지 형식으로 드러날 수 있다. 첫째는 컴퓨터를 시 속에 단순히 글감으로만 끌어들이는 것, 둘째는 컴퓨터를 사용하는 이들의 의식이나 행태가 깊이 드러나는 것, 셋째는 컴퓨터 자체의 활용으로 시가 이루어지는 것, 넷째는 컴퓨터가 주제로 드러나는 것과 같은 형식이 그것이다. 낱낱의 형식에 맞는 작품의 보기를 모두 들지는 않았지만, 따로 짚어둘 일은 낱낱의 형식들이 뒤섞여 상승적으로 드러난다는 점이다. 그런 까닭에 앞으로 도상공간의 변화와 다양성의 폭은 이제껏 오랫도록 자동화되어 온 인쇄공간이 보여준 바와는 비교하기 힘들 정도로 클 것임에 틀림없다.

지 인쇄공간의 전통을 따르고 있을 뿐이다.[9]

정보기술은 기계기술에 뒤이어 사람의 소통방식뿐 아니라 삶까지도 혼란스럽게 뒤바꾸고 있다. 컴퓨터를 이용한 정보 처리와 컴퓨터망에 따른 사이버공간, 정보사회의 사회학적 전망에 대해서 여러 물음이 엇갈리게 되는 것은 당연한 일이다.[10] 무정부적인 자유로움과 실험이 용인되는 광범위한 쌍방향 매체, 컴퓨터망 안에서 이루어지는 시쓰기에 대해서도 마찬가지다. 그러나 분명한 점은 적어도 모든 시인들에게 무척 낯선 변화와 반성을 요구하게 될 것이라는 사실이다.[11]

---

9) 장경기가 짓고 연출한 비디오시집, 이른바 '멀티포임'『몽상의 피』나『書言』은 오늘날 시의 창작과 향유에 다매체를 이용하고자 하는 노력을 엿볼 수 있는 한 본보기가 된다. 그러나 이 경우에도 비디오시와 가까운 거리에 있는 예술 애니메이션을 넘어설 수 있는 가능성은 많아 보이지 않는다.
　장경기,『夢想의 피』, 한국문연, 1998.
　＿＿＿,『書言』, 한국문연, 1998.
10) 가장 빈번하게 맞닥뜨릴 물음은 과연 사이버공간이 후기자본주의 상업 권력의 지배와 정보 제국주의를 가속화시킬 것일까, 아니면 보다 많은 공중에서 지식 정보의 접근과 교환을 마련해주며 정보민주주의 · 문화민족주의를 이루어나갈 것인가 하는 문제일 듯싶다.
11) 다양한 특성과 쟁점들이 문제될 것이다. 문학과 테크놀러지의 관계를 문학공학이라는 관점 아래 펼치고 있는 이동연은 그 점을 주체 구성과 생산 방식, 그리고 시장방식이라는 세 쪽에서 살피고 있어, 시의 경우에도 많은 도움이 된다. 그의 생각을 줄여 보이면 아래와 같다. 첫째, 주체 구성 방식의 문제다. 사이버공간 속에서 주체는 전통적인 창조자로서의 작가가 아니다. 그렇다고 주체가 작품이거나 수용자가 되는 것도 아니다. 오히려 작품의 생성과정이 그것의 생산과 유통 과정에 참여하는 요소들에 따라 복합적으로 구성되는, 곧 주체가 없는 주체 과정이 주체가 된다. 일종의 상상적인 주체가 되는 셈이다. 이 점은 근대 도시에서 주체가 개인적 정체성으로 이루어진 육체의 흔적을 요구하는 것과 크게 다르다. 사이버공간의 주체는 익명성이 보장되는 속에서 타자화된 형태로 정체성을 이리저리 재구성할 수 있는 것이다. 둘째, 문학 생산 방식의 탈신비화 문제다. 전통적인 문학주의 관점에서 볼 때 텍스트는 언제나 창작 행위에 뒤따르는 것이다. 따라서 텍스트가 생산되는 과정에 대한 탐구는 흔히 문학론의 대상이 아닌 것으로 여겨졌다. 문학 생산에 대해 신비화가 이루어진 것은 당연한 일이었다. 그러나 이제 문학에서도 텍스트로 감성화되는 과정에서 생성될 수 있는 수많은 장치들, 사용기법들, 기능적 배치들이 얼마나 중요한 것인가를 외면해 버릴 수 없게 되었다. 문학이 생산되는 방식에 대한 질문이 새로이 나타나게 된 셈이다. 셋째, 시장 방식이다. 이제 문학도 상징 자본일 뿐 아니라, 구체적인 시장 형태라는 생각을 받아들여야 한다는 점이다. 물론 문학과 정보 기술의 만남이 마침내는 상업, 독점 자본만을 이롭게 할 것이라는 우려가 없는 것도 아니다. 그러나 더 문제가 되어야 할 점은 문학이 시장의 하나로 발전해온 객관적, 사회적 존재 형태를 보지 않으려는 반시장적 자세이다. 시를 포함한 문학 시장 자체의 기능과 그것의 확대는 우려할 성질의 것이 아니다. 요체를 얻은 생각이라 할 만하다.
　이동연,「테크놀러지, 문학기계, 감수성의 생성, 실천에 대하여 : 문학에 대한 문화공학적 질문들」,『문화과학』 14집, 문화과학사, 1998, 134~139면.

인쇄공간과 달리 언제든지 수정이 가능한 까닭에 텍스트와 글쓴이 사이에 이어져왔던 긴밀한 관계가 망가질 일은 작은 시작에 지나지 않을 것이다. 집단창작이 더욱 쉬워지고, 여러 글들의 짜깁기와 빌려오기, 융합과 해체, 재해석이 자유롭게 뒤따를 것이다. 나아가서는 과연 쓰기 방식에 대한 통제가 가능할 것인가 하는 물음까지 갖게 될 것이다. 왜냐하면 일종의 자기파괴 체험까지 보여줌으로써 글쓰기의 원본성, 진정성, 개별성의 흔적은 마냥 사라져 버릴 것이기 때문이다.

그러나 아직까지 우리 사회에서 사이버공간의 시쓰기는 인쇄공간을 확대, 재생산하고 있는 소극적인 수준에 머물고 있다. 동영상을 구현하는 데에도 이르지 않았다. 머지 않아 더욱 많은 사이버시 동호인 모임, 소수이나 광적인 매니아들이 생겨나, 새로운 시의 환경과 양태를 마련해 나갈 것이다. 그럴 경우 도상공간이 마주할 발 빠른 변화는 섣불리 예상하기 쉽지 않다.

바르트의 생각을 흉내내 말하자면 이제 '읽히는' 작품, 곧 인식 가능한 전통 약호들을 따르는 작품들 대신에 우리의 기대를 저버리는 '읽히는 않는' 작품들, 우리가 어떻게 읽어야 할지 모르지만, 단지 쓸 수 있고 씌어져야만 하는 '시행위'들이 새로운 모델로 떠오를 것은 분명하다. 그것이 새로운 미학 생성의 전위가 될지, 변두리로 밀려나고 있는 근대 인쇄시의 마지막 분열증이나, 자기만족을 사물숭배로 마감될지는 멀리 두고 볼 일이다.

3. 도시공간과 장소의 지지학

기술공간(descriptive space)은 텍스트 안에 재현되거나 모방되는 공간을 뜻한다. 이것은 읽는이들이 텍스트 읽기라는 시간 경험을 거치면서 마음속으로 열어나가야 할 이미지 공간이다. 그것은 좁게는 하찮은 장소나 지역에서부터 우주 영역에까지 걸치기도 한다. 합리적이고 연속적일 수도 있으나, 때로는 파편적으로 재현·변형되기도 한다. 기술공간은 작품 속에 생성되는 상상적 허구공간이면서 일상 현실 공간과 따로 떨어지지도 않는다.

시에 있어서 이러한 기술공간은 말할이의 감각이나 정서, 언술과 행위 뿐 아니라 그것을 일으키는 배경이나 환경으로 짜여진다. 읽는 이들은 흔히 그 텍스트가 자신이 경험하는 현실과 밀접한 유사성이 있고, 말할이에게서 친근감을 얻을 수 있게 되기를 기대하는 것이다. 이제 기술공간 수준에서 주요 현안이 될 만한 점을 서로 맞서는 듯이 보이는 도시성과 지역성이라는 두 문제로 좁혀 두고 살피기로 한다.

오늘날 도시성은 균일화와 세계화를 내걸고 한결같이 거시적인 보편성을 얻고 있다. 시골, 도시 어디라 할 것 없이 도시의 삶이 모방 척도가 되었다. 대중매체가 꾸며 내놓는 도시모델을 갈망하는 농민들과, 도시의 긴장에 싫증이 나서 전원을 꿈꾸며, 그로 말미암은 욕구 불만으로 상처받은 도시인들이 뒤섞인 양상이다. 어느덧 도시공간은 자신의 생존만을 위해 몸부림칠 뿐인 커다란 괴물이 되어 버렸다.

그 괴물은 자본주의 사회에서는 자본 축적의 장이며, 그를 위한 물적 토대다. 상품생산을 위한 자본과 그 생산과정에 직접 참여하는 노동의 집합소며 집이나 땅, 교통과 같은 생활수단이 공급되는 공간이다. 사회적·정치적 재생산뿐 아니라, 경제적 재생산을 위한 바탕이다.[12] 게다가 도시는 일상적 상품소비가 이루어지는 문화공간이며, 이를 반영하는 경관들이 만들어지는 소비공간이기도 하다.

이제 도시의 상품 소비는 물질적 욕구 만족에서 벗어나 정신적 소비와 사회적 소비로 바뀌었다. 재화 소비 차원을 넘어선 상징의 소비, 기호의 소비로서 그 자체가 의식과 행동을 규정짓는 요인으로 올라섰다. 이와 아울러 강화되는 것이 흘러 넘치는 영상매체다. 상품 판촉을 위한 광고와 영화, 텔레비전, 비디오 들이 쏟아내 놓은 문화산업의 산물은 우리 사회를 갖가지 소비 이미지로 가득 차게 만들었다.

따라서 오늘날 도시인들은 어디에서도 엄밀한 뜻에서 안공간(inner space)이라고 일컬을 만한, 진정한 친밀체험의 장소에 깃들지 못하고 있다. 거리는 물론 집으로 돌아와서도 안방까지 침투한 소비문화의 영상과 그 위세에 짓눌려 있을 뿐이다. 공공영역을 꾸며댄 채 갖가지 사적 자본이 침투·확대되고 있는 것이 오늘날 도시경관의 핵심적인 모습이다. 온 도시가 하나의 쇼윈도처럼 꾸며지고 있다 해서 지나친 말이 아닐 정도다.

그러다 보니 소비공간이 모여 만들어내는 거리가 또 다른 소비공간이 된다. 거리를 만들어나가는 상점, 건물의 앉음새와 꾸밈새, 간판과 전광판, 나아가 거리를 오가는 사람들까지 소비의 대상이다.[13]

---

12) 최병두, 「자본주의 도시공간의 정치경제학」, 『문화과학』 5집, 문화과학사, 1994, 166면.
13) 권정화, 「미로 속의 사회-공간 이론과 대중문화 연구의 유혹」, 『공간과 사회』 5호, 한국공간환경연구회 편, 1995, 106면.
14) 소비사회란 크게 보아 소비를 위한 생산이 이루어지며, 생산을 위한 창조적 당위성이 주장되는 사회를 뜻한다. 이 속에서 창조-생산-소비-창조-생산-소비의 순환은 점점 더 빠른 속도로 되풀이된다.
A Mole, 엄광현 역, 『키치란 무엇인가(Pshchologie du Kitsch)』, 시각과 언어, 1995, 19면.

이런 점에서 볼 때 우리 사회도 어느덧 이름에 걸맞는 소비사회[14]로 들어섰다. 우리 당대시가 이러한 소비사회의 도시적 가치를 두고 긍·부정의 드라마를 한껏 펼치고 있는 것은 당연한 일이다.

보름 전 꿈.
대구 피난 시절
칠성동 미군 부대에서 받아온 양담배 초콜릿 껌 좌판
한꺼번에 순경들이 내동댕이치고
동생이 울고
흙탕 위에 흩뿌려진 원색의 상품들.
아 저 황홀, 잭슨 폴록!

상품(商品)이여, 해방된 상품이여.

— 황동규의 「꿈」[15]

한 남자가 줄에 매달려
백화점 벽에 그림을 그린다
팬지 튤립 장미 아이리스
카나리아와 태극나비를
그 원색들과
마네킹의 연두빛 옷에서
봄이 꾸며진다
봄맞이 바겐세일이라 쓴 현수막이 펄럭인다

---

15) 황동규, 『황동규 시전집 Ⅱ』, 문학과지성사, 1998.

할인되어 팔리는 봄의 것들
우리도 세상에 매달려
그네 타듯이 무엇을 칠한다
흔적을 세상에 남기고 있다
얼굴로 이름으로 목청으로
대할인 기간에 흔들리며
할인되어서

— 공혜경의 『봄』[16]

　황동규는 지나간 기억 속의 사건을 빌어 소비상품에 대한 새삼스러운 깨달음을 얻고 있다. 몹시도 가난했던 "대구 피난시절" 말할이의 동생이 "미군 부대에서 받아온 양담배 초콜릿 껌"은 생존과 다름없는 무게를 지닌 것이다. 땅바닥에 "흩뿌려진 원색의 상품들"이야말로 실존 조건이었다. 그러한 뜻을 "저 황홀"이라는 역설적인 말씨 속에 담았다. 그러나 오늘날 소비사회의 상품은 이미 떠도는 욕망의 기호에 지나지 않는다. "해방된 상품이여"라 외쳐대는 말할이의 탄식은 아랑곳 없이 상품은 이제 자유롭게 스스로를 "해방"시켜 버렸다.
　뒤에 따놓은 「봄」은 그러한 상품들이 전형적인 파노라마를 연출하고 있는 소비공간, 곧 백화점의 바깥 경관을 그렸다. 이 일을 빌어 "바겐세일"된 상품의 소비자였던 시민들이 어느새 거꾸로 "할인되어서" 팔리는 상품으로 전락해 가는 소비사회의 참담함을 일깨우고자 했다. 우리 당대시는 이렇듯 도시 소비사회가 엮어내는 삶의 속

---

16) 공혜경, 『연근무늬 밖 세상』, 나남출판, 1998.

내를 주요 동기로 삼고 있다. 나아가 화려한 도시스펙터클까지 다루어 나갈 것임을 짐작하기는 어렵지 않다.

도시스펙터클은 겉으로 드러나는 광경이나 볼거리만을 뜻하지 않는다. 그 시대의 지배적인 생산양식의 산물이자, 총체적인 경제·사회 구성체의 논리가 작용하는 상징 기호다. 스물네 시간 편의점, 다국적 음식점들이 들어선 상가 건물이나 상업광고들로 이루어진 상업스펙터클이 도시를 차지하기 시작한 때가 천구백팔십년대 후반부터였다. 천구백구십년대에 이르러서는 정보통신기술에 힘입은 전자스펙터클이 지배적인 것으로 자리잡기 시작했다.[17]

이제 도시스펙터클은 우리 의식을 지배한 채, 상품 광고효과를 극대화시키며 화려하게 도시를 뒤덮고 있다. 그러나 그 뒷쪽에는 집 없이 떠도는 사람들의 굶주린 몸과 마음이 한번 쓰고 버린 쓰레기처럼 버려지고 있음을 사람들은 안다. 우리의 시인들은 어떤 방식으로든 도시 소비공간과 도시스펙터클에 대응하는 강도 높은 공간의 실천을 거치지 않을 수 없을 것이다. 문학은 궁극적으로 경관의 반영이나 예시[18]라는 점은 거듭 강조되어도 좋을 것이다.

기술공간 수준에서 도시성과 건너선 미시의 자리에서 당대시가 품어나갈 다른 주요 현안은 지역성 문제다. 오늘날 지구화는 거꾸로 지역화를 이끈다. 하비가 주장한 말이다. 그 까닭은 첫째, 급격한 시·공간 압축으로 말미암아 시간과 공간의 장벽이 덜 돌출하면 할수록, 장소 변화에 대한 정부나 기업, 일반 공중의 민감성이 더욱 커져가는 데에서 찾을 수 있다. 어떤 지역이나 장소가 지닌 행정, 역

---

17) 이무용, 「도심 속의 전자스펙터클」, 『문화과학』 14집, 1998, 228~229면.
18) K. Mitchell, 'Landscape and Literature', Geography and Literature, W. E Mallory and P. Simpson-Housley, Syracuse Univ. Press, 1987, p.23.

사, 물리적 환경과 같은 것의 특수성이 더욱 중요해지는 것이다.

둘째, 지역은 그 특징에서 복잡하다. 예사 사람들은 자신의 지역이나 향토에 대해 다양하고 복잡한 감각과 이해를 보여준다. 이 말은 지역적으로 이루어질 여러 가능성에 대해 지역민들이 중대한 영향을 미친다는 뜻이다. 지역이 지닌 중요성이 더해진다.

셋째, 지역은 이제 단지 머물러 사는 곳일 뿐 아니라, 방문하게 되는 장소로 바뀌었다. 지역의 경쟁력은 부분적으로는 자본과 여행의 시·공간 압축에서 비롯된다. 그에 따라 많은 장소들은 어쩔 수 없이 투자, 노동자, 관광객을 끌어들이기 위해 경쟁할 수밖에 없게 된 셈이다.[19]

이제 지구화와 더불어 지역화, 곧 지구방화(glocalism)가 문제된다. 각별히 포스트모던 지리학에서 말하는 것[20]처럼, 드넓은 공간 영역에 걸쳐 전개되는 사회관계는 더욱 더 개별 지역의 특수성과 나눌 수가 없을 것이다. 지역들 사이의 통일성과 확실성을 내세우기보다는 오히려 지역들 사이의 다양성과 모호성, 그리고 비일관성을 받아들이게 될 것이다.

그러므로 지역과 지역 사이의 차이와 대조가 문제된다. 이 경우 차

---

19) S. Lash and J. Urry, 박형준·권기돈 역, 『기호와 공간의 경제(Economies of Signs and Space)』, 현대미학사, 1998, 443~446면.
20) 포스트모던 지리학이 다루는 핵심 요소를 전제로 하여 Barney Warf 는 지역성(지방성)이 문제틀로 떠오르게 된 까닭을 네 가지로 간추리고 있다. 줄여 보이면 아래와 같다. 첫째, 일반적인 큰이야기들과 달리 사회구성체 안쪽과 그들 사이의 풍부한 차별성을 올바로 잡아내려 하는 흐름이다. 둘째, 맥락성이다. 지식은 역사적으로 특수한 것일 뿐만 아니라 지리적으로도 특수한 것이어서 모든 설명도 지역과 장소의 고유한 특성에 맞게 구성되어야 한다는 점이다. 셋째, 우연성이라는 사람의 의도와 의식을 강조하는 탓이기도 하다. 넷째, 지식과 권력의 연결 고리를 알아채는 비판성에도 말미암는다. 곧 모든 설명은 기존의 이익을 정당화시켜 주는 것임을 자인하는 것이다. 이러한 관점 아래 지역성 문제는 필연성과 우연성, 추상적인 것과 구체적인 것, 그리고 지역적인 것과 범세계적인 것 사이의 관계에 대해 활발한 논의의 자리를 열어 놓았다.
Barney Warf, 손명철 역, 「포스트모더니즘 지방성 논쟁」, 『공간과 사회』, 5호, 한울, 1998, 162~164면.

이와 대조의 문제란 바로 포섭하고 배제한 결과라는 점에서 중요하다.[21] 지역의 문제가 권력이 작동하는 정치의 문제임을 일깨워 주고 있는 셈이다. 따라서 우리시도 이제 지역에 대한 관심을 빌어 사회공간 안쪽의 미세하고도 풍부한 차별성과 특이함을 찾아내는 장소의 지지학(topography), 공간의 정치를 넓혀나가야 할 터이다.

> 안정사 옥련함 낡은 단청의 추녀 끝
> 사방지기로 매달린 물고기가
> 풍경 속을 헤엄치듯
> 지느러미 매고 있다
> 청동바다 섬들은 소릿골 건너 아득히 목메을 테지만
> 갈 수 없는 곳 풍경 깨어지라 몸 부딪쳐 저 물고기
> 벌써 수천 대접째의 놋쇠 소릴 바람결에
> 쏟아 보내고 있다
> 그 요동으로도 하늘은 금세 눈 올 듯 멍빛이다
> 이 윤회 벗어나지 못할 때 웬 아낙이
> 아까부터 탑신 아래 꼬릴 끌리는 촛불 피워놓고
> 수도 없이 오체투지로 엎드린다
> 정향나무 그늘이 따라서 굴신하며
> 법당 안으로 쓰러졌다가 절 마당에 주저앉았다가 한다
>
> 가고 싶다는 인간의 열망이
> 놋대접풍으로 쩔렁거려서

---

[21] 지도가 실제의 현실공간을 드러낼 뿐 아니라, 오히려 현실공간에 대한 배제와 누락의 결과물임과 같은 이치다.

그리운 마음 흘러 넘치게 하는
바다 가까운 절간이다

― 김명인의 「안정사(安靜寺)」[22]

　이 시는 경상도 고성지역에 있는 예절 안정사[23]라는 특정 장소를 다루었다. "바다 가까운 절간"인 안정사와 그 둘레 경관을 절집의 "풍경"소리에서부터 "청동바다" 소리로 나아갔다 되돌아드는 소리 이미지와 활달한 상상력을 빌어 아름답게 그렸다. 뛰어난 변용 능력이다. 그럼에도 불구하고 이 작품은 구체적인 사회 현실공간으로서 안정사가 지닌 바 더 많은 아름다움과 그 가능성을 죄다 보여주고 있는 것은 아니다. 그것은 무한히 열려 있다. 안정사라는 장소에 대한 이러한 장소의 지지학이 우리에게 가르치는 것은 지식뿐 아니라 창조적 상상마저도 그저 주어지는 것이 아니라 힘써 구성되는 것이라는 점이다.
　기술공간 수준에서 볼 때 앞으로 우리시는 도시 소비공간의 나날살이와 다양한 생존 갈등의 드라마를 담아내는 일에 적극 앞설 것이다. 계급이나 자본, 국가와 같은 큰이야기에 의해 불균등하게 실현된 공간 인식에서 벗어나 개별적인 지역이나 장소의 지지학에 기울일 다양하고도 섬세한 관심 또한 마찬가지다. 값 있는 재현 공간, 공간민주주의의 실현은 이에 말미암을 바 클 것이다.

---

22) 김명인, 『바닷가 장례』, 문학과지성사, 1997.
23) 안정사에 대한 더 나아간 역사지리학적 이해를 얻고자 하는 이들은 아래 글에서 도움받을 수 있다.
　　정정헌, 「안정사의 문화유물」, 『지역문화연구』 2호, 경남지역문학회, 1998.

4. 대중시와 생태시의 주제공간

시 공간의 마지막 수준은 주제공간이다. 이것은 흔히 합리적이고 연속적일 것을 요구하는 쪽으로 자동화되어 있는 우리의 작품 읽기가 맨뒤에 수렴하는 자리다. 주제공간은 텍스트의 물리적 공간, 재현하고 있는 세계나 감각적인 묘사 공간과는 다르다. 더 밑바닥에 놓여 있는 근본 얼개가 이것이다. 주제공간이란 단순한 형식 원천이 아니라, 특별한 방법으로 이 세계에 관하여 말해진바, 작품 뒤에 숨어 있는 커다란 형이상학이나 이데올로기라 할 만하다.

그러나 이것은 짧은 시간에 한 작품의 전체를 보고 그것을 한 언어로 진술하려는 불가능한 일과 맞물려 있다. 왜냐하면 한 작품의 주제란 텍스트 전체에 해당하는 것이라기보다는, 그것을 읽어내는 한 전체 관점에 대한 것일 수밖에 없기 때문이다. 그리고 그것은 마땅히 거듭되는 독서과정에서 달라지기 마련이다. 주제공간을 합리적인 고정체계, 추상적인 공간 등가물로 옮기기 어려운 까닭이 여기에 있다.[24]

주제공간과 관련하여 우리 당대시에서 주요하게 다루어져야 할 것으로 글쓴이는 둘을 들고자 한다. 대중시와 생태시가 그것이다. 대중시라는 주제는 이제껏 활발하게 공론의 자리에서 다루어져 온 대중문화론과는 사정이 달랐다. 변변한 관심을 얻어본 적이 드물다. 그럼에도 불구하고 우리시에 넓고 깊게 자리잡고 있는 흐름 가운데 하나가 대중시라는 점에는 의심할 여지가 없다.

---

24) W.J.T.Mitchell, 'Spatial Form in Literature: Toward a General Theory', The Language of image, The Univ. of Chicago Press, 1980, p.285.

대중문화와 마찬가지로 대중시를 간단하게 내쳐버리는 일은 어렵지 않다. 내용 쪽으로는 평균 취향을, 세속적인 것만을 좇아가는 감상성과 상업성을, 대상 쪽으로는 단조로움과 도식성을 비난하면 될 터이다. 기능 쪽으로는 도피적인 데다 지배권력의 강화에 이바지한다고 편잔을 퍼부으면 될 일이다. 이제까지 대중시가 공론의 자리에서 심각하게 다루어지지 못했던 까닭은 널리 퍼져 있는 이러한 눈길에 말미암은 바 크다.

　그러나 받아들이려는 쪽에서 보면 대중시란 알게 모르게 많은 사람들이 즐겨왔고 즐기고 있을 뿐 아니라, 손쉽게 대중의 참여를 이끌어낼 수 있는 민주적 양식이다. 평균적인 취향과 감각을 드높여 고급한 작품으로 통합시킬 수 있는 대리만족, 계몽기능 또한 값진 일이다. 읽는이 쪽에서 본다면, 대중시는 대충매체의 가벼운 저널비평이나 풍문에 따라 작품을 선정하는 '평범한 독자(Plain Reader)'나, 사적 공간에서 자기만족만을 위해 작품을 가려 읽는 '통속 독자(Paperback Reader)'가 주요 소비자가 된다. 작품의 독창적 값어치나 명성을 좇아 작품을 가려 읽은 '심각한 독자(Serious Reader)'[25]와는 인연이 멀다. 그래서 오늘날 대중시는 교실 바깥에서, 여학생의 일기장 한 쪽 귀퉁이에서, 사랑하는 이에게 보내는 편지지 위에 갇힌 채 드넓은 아비투스로 작용하고 있다.

　그 성격이나 기능이 무엇인가 하는 긍·부정의 논리에 관계없이 이미 대중시는 대중문화의 한 하위 영역으로, 괜찮은 문화산업으로서 문학시장에서 중요한 자리를 차지하고 있다. 요즘에 이르러 대접도

---

25) 취향(taste)에 따라 읽는이를 가르고 있는 Thomas J. Roberts에 따랐다.
　　Thomas J. Roberts, An aesthetics of funk fiction, The Univ. of Georgia Press, 1990, pp.31~33.

많이 달라졌다. 가장 눈에 띄는 점은 도심의 대형서점에서 이른바 정통시, 고급시들을 밀어낸 채, 떳떳하고도 흔들림 없을 자리를 마련한 데 있다. 이러한 지위 상승은 문화산업의 강세나 대중매체 환경의 확대와 더불어 더욱 속도가 붙으리라 여겨진다. 널리 사랑받고 있음에도 불구하고 내놓고 말하지 못했던 대중시에 대한 눈길이 필요한 때이다.

> 내가 너를 생각하는 시간만큼
> 너도 나를 생각한다면
> 내가 너를 사랑하는 시간만큼
> 너도 나를 사랑한다면
> 그렇진 않더라도
> 가끔씩 나를 떠올린다면
> 신촌에서 공중전화 걸다가
> 문득 그 슬픈 까페를 떠올린다면
> 그래서, 그 날
> 너의 일기장 한 모서리에
> 내 이름 석 자 새겨진다면
> 얼마나, 얼마나 좋을까
>
> — 신진호의 「얼마나 좋을까 1」[26]

내가 그대를 사랑하지 않는다면
지금 당장 내 목을 베어 가십시오

---

26) 신진호, 『친구가 화장실에 갔을 때』, 혜진서관, 1990.

내가 그대를 사랑하지 않는다면
베어낸 내 목을
평생토록 베게로 삼아주십시오
그래도 내가 그대를 사랑하지 않는다면
다시 칼로 베개를 내려쳐주십시오
눈 내리는 그믐 날 밤
기차역 부근에서
내 마음속의 마음이 말했습니다

― 정호승의 「내 마음속의 마음이」[27]

앞에 따놓은 시는 천구백구십년대에 들어 제도비평 바깥에서 꽤나 사랑을 받았던 신진호의 시집 가운데서 골랐다. 이와 달리 뒤에 올린 작품은 이른바 서정성과 사회성을 잘 결합시켜 완성도 높은 시를 쓰는 시인으로 일컬어지고 있는 정호승의 것이다. 대중시가 통속적이라 널리 비난받게 되는 주제 가운데 하나가 흘러 넘치는 남녀 사이 사랑타령이다. 그런 점에서 이 둘은 틀에 박히고 부풀린 사랑타령에 한결같아 서로 달라보이지 않는다.

신진호의 작품에서 통속성은 사랑이라고 하는 보다 포괄적이고도 깊은 주제를 매우 한정적이고 자폐적으로 다루고 있는 데서 나타난다. "문득 그 슬픈 까페를 떠올린다면/그래서, 그 날"에서 엿보이는 바, '그'로 일컬음을 받고 있는 사적 체험공간은 말할이가 지닌 바 사랑의 느낌을 읽는이들에게 일깨우는 데에는 오히려 장벽으로 작용한다. 하찮은 사랑을 떠벌림으로서 얻게 되는 억지스러움만 남겨 준다.

---

27) 정호승, 『사랑하다가 죽어버려라』, 창작과비평사, 1997.

정호승의 작품도 읽는이들에게 억지스러움을 주기에는 마찬가지다. "내가 그대를 사랑하지 않는다면"이라는 조건을 내걸어 놓고, "당장 내목을 베어" 가거나, "베어낸 내 목을/평생토록 베개로" 삼든지, 그래도 "그대를 사랑하지 않는다면/다시 칼로 베개를 내려쳐" 달라고 한 직접 진술은 작위적이고 틀에 박힌 부풀림으로 읽힐 뿐이다. 오로지 내포시인 '정호승'이라는 상징 권력만이 아슬아슬하게 이 시를 신진호의 통속성과 나누어 주는 경계로 남아 있다.

그러므로 이 두 시를 정통시와 대중시, 고급시와 통속시라는 틀 안에다 그대로 가두어 두고서 이해하려 할 때는 어려움이 따른다. 왜냐하면 권력이란 그것을 권력으로 받아들이는 이들에게만 뜻있을 따름이고, 또 시의 경우 그 힘은 영화나 만화 같은 인접 대중문화 갈래에 견주어 비교할 바 없이 적기 때문이다. 신진호의 작품을 놓고 손쉬워진 출판산업 환경을, 정호승의 작품을 놓고 불순한 상업적 동기를 비난하고 말 일이 아니다.

오히려 두 시가 한결같이 드러내고 있는 자기만족적인 사랑과 부풀린 분위기야말로 우리가 겪고 있는 가장 흔하고도 직접적인 사랑의 경험일 수 있다는 사실에 눈길을 돌릴 필요가 있다. 평범하고 통속적인 주제야말로 어찌보면 가장 진실에 가까울 수 있다. 주의해야 할 일은 통속적인 자질을 너무 진지한 잣대로 재려는 버릇이다. 통속적인 것은 통속적인 잣대로 재야 할 것이라는 인식 전환이 필요한 때다.[28]

게다가 우리가 시를 빌어 겪는 통속성은 실제 우리가 겪고 있는 현실의 통속성에 견주면 그 강도나 범위에서 아무것도 아닐 수 있다.

---

[28] 우리 쪽에서는 대중예술의 통속성과 관련된 여러 쟁점들에 대해서 두루 따져들고 있는 아래 책이 대중시를 이해하는 데에도 많은 도움을 준다.
박성봉, 『대중예술의 미학』, 동연, 1995.

그러하니 통속적인 주제를 빌어 대중들이 빠져드는 백일몽과 도피의 즐거움이 도덕적으로든, 마냥 미학적으로든 비난받아야 될 까닭은 없다. 오히려 살아가기 힘든 세상을 에둘러 살아가기 위한 한 전략, 또는 가벼운 체험 방식으로서 대중시는 소중한 실존적 의미를 지닌다. 우리의 시인들은 통속적이라는 비난을 가로질러 하찮은 우스개와 축축한 눈물, 놀라운 관능과 몽환의 공간을 한결 더 열심히 열어 나갈 필요가 있겠다.

주제공간으로서 맡아 나가야 될 당대시의 뜻있는 현안 가운데 다른 하나는 생태시 문제다. 이에 대해서는 이미 많은 생각들이 펼쳐진 셈이어서, 이 글에서 새삼스레 덧붙일 일은 아니다.[29] 문제는 생태학적 상상력과 그것에 대한 당위성만을 거듭하고 있는 상황에 있다. 생태위기와 그 해결의 문제는 결코 담론 구성의 문제가 아니다. 총체적인 지구방화의 핵심 문제이며, 무엇보다 실천 문제임을 거듭 곱씹을 필요가 있다.

> 대량생산 대량소비로 흥청대는
> 행복한 시민들은 버리는 것도 많다
> 먹고 버리고 쓰고 버리고
> 또는 먹지도 않고 그냥 버리는
> 쓰레기, 쓰레기, 쓰레기.

---

29) 생태학적 상상력의 발생배경과 그 조건, 그리고 문학에서 나아가야할 방향에 대해 가진 글쓴이의 생각은 이미 한 차례 다루었다. 신덕룡이 이와 관련된 여러 글들을 한자리에 묶어놓아, 우리 현대시에 있어서 생태학적 상상력과 그것의 미학적 규준에 대한 논의의 큰 흐름을 알도록 해 주었다.
박태일, 「현대문학과 생태학적 상상력」, 『경남어문논집』, 경남대 국문학과, 1995.
신덕룡 편, 『초록 생명의 길』, 시와사람사, 1997.

쓰레기의 거대한 산더미에 깔려서
폐기장은 배가 터져 죽었다
그래도 또 쌓이는 쓰레기 쓰레기
도시의 외곽에는 이제 빈터가 없다.
어느 날 문득 둘러보니
도시는 이미 완전히 포위되어 있었다.
한발한발 거리를 좁혀오는 막강 쓰레기군단.
함부로 버려진 그날의 원한을
쓰레기는 잊은 적이 없다.
냉혹한 복수의 찬 피, 무표정
고문명 시대의 메갈로폴리스에 되살아난
보라 저 공룡의 무리들!
자칭 호모 사피엔스는 그 앞에서
벌거벗고 떨고 있다.
떨고만 있다

— 이형기의 「메갈로폴리스의 공룡들」[30]

   생태위기와 그에 맞닥뜨린 오늘날 "고도문명 시대" 우리 삶의 실상을 잘 보여주고 있다. 우리가 못내 부둥켜안고 비비고 뒹구는 "행복"이란 마침내 쓰레기를 만드는 일에 지나지 않으며, 현실세계는 쓰레기 천국일 뿐이라는 깨달음이 당당하다. 시인은 "메갈로폴리스에 되살아난" "공룡의 무리"인 "쓰레기의 거대한 산더미" "막강 쓰레기군단" 앞에서 두려워 "떨고만" 있는 사람의 모습을 내세워 그 점을 확인한다.

---

30) 이형기, 『죽지 않는 도시』, 고려원, 1994.

시인은 기꺼이 맡아야 할 일 가운데 하나는 이렇듯 생태학적 감수성을 널리 펴는 일이다. 시는 진공의 공간을 헤엄치는 순수한 창조물이 아니라, 사회 치유의 실천방식이기도 하고, 목숨 해방을 꾀하는 칼춤 소리이기도 하다. 이런 뜻에서 '쓰레기 덜 만드는 문학'을 위해 할 일과 방법을 심각하게 생각하고 그것을 앞서 실천에 옮기는 자세가 무엇보다 소중한 것이다.

여보세요
전화를 걸었으면 말씀을 하셔야지요
계절이 다 가도록 수화기를
들고 있잖아요 이것 보세요 다리가
움직이지 않아요 팔도 굳었네요
나무가 되고 말았네요

새들이 날아오네요 졸졸 흐르는 물소리
당신의 붉은 피 흐르는 소리만 들으면서
내 팔엔 초록잎이 돋겠네요

— 이상희의 「전화를 받는 나무」[31]

따온 시가 터를 두고 있는 마음자리는 나무와 사람이, 몸과 마음이 둘이 아니라 하나라는 생각에 있다. 이러한 생각이야말로 근대화와 효율성의 신화를 뒷받침해 준 자연 정복관을 벗어나 자연과 갈라선 관계를 회복시키며, 모든 목숨이 더불어 살아갈 하나라는 깨달음으

---

31) 이상희, 『벼락무늬』, 민음사, 1998.

로 이끌어주는 생태학적 감수성의 뿌리가 된다. 따라서 몸이 "나무가 되고", "팔에 초록잎이" 돋을 정도까지 귀 세워 기다려 듣고 싶다는 그 "말씀"이란 다름 아닌 조화와 공존의 다원적 생명 가치이며 땅 위의 하찮은 목숨에서부터 우주 바깥까지 귀를 기울여 듣는 사랑의 암호겠다.[32] 부드럽고도 결고른 목소리로 시인이 우리에게 일깨우는 바가 그것이다.

5. 마무리

천구백구십년대를 넘어서는 데에는 앞으로 한 해 하고도 몇 달이 남았을 뿐이다. 그 뒤로는 새로운 백 년, 천 년이 시작되느니 해서 수선스럽다. 그런 수선과는 아랑곳없이 우리 사회는 일찍이 본 적 없는 급격한 문화변용을 겪고 있다. 글쓴이는 이러한 시점에서 천구백구십년대 우리 당대시가 마련해 나가고 있는 중요한 텍스트공간의 국면과 그 전망을 세 수준으로 나누어 살폈다. 생각이 성글고 눈길이 치우친 점이 있으나 나름의 너른 터는 둘러본 셈이다.

도상공간은 글꼴과 시줄, 그리고 쪽 배치와 같은 시의 물리적 공간성이다. 우리 당대시는 아직까지 이 수준의 가능성을 두루 활용하고, 탐색하여 새로운 형태미학을 열어나가는 데는 소극적이다. 정보

---

[32] 물론 생태학적 전망이 지니고 있는 부정적 방향 또한 헤아려 두어야 할 일이다. 이종흡은 그것이 오늘날 위기에 봉착한 자본주의와 국민국가 체제를 새로이 정당화하려는 논리에 그칠 수 있다는 점과, 생태학적 사유가 지니고 있는 다원론이 여러 세력과 가치 사이에 존재하는 갈등의 원인은 숨긴 채 그들 사이의 무조건적 타협과 연대를 강요하는 이데올로기로 변질될 위험성이 있음을 짚고 있다.
이종흡, 「근대와 포스트모던적 기대지평」, 『인문논총』 10집, 경남대 인문과학연구소, 1998, 62~63면.

사회로 나아가는 길목에서 우리 시는 전통 인쇄공간과 낯선 사이버 공간 사이에서 폭발적인 도상공간의 변화를 거치지 않을 수 없게 되었다. 시인들의 적극적인 대응이 긴요할 때다.

기술공간은 텍스트 안에 묘사, 구현된 경험 공간이다. 그것은 도시성과 지역성이라는 거시와 미시의 문제로 수렴될 수 있었다. 나날살이의 현실공간을 균일하게 뒤덮고 있는 소비도시의 생존 드라마와 도시스펙터클은 우리 시인들에게 섬세한 공간의 실천을 요구하고 있다. 그 아래서 지역의 차별성과 다양성을 찾아 되살리려는 장소의 지지학이 공간민주주의로 나아가는 먼 길에서 이채를 더한다.

읽는이의 작품 읽기가 맨 마지막에 이르는 곳, 작품 뒤에 숨어 있는 커다란 형이상학이나 이데올로기의 자리가 주제공간이다. 속되고 가벼우나 널리 사랑받고 있는 대중시의 통속성은 어느덧 우리 시의 든든하고도 중요한 아비투스로 바닥을 다져온 주제다. 자연 회복, 신성 회복을 지향하는 생태시 또한 흘러 넘치는 담론만 되풀이하며 멈칫거릴 문제가 아니라, 길 바쁜 실천 문제라는 데서 남다른 자각과 노력을 요구하고 있다.

우리 시는 오늘날 이러한 세 수준에서 다양한 현안들을 안은 채, 서로 넘나들고 뒤섞이면서 울림 큰 공간을 마련해 나가고 있다. 어떤 종류의 공간이나 장소를 어떻게 만들 것인가 하는 문제는 정치·경제적 생존에 절대적이다. 마찬가지로 텍스트공간 또한 시에서 절대적인 의의를 갖는다. 그것이 자유와 생성의 한길로 나설지, 지배와 굴종의 뒤란으로 물러설지는 알 수 없다. 분명한 사실은 어느 경우든 시인들 스스로, 그것도 시로서 그 일을 이루어야 한다는 점이다.

박태일(경남대 교수)

3 장소시의 발견과 창작

1. 들머리

시의 즐거움은 말의 가능성이다. 시의 의의는 말을 빌린 세계 개방의 드라마에 있다. 우리 근대시가 오랜 세월 마련해온 세계는 매우 다채롭고 화려하다. 그 속에는 우리 사회 역사의 흔적이 고스란히 담겨 있을 뿐 아니라, 우리가 놓쳤거나 눈감고 있었던 세계에 대한 넉넉한 사랑도 아낌없이 담겼다. 그럼에도 여전히 우리의 삶은 미지로 남아 있고 세계는 아직 눈뜨지 않은 채다. 우리 시는 한결같이 새로운 여로 앞에 떨고 있는 듯한 긴장과 애틋함을 함께 한다.

그런데 우리 시가 오래도록 관심을 가져왔으면서도 본격적으로 다가서지 못했던 자리가 있다. 그것은 장소에 대한 탐색이다. 풍토와 지형, 지역을 포괄하는 넓은 뜻의 장소에 대한 발견과 상상적 개방은 뜻밖에 깊지 못했다. 편협하게 몰아 붙이자면 우리 시는 너무 오래도록 사람 중심의 자아 개방에 골똘했다는 평을 받을 만하다. 개별이든 집단이든 인격적 상상력에 머물러 있었다. 다른 쪽에 놓인 삶의 진실과 가능성을 놓치게 된 일은 자연스런 흐름이다.

장소에 대한 감각도 그 하나였던 셈이다. 시의 지형학이란 바로 장소시의 가능성을 뜻한다. 시의 지역성 또한 마찬가지다. 장소와 사람의 서열 역전이 지금 우리 시에 요구되는 방향이다. 그러한 깨달음을 빌려 인격적 상상력에 갇힌 우리 시를 보다 넓은 삶자리, 보다 넓은 공감 영역으로 끌어낼 수 있어야 한다. 이 글은 우리 시에서 장소시와 장소 상상력의 가능성을 찾아보기 위한 가벼운 시론이다. 장소시의 됨됨이를 몇 가지로 묶어 보는 일로 그 일을 감당하려 한다.

2. 장소시의 됨됨이

두 말할 것도 없이 문학은, 시는 구체적인 자질을 가장 큰 힘으로 삼는다. 구체성에 대한 감각이야말로 근대시의 가장 주요한 방법론이며 터다. 그리고 그 구체성의 핵심적 요건 가운데 하나가 장소다. 장소는 그 안에서 삶을 영위하고 있는 사람이나 그들이 얽혀 이루어내는 사건보다 더 근원적인 요인이다. 장소는 더 넓게 지역에서 나라로 나아갈 수도 있다. 모든 삶은, 세계는 특정 장소에 대한 사랑과 친밀감을 그 뿌리로 삼는다. 장소사랑은 삶의 실존적 근거며 삶의 핵심 조건이다.

근대 민족국가는 정치, 경제, 국민 통합을 꾀했다. 나아가 지리 통합도 마찬가지다. 거대한 교통망의 개발과 통신 수단의 발달, 그리고 전국적인 규모로 이루어지는 토목공사에 의해 국가 안쪽의 지역과 장소들은 왜곡되고 파괴당했다. 국가적 기획 아래 획일화된 장소

통합이야말로 근대 국가 통치의 주요 방향이었다. 이러한 현상을 랄프는 무장소성이라는 용어로 설명한다. 오늘날 새삼스러운 지역과 장소에 대한 관심은 바로 그러한 근대 국가의 획일화된 지역 파괴와 장소 왜곡에 대한 성찰이며 대안인 셈이다.

그리고 이러한 장소에 대한 재인식을 위해서 무엇보다 먼저 필요한 일깨움이 있다. 장소에 대한 개방적인 이해가 그것이다. 장소는 시간적, 공간적으로 역동적인 장이다. 자본과 정치, 문화의 실천과 재구성이 이루어지는 물질적 토대임과 아울러 심리적 영역이다. 이 점에 대한 이해를 가다듬지 않으면 장소 이미지나 장소성 파악은 어렵다. 그것은 오랜 세월 구성원들의 선택과 배제, 강화와 쟁론의 결과다. 이러한 개방적 인식 위에 섰을 때만 장소시의 적극적 의의 제시가 가능하다. 특정 지역이나 장소를 중심으로 삼은 새로운 장소 개방과 세계 개방의 노력이야말로 장소시의 요체다. 크게 다섯 가지로 나누어 그 됨됨이를 살펴보고자 한다.

첫째, 장소시는 장소의 기억을 담은 시다. 사람의 기억은 이중성을 지닌다. 개인기억과 집단기억이 그것이다. 지나간 삶에 대한 집단기억 가운데 가장 흔한 것이 역사다. 그러나 그것은 개인의 기억에 대한 억압과 추상화의 결과일 따름이다. 집단기억은 개인기억을 규정하고, 개인기억은 다시 집단기억의 형성을 부추긴다. 이 둘 사이의 길항이야말로 지나간 삶의 진실에 대한 다양한 개방 가능성을 보여주는 것이다.

시인은 기억의 보존과 창조라는 삶의 역정에 참여하는 주요한 문화 인자 가운데 하나다. 특히 장소는 그러한 개인기억과 집단기억이 하나로 맞물리는 초점으로서 의의가 크다. 장소를 이음매로 삼아 개인과 집단은 구체적인 표현의 자리를 얻는다. 우리 근대시 속에 숱하게 나타나는 장소의 흔적들은 바로 그대로 장소가 포괄하는 삶을 고스란히 웅변한다. 보기를 들어 1930년대 백석의 토착적인 '북관' 장소시와 김광균의 유흥도시 '경성'의 장소시는 뚜렷하게 맞서면서 동시대 우리 겨레 삶의 기억을 온축하고 있는 것이다.

> 가나긴 긴허리의 길을 다 지낸 뒤에는
> 외마대의 골짝이 되는 큰고리로 들어라.
> 그러고는 웃뚝 섯는 놉흔 령의 달바위재를
> 한거름, 한거름 숨차게 올나서면은,
> 하얀바다, 넓기도 하여라,
> 이는 나의 고향의, 황포의 바다.
>
> ─ 김억, 「황포의 바다」

『해파리의 노래』(조선도서주식회사, 1923)에 실려 있는 작품이다. 우리 근대 장소시의 앞자리에 놓일 작품 가운데 하나다. 1920년대 우리의 근대, 지적·문화적 변화의 중심에 서 있었던 서북지역 엘리트 문인의 자긍심이 강하게 드러나는 시다. '황포' 고향에 대한 장소사랑이 '외마대', '큰고리', '달바위재', '황포'로 나아가는 지명의 상대적 무게에 죄 실렸다. 비록 생략된 꼴로나마 고향 '황포의 바다' 기슭에 대한 개인기억이 뚜렷하고도 넘쳐나는 장소 나열의 무게 속에 담겨 있는 셈이다.

둘째, 장소시는 지명의 시다. 장소시는 말할 것도 없이 특정 장소나 경관적 특성에 대한 표현 가치를 겨냥한다. 따라서 그것은 자연스럽게 지명 명명의 문제로 귀결한다. 지명만큼 장소의 됨됨이를 잘 담고 있는 것은 없다.

푸른 불 시그널이 꿈처럼 어리는
거기 조그마한 역이 있다.

빈 대합실에는
의지할 의자 하나 없고

이따금
급행열차가 어지럽게 경적을 울리며
지나 간다.

눈이 오고
비가 오고……

아득한 선로 위에
없는 듯 있는 듯
거기 조그마한 역처럼 내가 있다.

— 한성기, 「역」

  1950년대 한성기의 추천작 가운데 하나다. 피폐한 정신을 추스르기 위해 외롭게 추풍령 가까이에서 머물 때 쓴 작품이다. 이 시에서 전경화되고 있는 것은 외로움이라는 정서다. 지역성이나 장소성은 온데간데 없다. '빈 대합실'이 있고, '급행열차가' 채 서지도 않고 지나가 버리는 '조그마한 역'은 우리 나라 어디서나 볼 수 있는 곳이다. 그러나 보기를 들어 이 작품의 제목으로 '추풍령' 또는 '추풍령

역'이라 붙였다고 가정해 보자. 뒷사람들에게 미칠 정서적 공감 영역은 훨씬 커졌을 것으로 짐작된다. 시인이 자신의 내면 정서에 초점을 두는 바람에 보다 구체적인 표현감각을 얻을 수 있었을 지명의 문제에 생각이 미치지 못했던 셈이다.

> 지금도 모차르트 때문에
> 튤립을 사는 사람이 있다
> 튤립, 어린 날 미술 시간에 처음 알았던 꽃
> 두근거림 대신 피어나던 꽃
> 튤립이 악보를 가진다면 모차르트이다
> 리아스식 해안 같은
> 내 사춘기는 그 꽃을 받았다
> 튤립은 등대처럼 직진하는 불을 켠다
> 둥근 불빛이 입을 지나 내 안에 들어왔다
> 몸 안의 긴 해안선에서 병이 시작되었다
> 사춘기는 그 외래종의 모가지를 꺾기도 했지만
> 내가 걷던 휘어진 길이
> 모차르트 더불어 구석구석 죄다 환했던 기억
> ……튤립에 물어 보라
>
> ─ 송재학, 「튤립에 물어 보라」

아름다운 사춘기 회상시다. 사춘기 내면에 대한 구체성이 시인 특유의 감각적 표현을 빌려 잘 담겼다. '리아스식 해안', '긴 해안선'과 그 어느 구석에 피어 환했을 '튤립'으로 표현되고 있는 바 '사춘기'의 시공간적 전경화에 성공하고 있다. 그러나 이 작품에서 한 발 더 나아가 '모차르트 더불어 구석구석 죄다 환했던 기억'에서 '기억'이라는 낱말을 시인의 고향이기도 한 '영천'으로 바꾸었다고 가정해 보자. 시인의 의도와는 전혀 다른 자리에서 또 하나 성공적인 장소 회상의 시가 될 수 있을 법도 하다.

장소시는 지명의 명명에 고심한다. 장소시는 지명 발견의 시다. 지명이야말로 개인이 집단이 되고, 집단이 개인 속에서 구체화되는 흥미로운 기호 영역이다. 지명만큼 과거 기억을 잘 담아내고 있는 요소는 드물다. 장소가 개인과 집단이 효과적으로 만나는 자리라 했을 때, 그것은 곧 지명의 추억에서 말미암은 바 크다. 좋은 장소시가 되기 위해 지명의 명명공간에 대한 섬세한 배려가 따라야 할 일이다.

셋째, 장소시는 장소 발견과 해체의 시다. 이제껏 많은 시인들은 시적 배경이나 대상이 될 만한 장소는 따로 존재한다고 생각했다. 이름이 널리 알려진 명승지거나 유적지는 그 좋은 표적이었다. 그들은 겉으로 알려진 역사적, 공공적 내력 못지 않게 세상 사람들에게 일정한 정서적 환기력을 지닌다는 좋은 장점이 있다. 우리 시가 오랜 세월 특정한 장소에 대한 유별난 반응이라는 시적 경험을 한결같이 보여온 것은 바로 그러한 보장된 환기력에 즐겨 기댔던 측면도 강하다.

그러나 좋은 장소시는 이미 알려져 있거나, 문화적 맥락 속에서 정평을 얻게 된 유명 장소를 겨냥하는 일과는 거리를 둔다. 기존의 공공적 환기력에 손쉽게 걸터앉는 타협을 경계한다. 모름지기 대중 문화인의 문화재 답사기 뒤치다꺼리나 하듯이 장소를 좇아 다니는 시인도 있다. 당대적 유행에 추파를 던지는 듯한 태도다. 창조적 가능성을 의심받아 마땅한 시인이다. 한때 우리 둘레에 유행했던 격 낮은 장소시들을 떠올리면 당장 이해될 일이다.

혈육은 작은 슬픔이다

머리가 벗겨지기 시작한 아우를 데리고
아침, 감은사지 간다 경주교육문화회관 조리팀장인
아우는 계란 반숙을 주문하고
나는 아우가 주문하는 대로 나이프를 들었다
아침, 감은사지에 오르며 아우는 작아진다

혈육은 작은 슬픔이다

어린 날의 가출은 두려움도 무엇도 아니었다
감은사지는 오랜 세월 가출했었다
마주 보는 삼층석탑은 가출하지 않았다
아버지와 마주 보는 형의 그림자가
아우에게는 두려움이었을 것이다
가출 후 중국집 배달원을 시작으로
아우는 화덕을 껴안고 살게 되었다

혈육은 작은 슬픔이다

감은사지, 그 적멸보궁의 깊은 침묵을 떠나며
불꺼진 화덕의 짚을 수 없는 깊이를 기억하는지
아우는 내내 말이 없다 어린 날의 선이
콧날에 아련하게 남아 있는 아우는

아침, 감은사지 형과의 동행이 밤길 같았을 것이다.

— 김윤배, 「감은사지를 가다」

경주를 찾는 많은 관광객들이면 한 번쯤 다녀가고 싶을 대표적인 경관이 동해구 감은사지나 대왕암일 것이다. 이 작품은 아름다운 감은사 옛터를 글감으로 잡은 장소시다. 그러나 여느 격 낮은 시인들의 작품과 완연히 나뉜다. 묵직한 역사적 무게와 공공적 이미지가 굳어져 있는 감은사지에 대한 전혀 새로운 장소 상상력이다. 감은사지의 공공적 장소성에 매몰되지 않고 그것을 뛰어넘는 울림이 돋보인다. 감은사지라는 역사적 경관의 무게 곁에 자신의 고뇌에 찼을 한 시절 '혈육'의 큰 '슬픔', 가족사를 교묘히 결합하여 감은사지에 대한 새로운 장소감을 더하고 있다.

좋은 시인은 이렇듯 장소에 대한 재발견과 창조를 가능하게 한다. 새로운 장소의 발견과 재인식이야말로 장소시가 지닌 진정한 세계 개방의 의의를 보여주는 일이다. 평범한 시인들이 유명 장소에 대한 심리적 타협으로 한결같은 보기와 다른 장소 창조의 본보기를 이 시는 잘 보여준다. 격 낮은 장소시들은 그 장소의 이름만 가려버리거나 지워버리면 아무 곳에서나 해당될 설익은 정서 노출이나 그렇고 그런 경관에 대한 감격에 머물 따름이다. 필연적인 장소성을 얻어내지 못하는 것이다.

넷째, 장소시는 이념작용에서부터 자유롭지 않다. 특정한 장소에 대한 집착이나 편향은 얼추 집단적인 이념 성향과도 맞물린다. 우리 근대시에서도 특정한 장소가 집단적, 사회적 이념에 의해 선별적으로 도드러지곤 했던 본보기를 드는 일은 어렵지 않다. 장소야말로 개인과 집단의 교차점일 뿐 아니라, 그 둘을 싸안는 구체적인 삶터인 까닭에 늘 이념작용의 표적이 되곤 했다. 나라 잃은 시기 유치환의 '아라비아'로 표상되는 탈현실의 장소나 정지용의 '고향'으로 대변되는 회고적 향수 공간은 당대 제국주의 지배 이념과 일정한 동거를 보여준다. 나아가 1950년대 전쟁기 시에 나타난 전장 또한 대부분 뚜렷한 이념작용의 장소를 웅변한다.

이들과 달리 1970년대~1980년대 신경림이나 이동순의 뛰어난 장소시들은 그대로 우리 근대시의 현실주의적 지향을 보여준다. 강고한 체제 이념에 맞선 대항 이념으로서 장소 발견과 장소 제시의 힘을 담고 있다. 시인들은 자칫 자신도 모르게 이념 복무의 덫에 걸려들 수 있다. 조심스럽게 장소 발견과 창조의 거리로 들어설 일이다.

다섯째, 장소시는 생태학적 상상력을 뿌리로 삼는다. 21세기는 무엇보다 생태학의 시대다. 기계론적, 인간중심적 세계관에서 벗어나 유기론적, 장소중심적 세계관이 요청된다. 인간(문화) 중심에서 장소(생태) 중심으로 세계 이해의 서열을 바꿔야 한다. 따라서 장소시는 바로 미래의 구체적인 생활세계의 시학이며, 갱신의 현장론이다. 나날살이의 터에 대한 발견과 그것의 미세한 세부 정황 인식은 그대로 우리 삶의 현장에 대한 무거운 사랑과 새로운 실천 의지를 그대로 보여준다.

근대 산업사회의 거대 기획과 거대 관리 아래 놓였던 우리 삶과 삶터에 대한 새로운 발견의 자리는 생활세계의 재인식에 있다. 오늘날 장소시가 지니고 있는 적극적인 정치적 의미가 이것이다. 장소시는 국가적 상상력의 고리를 예민하게 끊어내면서, 잊혀지고 갇혀 있었던 삶의 자리를 우리에게 되살려 내는 장소 신생의 역동적인 드라마를 펼칠 것이다. 이런 점에서 장소시의 의의는 더한다.

여섯째, 장소시는 지역시를 지향한다. 특정 장소시는 그것이 놓인

지역의 풍토와 사람, 그리고 사건, 인문 환경을 포괄하는 더 넓은 맥락 위에서 존재한다. 따라서 장소시는 나름의 독특한 전략을 갖게 된다. 지역 특유의 인물이나 대표성을 띠는 사람을 글감으로 끌어오는 인물시, 독특한 지역적 사건을 끌어다 대는 사건시는 장소시의 가능성을 극대화하는 방법이다.

이른바 방언시, 곧 지역어시의 가능성 또한 장소시에서 뜻이 각별하다. 국가 표준어에 대한 저항과 규범 언어의 경계를 적절하게 넘나드는 언어적 대항은 그 자체 삶의 투쟁을 고스란히 반영한다. 지역파괴와 지역 성찰을 위한 고리로서 지역어에 대한 관심은 장소시가 즐겨 다루어야 할 방향이다. 인물과 사건, 그리고 지역어가 상승작용을 일으키는 뜻깊은 장소에 대한 이해와 성공적인 창작 방향이야말로 장소시가 즐겨 몸을 일으켜 세울 길이다.

일곱째, 장소시의 승패는 작품 맥락이 결정한다. 좋은 장소시는 무엇보다 좋은 작품이어야 한다는 뜻이다. 따라서 장소의 명칭이 주는 공공적 무게나 해당 장소의 대중적 이미지가 주는 공감영역의 진폭보다는 시인의 명성이나 작품 자체의 수월성이 승패를 결정한다. 말하자면 단순한 반영론적인 현실 장소 자각이나 발견으로서는 좋은 장소시를 만들 수 없다는 뜻이다. 아래 두 편을 견주어 보자.

① 열차는 평산을 지나쳤다 한다.
산역에서는 낡은 의자에 기댄 남자들 두엇,
불을 끄고 통과할 어느 역에도
어쩌면 정거하지도 않을 기차를 우리들은 기다렸다.
밤은 깊고 자정 가까이
달은 떠올라 헌 거적대기 같은 빛이

세상을 덮어 주기도 하였지만
오늘 가지 못하면 내일
갈 수도 없고
마침내 영영 가지 못할 그곳에 가기 위하여
저쪽 어느 역에서도 우리들처럼
정든 마을에서 빠져나와 어둠 속에
서성대는 사람들이 있었을까.
발 밑에서는 버리고 가는 낙엽 또는 떨어져 뒹구는
젖은 노자 몇닢

— 김명인, 「高山行」

② 막차는 좀처럼 오지 않았다
대합실 밖에는 밤새 송이눈이 쌓이고
흰 보라 수수꽃 눈시린 유리창마다
톱밥난로가 지펴지고 있었다
그믐처럼 몇은 졸고
몇은 감기에 쿨럭이고
그리웠던 순간들을 생각하며 나는
한줌의 톱밥을 불빛 속에 던져주었다
내면 깊숙이 할 말들은 가득해도
청색의 손바닥을 불빛 속에 적셔두고
모두들 아무 말도 하지 않았다
산다는 것은 때론 술에 취한 듯
한 두릅의 굴비 한 광주리의 사과를
만지작거리며 귀향하는 기분으로

침묵해야 한다는 것을
모두들 알고 있었다
오래 앓은 기침소리와
쓴 약 같은 입술담배 연기 속에서
싸륵싸륵 눈꽃은 쌓이고
그래 지금은 모두들
눈꽃의 화음에 귀를 적신다
자정 넘으면
낯설음도 뼈아픔도 다 설원인데
단풍잎 같은 몇 잎의 차창을 달고
밤열차는 또 어디로 흘러가는지
그리웠던 순간들을 호명하며 나는
한줌의 눈물을 불빛 속에 던져주었다.

— 곽재구,「사평역에서」

　두 시 모두 시인의 초기 작품에 든다. 김명인의 1970년대 작품이 ①이고, 곽재구의 1981년도 등단작이 ②다. 이 둘은 모두 장소시의 전형을 보여준다. 그러면서 두 작품 사이의 앞뒤 상호텍스트성이 뚜렷하다. 그런데 오늘날 이 두 작품 가운데서 대중적인 명성을 얻고 있는 작품은 앞서 쓰여진 ①이 아니다. 오히려 ②다. 두 작품의 성공과 실패를 결정 지은 것은 무엇보다도 ②가 보여준 뛰어난 형상력에 있다. ①의 '평산'과 ②의 '사평'은 그 실재 여부와는 무관하다. 다만 작품 내적 맥락에서 ②가 상대적으로 정치하고 섬세할 뿐 아니라, 유기적인 맥락을 마련하고 있다. ①은 잊혀지고 ②가 널리 사랑받게 된 까닭이 여기에 있다. 무엇보다 좋은 장소시는 장소의 실재 여부와 관계없이 작품 자체로 뛰어난 것이어야 한다는 명제는 늘 참이다. 따라서 이미 '평산'은 평범한 범칭으로 잊혀졌지만, '사평'은 시인의 상상적 장소 창조에 따라 아름답고도 고유한 문학적 장소로 뿌리내리게 된 것이다.

3. 마무리

시의 장소성은 넓게는 풍토성이다. 좁게는 나날살이의 미세 공간에 대한 체험적 관심을 뜻한다. 좋은 장소시는 기지의 장소성에 새로운 뜻을 더하고, 새로운 이미지를 더한다. 나아가 새 장소를 창조하여 세계 개방의 바탕을 마련하기도 한다. 실재적이건 상상적이건 장소에 대한 꿈과 관심은 우리시의 중요한 국면으로 그 의의가 더해가고 있다. 무엇보다 시인 내면의 객쩍은 주관 토로에서 벗어날 수 있는 가능성을 열어준다. 좋은 시인은 자신 고유의 장소사랑을 실천하는 사람이기도 하다.

여기서부터, ─ 멀다
칸칸마다 밤이 깊은
푸른 기차를 타고
대꽃이 피는 마을까지
백년이 걸린다

─ 서정춘, 「竹編·1-여행」

제목이 번잡스럽지만, 아름다운 작품이다. 이 작품은 장소와는 무관하게 대와 '대꽃'을 노래한 시다. 장소시가 아니다. 그런데도 많은 독자에게는 담양을 지날 때면, 아니 어디라 할 것 없이 남다른 대밭 장소 풍광을 지나갈 때면 이 시가 생각날 법하다. 장소시가 아닌 작품에서 뛰어난 장소성이 재창조되곤 한다. 이렇듯 좋은 장소시는 마침내 남달리 장소를 사랑하는 사람들에 의해, 지역을 사랑하는 사람들에 의해 그들의 해석공간 속에서 완성된다.

  시는 의도대로 생산되는 공산품이 아니다. 모든 시인들의 시적 열정에는 나름의 필연성이 있다. 장소사랑과 장소시에 대한 관심 또한 마찬가지다. 손쉬운 유행과 싸우고, 기존의 명성에 짓눌리면서도 자신의 삶터에 대한 사랑과 관심을 드러내는 장소시의 가능성은 앞으로 매우 다채롭게 열려나갈 것으로 생각된다. 세상의 가장 중요한 바탕은 사람이 아니다. 그 사람과 뭇목숨을 모두 한 가지로 싸안고 있는 터, 곧 장소다. 이러한 깨달음을 가진 사람들에게 장소시와 장소 상상력은 새삼스러운 가능성의 공간이자 새로운 미적 기준으로 떠오르게 될 것이다.

박태일(경남대 교수)

4 정지용 시의 '산'의 공간인식

1. 머리말

정지용은 박용철(朴龍喆)이 적절히 지적한 바와 같이 '한 군데 자안(自安)하는 시인이라기보다는 새로운 시경(詩境)을 개척하고자 하는 시인'[1]이다. 그는 초기에 이미지즘 기법을 통하여 모더니즘적 감각적인 세계를 실험하였으나, 후기에 이르러서는 동양적 정신을 바탕으로 절대적 정신주의의 시정신을 정립하고자 했다. 초기의 감각 위주에서 후기의 정신 위주로 상승해 가는 그의 시정신은 많은 논자들이 언급한 바 있는 '신과 인간'의 신앙적 세계관을 거쳐 도달한 절대적 시경이었다. 즉, 대체로 초기의 작품들이 감각을 통한 자아의

---

1) 鄭芝溶, 『鄭芝溶詩集』(詩文學社, 1935), 발문. 정지용은 그의 「詩의 擁護」에서도 "熟練에서 自慢하는 시인은 마침내 맨너리시트로 歌詞製作에 轉換하는 꼴을 흔히 보게 된다. 詩의 血路는 低身打開가 있을 뿐이다"라고 새로운 시정신만이 진부하지 않는 생명력이 있는 것이라 하였다 (『문학독본』, 박문출판사, 1949, pp. 213 참조).

1935년 시문학사에서 박용철이 편집해 발행한 『정지용시집』.

소외 의식, 불안 의식을 담고 있었던 데 비해, 『백록담』(1941)의 시들은 '고매한 신성의 세계'를 지향하고자 하는 종교주의를 넘어서서 '시는 언어의 구성이라기보다는 더 정신적인 것의 치열한 정황(情況) 혹은 왕일(旺溢)한 상태 혹은 황홀한 사기(士氣)'[2]를 지향하는 동양적 정신 세계로의 몰입을 보여준다. 이러한 동양적 정신주의로의 변화 가운데는 '산'의 상징성이 깊이 있게 작용하고 있다.

『정지용시집』(1935)의 시들이 '바다' 이미지를 통하여 자아와 세계와의 갈등을 불안한 심리 세계로 노출하고 있는 데 비하여, 후기시들의 '산'의 이미지는 사물과 존재의 본질 세계를 관통하는 정신주의의 열락을 환기하는 상징성을 지닌다.[3] 이러한 동양적 정신주의의 지향은 1930년대 후반의 주체성 상실의 현실 세계를 넘어서서 주체성 회복의 정신사적 의미를 담고 있다. 그것은 국권 상실에 의한 정신적 전통이 분열된 현실 상황을 초극하고자 하는 원형적 회복을 의미한다.

정지용의 '산'의 상징성은 자연과 자아의 동일성 지향을 의식화하고 있으며, 이는 상실된 현실을 초극하고, 자아의 동일성 상실을 회복할 수 있는 의식을 동화시키고 통합할 수 있는 세계 인식을 담고 있다.

2) 정지용, 「詩의 擁護」, 위의 책, p.214.
3) 吳鐸藩, 「芝溶詩의 題材」, 『現代文學散藁』(高大出版部, 1976), p.121~122. 여기서 오탁번은 『정지용시집』은 '바다'의 이미지에, 『백록담』은 '산'의 이미지에 압도적인 편향을 드러내고 있으며, 『정지용시집』에는 '바다'를 소재로 하는 대부분이 여기에 수록되어 있고, '산'을 소재로 한 것은 2편뿐이며, 『백록담』에는 '산'을 소재로 한 20편이 대부분 수록되어 있고, '바다'를 소재로 한 작품은 1편뿐이라고 분석하고 있다.

이 글은 정지용의 이러한 동일성 회복의 세계 인식을 담고 있는 '산'의 상징성을 탐구하는 데 목적이 있다. 이는 이제까지의 한국 현대시에 나타난 상징성을 중심으로 한 우리 시의 정신사적 의미를 탐색하고자 하는 필자의 연속적인 작업의 일환이다. 필자는 그의 시에 중첩되어 있는 '물'의 상징 유형을 검토한 자리에서 초기시들의 '바다'의 감각적 세계에 나타난 자아와 세계의 갈등들이, '호수', '비', '우물'의 상징을 통해 자아와 세계의 원융으로 의식이 정립되어감을 살펴본 바 있다.[4]

따라서 이 글은 정지용의 '물'과 '종교'의 상징과 함께 그의 시정신과 세계 인식이 투영되어 있는 '산'의 상징성을 통하여 그의 자아의식의 변화와 절대적 정신 세계로의 지향이 담고 있는 의미를 밝혀보고자 한다.

2. 정지용 시의 '산'의 상징성

정지용 시에 있어서 '산'은 '바다'의 감각 세계와 대조를 이루는 정신 세계를 표상하는 상징적 인식을 담고 있다. '바다'의 세계에서 예리한 감각미와 신선한 이미지를 통하여 자아의 분열과 갈등의 심리 양상을 드러내었다면, 대체로 '산'의 세계에서는 함축미와 고도의 동양적 은일의 이미지를 통해 자아와 세계의 합일을 지향하는 자아 의식을 투영하고 있다. 이러한 '바다'에서 '산'으로의 전환은 "평면적인 것에서 입체적인 것으로, 유동적인 것에서 고정적인 것, 감

---

4) 金秀福, 「鄭芝溶 詩의 '물'의 象徵 類型」, 단국대 논문집, 30집, 1996.

각적인 것에서 정신적 세계로의 변모"5)를 의미한다.

'산'을 지향하는 의식은 산에 동화되어 정신적 신성성의 세계로의 나아감이다. 산은 흔히 우리의 의식 속에서 신성하고 성스러운 은신처요, 새로운 세계로 나아가는 상징적 힘을 갖고 있다. 이러한 산의 상징적 힘은 분열과 상실의 당대 현실을 정신적으로 재생시킬 수 있는 세계 인식이며, 민족 주체성이 상실된 시대를 넘을 수 있는 자아 의식의 한 양상으로 작용한다. 정지용에게 있어 이러한 '산'의 상징성을 통한 상실과 분열의 세계를 넘어서서 민족 정서의 재생과 순환을 인식하고자 하는 의식 지향에는 비교적 초기시에서부터 낭만적 세계 인식으로 나타난다.

1) '산아래', '산저쪽', '산 넘어'의 공간 : 자아의 낭만적 인식의 세계

자아의 의식 지향과 사회적 목표 사이의 갈등이 크면 클수록 자아는 이 극단적 고립 사이에서 분열 의식을 느낀다.6) 여기서 자아는 사회적 현실에 대해서 자아 분열과 상실, 소외의 감정을 의식하게 된다. 우리 근대시들이 주체성 상실과 고향 상실의 의식에서 자유롭지 못하고 이러한 민족 현실이 안고 있던 억압적 상황 속에서의 자아 분열을 의식화하여 이를 낭만적으로 회복하고자 했던 정서 지향도 여기서 비롯되었다. 즉, 자아의 상실과 소외의 민족 현실을 정신적으로 회복하고자 하는 의식의 한 양상이었다. 정지용의 '산'을 모티프로 하는 초기시의 자아 의식도 이러한 상황 아래 있었다.

정지용의 '산'의 낭만적 세계 인식을 보여주는 작품들은 비교적 초

---

5) 崔東鎬,「鄭芝溶의〈長壽山〉과〈白鹿潭〉」,『鄭芝溶의 시와 산문』(깊은샘, 1988), p.275.
6) E. Fromm, 金鎔貞 譯,『精神分析과 禪佛敎, 禪과 精神分析』(정음사, 1987), pp.59~61. 참조.

기시에 해당하는 「산엣 색씨 들녁 사내」, 「이른 봄 아침」, 「산넘어 저쪽」, 「고향」 등이다.

    산엣 새는 산으로,
    들녁 새는 들로
    산엣 색씨 잡으러
    산에 가세.

    작은 재를 넘어 서서
    큰 봉엘 올라 서서,

    「호―이」
    「호―이」

    산엣 색씨 날래기가
    표범 같다.

    치달려 다러나는
    산엣 색씨,
    활을 쏘아 잡었읍나?
    아니다,
    들녁 사내 잡은 손은
    참아 못 놓더라.

    산엣 색씨,

들녁 쌀을 먹었더니
산엣 말을 잊었읍데.

들녁 마당에
밤이 들어,

활활 타오르는 화투불 넘어
넘어다 보면—

들녁 사내 선우슴 소리,
산엣 색씨
얼골 와락 붉었더라.

— 「산엣 색씨 들녁 사내」 전문

   이 작품은 『문예시대』 1호(1926. 11)에 발표하였으나 실제 창작 일자는 1924년 10월 22일로 되어 있다.[7] 이 무렵에 쓴 작품으로 「홍춘(紅椿)」(1924. 4), 「내맘에 맞는 이」(1924. 10) 등 7편이 있는데 이 중 산을 소재로 하는 점에서 그의 산의 상징적 인식의 출발을 보여주는 시다.
   여기서 '산'의 공간 인식은 산, 새, 색씨로 전이되면서, 들의 들, 새, 사내와의 낭만적 결합을 통해 화합을 이루는 의식이 주조를 이룬다. 이러한 화합의 의식은 "활활 타오르는 화투불"의 불의 이미지를 통해 나타난다. 이러한 산과 들의 공간 의식을 통한 낭만적 인식

---

7) 김학동, 「詩와 散文의 서지적 고찰」, 『鄭芝溶硏究』(새문사, 1988), p.259. 참조.

1932~33년경 8월 14일 문학좌담회가 끝난 뒤 노천명, 김억, 김동환 등과 함께 (아랫줄 맨오른쪽이 정지용).

은 현실의 욕망 결핍이나 세계와의 대립적 의식의 양상을 담고 있다. 이는 산의 새가 "큰 봉에 올라서서" 치달아 달아났으나, 들의 새, 사내에게 잡히었고, 들녘의 쌀을 먹고 산의 말을 잊고 들의 새, 사내와 성적 화합을 이루는 것으로 나타난다.

정지용의 '작은 재'를 매개로 하는 '산 아래'의 공간 인식에는 바로 들녘의 지상적 대지적 상상력의 결합에서 현실의 결핍을 초월하고자 하는 낭만적 인식이 자리잡고 있다. 이는 "활활 타오르는 화투불"의 불의 이미지와 밀접하게 결합되어 있는데, 여기서 불은 내면적 갈등을 해결하는 의식을 지향한다.[8] 이는 그의 후기시의 대표작이라 할 수 있는 「백록담」에서도 "팔월 한철의 흩어진 성진(星辰)처럼 난만(爛慢)"하거나, '꽃밭' 등의 불의 이미지를 통한 현실 초극의 정신적 절대적 경지를 이루는 의식 양상으로도 나타난다. 다음의 「이른 봄 아침」의 산의 공간 인식도 불의 이미지와 결합되어 낭만적 인식을 보여준다.

---

8) 李昇薰, 「람프의 詩學」, 위의 책, pp.116. 이승훈은 정지용의 초기시를 지배하고 있는 불의 이미지인 '흐늑이는 불빛'과 '숯'의 세계는 물과 불의 대립의 완성이나 성적 결합의 절정의 세계를 표상하는 것이 아니라, 삶의 결핍, 혹은 성적 결합의 좌절로 드러난다고 하였다.

산봉오리―저쪽으로 몰린 푸로우피일―
페랑이꽃 빛으로 볼그레 하다,
씩 씩 뽑아 올라간, 밋밋 하게
깎어 세운 대리석 기둥 인 듯,
간ㅅ뎅이 같은 해가 익을거리는
아침 하늘을 일심으로 떠바치고 섰다,
봄ㅅ바람이 허리띠처럼 휘이 감돌아서서
사알랑 사알랑 날려 오노니,
새새끼도 포르르 포르르 불려 왔구나.

― 「이른 봄 아침」 일부

여기서 '산'의 공간 인식은 "아침 하늘을 일심으로 떠바치고 섰는" 산봉우리다. 그러나 이 봉우리는 "저쪽으로 몰린 푸로우피일"이다. '푸로우피일'이 지나온 삶의 현실적 자아의 한 모습이라면 여기서 삶의 현실적 자아는 '저쪽'으로 몰려 있다. 즉, 주체적 삶을 누리지 못하는 현실적 자아의 모습이다. 그러나 화자는 '산봉우리'의 산의 낭만적 인식을 통해 '아침 하늘을 일심으로 떠바치고 서서 봄바람이 허리띠처럼 감돌고 새새끼도 불려와 있는' 낭만적 회복의 정서에 잠겨 있다. 즉, 산봉우리의 공간적 인식이 현실 세계와는 대립적 정황에 있지만 봄바람이 허리를 감돌고 새새끼들도 날아오는 현실 초극의 낭만적 인식이 작용하고 있다. 이러한 자아의 낭만적 인식은 "페랑이꽃 빛으로 볼그레 하다", "대리석 기둥", "해가 익을거리는" 등의 불의 이미지와 결합되어 현실적 갈등을 넘어서고 있으며, 이는 '산'의 낭만적 인식이 작용하고 있다.

산 넘어 저쪽 에는
누가 사나?

뻐꾸기 영우 에서
한나잘 울음 운다.

산 넘어 저쪽 에는
누가 사나?

철나무 치는 소리만
서로 맞어 쩌 르 렁!

산 넘어 저쪽 에는
누가 사나?

늘 오던 바늘장수도
이 봄 들며 아니 뵈네.

- 「산넘어 저쪽」 전문

 이 시의 산의 공간은 '산 넘어 저쪽'이다. 현실 세계와 대립된 공간 지향이다. 현실의 세계를 넘어서서 동경 의식을 담고 있는 '저쪽'은 현실의 갈등을 넘어서고자 하는 의식 지향을 보여준다. 그곳에는 뻐꾸기만 고개 위에서 한나절 울고 있으며, 철나무 치는 소리 서로 맞어 쩌르렁거리는 소리만 들릴 뿐이다. 늘 오던 바늘장수도 이 봄에는 보이지 않는 상실의 정감만 감돌 뿐 화해로운 삶의 자리가 아니다. '산 넘어'의 동경 세계마저도 현실의 분열과 상실의 정서를 가득하게 느끼고 있다. 이는 '산넘어'의 현실적 갈등이 지배하는 상실감을 통하여 동일성 상실의 현실을 인식하게 한다. 이러한 상실감의 낭만적 인식은 다음의 「고향」에 이르러서는 고향 상실의 정서로 나타난다.

오늘도 메 끝에 홀로 오르니
힌점 꽃이 인정스레 웃고,

어린 시절에 불던 풀피리 소리 아니나고
메마른 입술에 쓰디 쓰다.

고향에 고향에 돌아와도
그리던 하늘만이 높푸르구나.

― 「故鄕」 일부

고향 상실 의식은 국권 상실의 현실 아래서 민족 정서를 서정화하여 현실의 상실감을 인식하게 하는 의식 양상의 하나였다. 즉, 국권 상실의 현실 상황을 정서적으로 이겨내고자 하는 한 방법이었다. 이는 민족 현실의 상실감을 서정화하여 민족의 전통적 정서와의 만남을 통해 현실을 뛰어넘어 민족의 삶의 정서와 일체감을 이루고자 하는 낭만적 세계 인식이었다.

이 정지용의 「고향」은 당대 민족의 고향 상실의 정서를 통해 민족의 전통 정서와의 동일성을 느낄 수 있는 대표적인 작품이다.
여기서도 고향 상실의 정서를 드러내는 공간은 '메 끝'이다. 그러나 유년 시절의 풀피리 소리가 안 나고, 메마른 입술만 쓴 유년의 삶의 화해로움이 상실된 정황으로 가득하다. 그리고 고향에 돌아와도 자아의 주체적 삶의 즐거움은 상실되었고, 그리던 하늘만 높푸를 뿐이다. 돌아온 고향이 고향을 느낄 수 없는 현실 세계의 고향 상실 의식은 '메끝'의 낭만적 인식을 보여준다.

이러한 현실의 갈등과 분열적 자아의 삶이 자리잡고 있는 정지용의 '산'의 낭만적 세계 인식은 '산 속', '산 절정'의 산 속의 공간에서 절대적 세계를 자아화하는 의식으로 현실의 갈등을 넘어서고자 한다.

2) '산 속', '산절정'의 공간 : 절대적 자아화의 세계

비교적 초기시들에서 '산'의 낭만적 인식의 세계는 '산 속', '산 절정'의 공간에서는 절대적 세계를 자아화하는 인식의 변화를 보여준다. 이러한 절대적 세계를 자아화하려는 인식의 변화는 현실의 상실감, 분열적 갈등의 정서를 벗어나려 하는 자아의 세계화로 나아가고자 하는 의식을 담고 있다. 산은 정신의 내적인 고양, 풍요, 순수를 상징하는 공간이다.[9] 즉, 산 속으로 들어간다는 것은 감각적 현실 세계를 벗어나 이성의 발달이 도달되는 상태로 나아가는 것이다. 여기서 이성은 사물의 있는 그대로의 본질을 파악하는 심리 상태를 의미하며 자아의 열려진 반응을 통한 자연 세계의 자아화를 의미한다. 이러한 자연 세계의 자아화는 자아와 자연이 정의적(情意的)으로 충분히 연결되어 자아의 분열과 소외를 극복하고 존재하는 모든 사물과 하나가 되는 경험에 도달하는 것을 의미한다.[10] 정지용의 산의 절

---
9) 李昇薰, 『문학상징사전』(고려원, 1994), pp.272~293. 참조.
10) E. Fromm, 앞의 글, pp.36~37.

대적 세계의 자아화 의식 속에는 초기시의 '산 아래', '산 저쪽', '산 넘어'의 낭만적 인식이 갖는 갈등과 상실 의식에서 벗어나 '산 속', '산 절정'의 산의 공간 의식에 이르러 절대적 세계의 자아화로 지향하고 있다. 다음의 「절정」의 '상상봉(上上峰)'의 공간 의식 속에는 이러한 산의 절대적 세계의 자아화 의식이 작용하고 있다.

    石壁에는
    朱砂가 찍혀 있오.
    이슬같은 물이 흐르오.
    나래 붉은 새가
    위태한데 앉어 따먹으오.
    山葡萄순이 지나갔오.
    香그런 꽃뱀이
    高原꿈에 옴치고 있오.
    巨大한 죽엄 같은 壯嚴한 이마,
    氣候鳥가 첫 번 돌아오는 곳,
    上弦달이 살어지는 곳,
    쌍무지개 다리 드디는 곳,
    아래서 볼 때 오리옹 星座와 키가 나란하오.
    나는 이제 上上峰에 섰오.
    별만한 힌꽃이 하늘대오.

                                                  -「絶頂」 일부

여기서 시적 자아는 절정의 상상봉에 서서 지상과 소외의 현실에서 벗어나 이성적 절대적 세계를 자아화하는 열려진, 자연의 본질과 일체화되는 경험에 도달된 의식의 절정에 있다. 즉, 이슬 같은 물이 흐르는 주사가 찍혀 있는 석벽을 오르고, 산포도순이 지나가고 향그런 꽃뱀이 고원꿈에 옴치고 있는 곳으로 도달한다. 그곳은 거대한 죽음 같은 산의 장엄한 이마이며, 기후조가 첫번 돌아오고, 상현달이 살어지고, 쌍무지개 다리가 드디는 절정의 세계이다. 곧 오리온 성좌에 닿는 천상적 세계와 만나는 절대적 세계로의 도달이었다. "나는 이제 上上峰에 섰오"는 자아가 절대적 세계로 열려지는 자아의식의 천명이며, 현실적 자아에서 분리되어 절대적 세계의 절정을 경험하는 자아화의 세계 인식의 표현이다. 지상적 현실 세계로부터 완전히 분리되어 산의 절대적 세계와의 완전한 만남을 의미한다. "별만한 힌꽃이 하늘대는" 절대적 세계의 자아화의 세계이다. 이는 산의 '상상봉'으로 올라가는 의식의 첨예한 정경들이 어우러지는 이슬 같은 물이 흐르는 석벽이나, 이를 따머는 나래 붉은 새, 산포도순, 고원, 산의 장엄한 이마, 쌍무지개 다리 드나드는 절정을 향한 정경들은 절대적 세계를 자아화하는 의식의 자연 공간을 상징한다. 이러한 절대적 세계의 자아화 의식은 「비로봉」에서도 지상과 현실의 '戀情'의 감성적 자아 의식에서 벗어나 절대적 세계의 자아화 의식으로 나타난다.

    白樺수풀 앙당한 속에
    季節이 쪼그리고 있다.

    이곳은 肉體없는 寥寂한 饗宴場
    이마에 시며드는 香料로운 滋養!

海拔五千피이트의 卷雲層우에
그싯는 성냥불!

東海는 푸른 揷畵처럼 옴직 않고
누뤼 알이 참벌처럼 옴겨 간다.

戀情은 그림자 마자 벗쟈
산드랗게 얼어라!귀뜨람이 처럼.

— 「毘盧峯 1」전문

담장이
물 들고,

다람쥐 꼬리
숯이 짙다.

山脈우의
가을ㅅ길—

이마바르히
해도 향그롭어

지팽이
자진 마짐

흰들이
우놋다.

白樺 홀홀
허울 벗고,

꽃 옆에 자고
이는 구름,

바람에
아시우다.

― 「毘盧峯 2」 전문

 「비로봉 1」에서의 산의 절대적 세계의 자아화 공간은 비로봉의 정상이다. 그곳은 "육체없는 요적한 향연장"이다. 그리고 「비로봉 2」에서는 산맥 위이며, 그곳은 "해도 향그롭어 백화도 허울을 벗고 꽃 옆에 구름이 자고 이는 가을길"이 있는 공간이다. 즉,「비로봉」 연작에서의 산의 정상은 자아의 절대화 의식을 지향하는 공간 인식이 나타나는 곳이다. 절대적 세계의 표상인 산의 정상과의 의식 결합을 통하여 자아 의식의 초월적 인식이 나타나는 세계이다. 그것은 「비로봉 1」에서의 "계절이 쪼그리고 있는 백화 수풀 속"을 육체 없는 적요한 향연장의 초월적 공간으로 인식하고, 향료로운 정신의 자양이 이마에 스며드는 절대적 세계의 자아화하는 공간 인식에서도 나타난다. 이러한 산 정산에서의 자아화는 현실적 세계에서의 '연정'의 그림자마저도 벗고 "귀뚜라미처럼 산드랗게 얼어라!"는 초월적 세계로의 지향을 의식화하고자 한다.

「비로봉 2」에서도 비로봉의 연봉들 위의 산 정상에 어우러진 '산맥 위'의 공간 인식에 잘 나타난다. 산 위의 절대적 세계의 공간 의식은 비로봉의 이마가 바르고, 해도 향그롭게 의식화된 세계이다. 즉, 그곳은 현실 세계의 지팡이도 놓고 흰들이 우숫는 세계이며, 백화가 현실적 감정 표상인 '허울'도 훌훌 벗고 꽃 옆에 구름이 자고 이는 초월적 세계이다. 이러한 절대적 세계의 자아화된 공간으로서의 '비로봉'의 산 정상과 산맥 위의 절대적 세계의 의식 지향은 다음의 「옥류동」, 「구성동」의 '골 속', '골작'의 공간 의식에서도 나타난다.

골에 하늘이
따로 트이고,

瀑布 소리 하잔히
봄우뢰를 울다.

날가지 겹겹히
모란꽃닢 포기이는 듯.

자위 돌아 사폿 질ㅅ듯
위태로히 솟은 봉오리들.

골이 속 속 접히어 들어
이내〔晴嵐〕가 새포롬 서그러거리는 숫도림.

꽃가루 묻힌양 날러올라
나래 떠는 해.

보라빛 해ㅅ살이
幅지어 빗겨 걸치이매,

기슭에 雜草들의
소란한 呼吸!

들새도 날러들지 않고
神秘가 한끗 저자 선 한낮.

물도 젖여지지 않어
흰돌 우에 따로 구르고,

닥어 스미는 향기에
길초마다 옷깃이 매워라.

— 「玉流洞」 일부

골작에는 흔히
流星이 묻힌다.

黃昏에 누뤼가
소란히 싸히기도 하고,

꽃도
귀향 사는 곳,

절터ㅅ 드랬는데도
바람이 모히지 않고

山 그림ㄷ자 설핏하면
사슴이 일어나 등을 넘어간다.

―「九城洞」 전문

　여기 「옥류동」의 '골이 속속 접히어 든' 계곡이나, 「구성동」의 유성이 흔히 묻히는 '골작'의 산의 공간 의식은 자아의 현실 세계의 갈등이나 감정이 일어나지 않는 절대적 세계가 자아화된 곳이다. 그것은 「비로봉」 연작에서의 '연정'의 그림자마저 벗고 초월적 세계의 자아화한 공간 인식이 '골' 속의 절대적 자아화로 나타난 것이다.
　이 「옥류동」과 「구성동」에서의 '골'의 공간 인식은 현실의 공간에서 들어가는 자아의 낭만적 세계가 아니라, 절대적 세계, 즉 천상적 세계가 내려온 자아화된 세계이다. 「옥류동」에서의 '골'은 하늘이 따로 트이고, 폭포소리가 봄 우뢰를 울고 날가지가 겹겹이 모란 꽃잎 포기이는 듯하고 해가 꽃가루 묻힌 양 날아올라 나래 떠는 '골 속'의 절대적 세계의 의식이 자리잡고 있는 곳이다. 그곳은 기슭에는 잡초들의 소란한 호흡이 들리며, 들새도 날아들지 않고 신비가 가득한 한낮이며, 물도 젖어지지 않고 흰 돌 위에 구르고, 길초마다 향기가 다가와 스미는 세계이다. 이는 「구성동」에서도 유성이 흔히 묻히는 '골작'의 공간 의식에도 담겨 있다. 「구성동」에서의 '골작'은 천상적 이미지인 유성이 묻히는 신비로움이 감도는 세계이다. 이러한 신비한 정적의 공간에는 황혼의 누뤼가 쌓이기도 하고, 꽃도 귀향사는 곳, 바람이 모이지 않는 절터가 있는 현실 세계가 초월된 공간이다. 산그림자가 설핏하면 사슴이 일어나 산등성이를 넘어가는 절대적 세계의 공간은 현실적 감정이나 갈등이 초월된 절대적 세계의 자아화 공간인 셈이다.

이러한 「절정」, 「비로봉」 1·2, 「옥류동」, 「구성동」의 산의 상징 공간이 '상상봉', '비로봉', '골 속' 등의 공간 의식 속에 지향된 절대적 세계의 자아화는 현실적 지상적 삶의 갈등과 상실, 소외의 자아 의식에서 벗어나 열려진 자아로의, 즉 전인(全人)으로서의 자아가 자연의 절대적 세계나 사물의 본질에 반응하고 응답하여 '나의 세계로서의 체험'을 의미한다. 즉, 이는 '산 아래', '산 저쪽', '산 너머'의 상실과 분열의 낭만적 회복을 지향하고자 했던 의식에서 산의 '절정', '산 속'의 세계로 들어감으로써 지상적 낯선 소외의 세계가 아니라 나의 세계로 자아화한 것이다.

정지용의 이러한 산의 '절정', '상상봉', '골 속'의 자아화 의식 지향은 후기 산시(山詩)들인 「장수산」 1·2, 「백록담」, 「인동차」, 「진달래」, 「호랑나비」 등에 이르러 자아의 절대적 세계화라 할 수 있는 동양적 정신의 은일의 정신 세계로 지향하고 있다.

3) '白鹿潭', '山中'의 공간 : 자아의 절대적 세계화 인식

앞에서 산은 정신의 내적인 고양을 상징한다고 했다. 산 속으로 들어가는 자아 의식은 정신의 고양을 통하여 자아의 절대적 세계화의 의식이라 할 수 있다. 산봉우리는 신비성을 담고 있는 공간이며, 지

1949년 동지사에서 낸 『산문』 표지.

상과 하늘이 만나는 세계를 표상하는 축이 통과하는 세계의 중심이다.[11] 정지용의 후기시의 대부분을 지배하는 산의 상징적 공간 의식은 이러한 자아의 절대화 의식을 담고 있다. 「장수산」 1·2를 비롯하여 「백록담」, 「인동차」, 「진달래」, 「호랑나비」 등의 시들에는 시적 자아가 산 속으로 들어가 절정을 향하는 정신의 고양을 이루고자 한다. 이러한 산의 수직적 상징 의식은 존재의 신성함과 자아의 절대적 세계로의 몰입을 통하여 현실 속에서의 정신의 피폐함을 초극하려는 자아의 절대적 세계화 의식이라 할 수 있다. 그는 시집 『백록담』을 상재할 당시의 현실 속의 정신적 상황을 다음과 같이 피력한 바 있다.

　　詩人소리만 들어온 것이 늦게 여간 괴롭지 않고 詩쓴 버릇때문에 정서와 감정에 치료하기 어려운 偏執的 病癖이 깊어져서 나는 몹쓸 사람이 되어버리지 않았나? 하는 괴로움에서 헤어나기 어렵다. 이러한 괴로움이 日帝 發惡期에 들어 『文章』이 폐간당할 무렵에 매우 심하였다. (…중략…) 「백록담」을 내놓은 시절이 내가 가장 精神이나 肉體로 疲弊한 때다. (…중략…) 그래도 버릴 수 없어 詩를 이어온 것인데 이 以上은 소위 國民文學에 協力하던지 그렇지 않고서는 朝鮮詩를 쓴다는 것만으로도 신변의 威脅을 당하게 된 것이었다.[12]

---

11) 李昇薰, 『문학상징사전』(고려원, 1994), p.271.
12) 鄭芝溶, 『散文』(同志社, 1949), pp.85~86. 이러한 정신적 상황은 해방 후 2, 3년간에도 계속되었다. 해방 후 윤동주의 유고 시집 『하늘과 바람과 별과 詩』 서문을 쓰는 자리에서도 "내가 무엇이고 정성껏 몇 마디 써야 할 의무를 가졌건만 붓을 잡기가 죽기보다 싫은 날 나는 혐의를 뒤집어쓰고 차라리 病 아닌 신음을 하고 있다"고 토로하고 있다.

당시의 현실적 상황은 이러한 소위 국민문학에 협력할 것을 강요 받았을 뿐만 아니라 일제 경찰과 문인협회의 친일 문인들로부터 협박과 곤욕을 받았다고 토로하고 있을 정도로 정신과 육체의 피폐함을 보여준다. 이러한 당시 현실적 고통을 이겨내기 위한 자아의 의식 지향은 자아를 현실적 억압으로부터 해방시킬 수 있는 절대적 세계화의 공간으로 나아가는 길이었다. 이 무렵 정지용은 정신과 육체의 피폐한 상황 속에서 자아를 '산'의 절대적 세계로의 몰입을 통해 극복하고 있다. 즉, 자아를 산의 절대적 세계와 일치시킴으로서 현실이 지배하는 세계로부터 초극하고자 했다. 다음의 「장수산 1」은 이러한 그의 의식 지향을 담고 있는 작품이다.

伐木丁丁 이랬거니 아람도리 큰솔이 베혀짐즉도 하이 골이 울어 멩아리 소리 찌르렁 돌아옴즉도 하이 다람쥐도 좃지 않고 뫼ㅅ새 소리도 울지 않어 깊은산 고요가 차라리 뼈를 저리우는데 눈과 밤이 조히보담 희고녀! 달도 보름을 기다려 흰 뜻은 한밤 이골을 걸음이란다? 웃절 중이 여섯판에 여섯 번 지고 웃고 올라간 뒤 조찰히 늙은 사나히의 남긴 내음새를 줏는다? 시름은 바람도 일지 않는 고요에 심히 흔들리우노니 오오 견듸란다 차고 兀然히 슬픔도 꿈도 없이 長壽山 속 겨울 한밤내—

— 「長壽山 1」 전문

「장수산 1」의 자아의 절대적 세계화의 공간 지향은 '흰 산'이다. 여기서 세계의 중심을 이루는 산의 상징적 이미지와 '흰 빛'의 이미지는 순수와 절대적 고요 속에서도 심히 흔들리지만 장수산 속 겨울 한밤내 "오오 견듸란다"고 언표하고 있음이 그것이다.

첫 구절 '伐木丁丁'[13]의 벌목의 나무 찍는 음성 상징에서 나무 찍는 소리는 바로 자아의 현실적 고통의 소리이며, 뼈를 저리우는 고요 속서 겨울 한밤내 견디는 시적 자아의 의식 속에는 자아의 절대적 정신 세계화의 한 모습이 투영되어 있다. 이러한 정신 지향은 장수산의 공간적 시간적 심상을 빌어 '고요'로 표징되는 동양적 세계에 일체화되려는 정신적 고통의 기록이며, 허정의 세계에의 몰입을 위한 의식의 싸움[14]이라고도 볼 수 있다. 즉, 뼈를 저리는 눈과 밤이 흰 깊은 산 고요 속에서 여섯 판을 지고도 웃고 올라간 웃절 중이 남긴 내음새를 줍는다는 자아의 의식은 바로 자아의 절대적 세계화의 고통의 모습이며, 의식의 싸움이라고도 할 수 있다. 이러한 자아의 절대적 세계 속으로의 몰입을 통한 공간 의식은 「장수산 2」에서도 정신의 절대적 경지로 표상된다.

풀도 떨지 않는 돌산이오 돌도 한덩이로 열두골을 고비고비 돌았세라 찬 하눌이 골마다 따로 씨우었고 어름이 굳어 얼어 드딤돌이 믿음직 하이 쩡이 기고 곰이 밟은 자옥에 나의 발도 노히노니 물소리 귀또리처럼 경경하놋다 피락 마락하는 해ㅅ살에 눈우에 눈이 가리어 앉다 흰시울 알에 흰시울이 눌리워 숨쉬는다 온 산중 나려앉는 획진 시울들이 다치지 안히! 나도 내더져 앉다 일즉이 진달레 꽃그림자에 붉었던 絶壁 보이한 자리 우에!

— 「長壽山 2」 전문

여기서 자아의 절대적 세계화의 공간은 "진달래 꽃그림자에 붉었

---

13) 吳鐸藩,「芝溶詩의 環境」,『現代文學散藁』(高大出版部, 1976), p.117. 여기서 오탁번은 정지용이 중국 고전의 영향을 받았다고 지적하면서 詩經의 小雅 鹿鳴之什의 伐木의 詩 "伐木丁丁 鳥鳴/出自幽谷 遷于喬木"의 원용으로 "丁丁"은 나무를 벨 때 나는 소리의 擬聲語라고 해석하였다. 그리고 이러한 중국 고전의 외적인 영향을 충분히 자기 것으로 육화하였다고 평하며, 지용詩의 탁월함을 입증해 준다고 하였다.
14) 崔東鎬, 앞의 글, p.278.

던 절벽 보이한 자리"이다. 장수산의 겨울 흰 산 속의 뼈를 저리우는 고요 속에서 자아의 절대화를 지향하려는 의식은 진달래 꽃그림자 붉었던 자리 위에 '내던져 앉다'는 자아의 모습으로 나타난다. 즉, 장수산의 풀도 떨지 않고, 돌도 한덩이로 열두 골을 고비고비 돌았고, 찬 하늘이 골골마다 따로 싸여 있는 절대적 공간 속으로의 '내던져 앉다'는 자아 의식의 표현이 그것이다.

위의「장수산」연작의 '흰빛'의 감각적 상징들이 일으키는 '언어적 반향과 의식의 흐름'들은 정신적 절대적 세계의 자아화 공간 의식을 담고 있다. 이는 세속적 삶의 고통과 번뇌를 초탈하고 자아가 산의 절대적 세계 속으로 세계화됨을 의미한다. 즉, 그것은 많은 논자들이 지적한 바 있는 허정무위의 세계관을 담고 있으며, 무위자연의 삶의 원리를 따라 탈속하고 무아의 경지로 절대화되고자 하는 의식에서 비롯된 것이다. 이러한 절대적 세계의 자아화의 공간 의식은 「백록담」의 '산'을 오르는 정신적 상승의 절대화로 나간다. 이「백록담」에서의 자아 의식은 '백록담'이라는 "영혼의 반영하는 물의 명증성을 인식하여 주체를 해체하는 시적 자아의 객관화의 세계"[15]로 나아감을 보여준다. 따라서「백록담」은 절대적 세계로의 자아화 과정이 도달하는 세계의 정점인 셈이다.

絶頂에 가까울수록 뻐꾹채 꽃키가 점점 消耗된다. 한마루 오르면 허리가 슬어지고 다시 한마루 우에서 모가지가 없고 나종에는 얼골만 갸옷 내다본다. 花紋처럼 版박힌다. 바람이 차기가 咸鏡道끝과 맞서는데서 뻐꾹채 키는 아조 없어지고도 八月한철엔 흩어진 星辰 처럼 爛漫하다. 山그림자 어둑어둑하면 그러

---

15) 위의 글, p.286.

지 않어도 빽국채 꽃밭에서 별들이 켜든다. 제자리에서 별이 옮긴다. 나는 여기서 기진했다.

고비 고사리 더덕순 도라지꽃 취 삭갓나물 대풀 石茸 별과 같은 방울을 달은 高山植物을 색이며 醉하며 자며 한다. 白鹿潭 조찰한 물을 그리여 山脈우에서 짓는 行列이 구름보다 莊嚴하다. 소나기 놋낫 맞으며 무지개에 말리우며 궁둥이에 꽃물 익여 붙인채로 살이 붓는다.

가재도 기지 않는 白鹿潭 푸른 물에 하눌이 돈다. 不具에 가깝도록 고단한 나의 다리를 돌아 소가 갔다. 좃겨온 실구름 一抹에도 白鹿潭은 흐리운다. 나의 얼골에 한나잘 포긴 白鹿潭은 쓸쓸하다. 나는 깨다 졸다 祈禱조차 잊었더니라.

— 「白鹿潭」1, 8, 9

이 「백록담」은 시적 자아의 절대적 세계화의 인식을 보여주는 작품이다. 백록담의 산의 정상에서 자아가 자연과 우주와의 육화를 통해 절대적 세계와의 일체화를 이룬다. 이는 그가 초기의 감각적 언어 세계에서 절대적 정신 세계로의 인식으로 전환하고자 했던 시적 신념에 도달한 것이다. 백록담에서의 자아의 세계화로의 몰입은 그가 「백록담」이전의 『카톨릭 청년』에 주로 발표했던 신앙시들의 '신의 인식'[16]에서부터 시도했던 시적 신념의 세계였다. 이는 그가 감각과 언어를 금욕주의적 엄격함으로 단련하였던 시적 신념에서 무욕의 철학으로 한국인의 혼란된 경험을 하나의 질서로 부여하였다는 평가

---

16) 金允植,「모더니즘의 限界」,『韓國近代作家論攷』(一志社, 1974), p.95. 김윤식은「백록담」에 나타난 觀照는 카톨릭 신념에서 견지되어온 존엄의 神의 인식에 기초를 두었기 때문에 얻어진 정서의 균형이라 하였다.

를 받기도 했다.[17]

「백록담」의 1연에서 자아는 자연과의 일체화를 이루는 정신적 상승과 충일감을 느끼고 있다. "절정에 가까울수록 뻑국채 꽃키가 점점 소모된다"에서 절정으로의 공간적 상승을 통하여 뻑국채 꽃키가 점점 소모된다는 인식은 산을 오르는 의식이 꽃키의 소모로 동화되는 자연과의 몰입 경지로 들어가는 통로로 작용한다. 자연의 소멸, 절대적 경지와의 일체화를 이루는 정신주의 한 기쁨으로 나

시집 『백록담』(동명출판사, 1941년).

아가는 과정인 것이다. 그것은 뻑국채 꽃키가 아주 없어지고 그 자리에 흩어진 성진으로 난만하게 펼쳐진다. 꽃키가 없어진 뻑국채 꽃밭에 별들이 켜들고 제 자리에서 별이 옮기고 있는 정신의 절대적 경지는 바로 정신주의의 정점에서 자아의 절대적 세계 인식의 의식 양상이다. 1연의 끝 구절 "나는 여기서 기진했다"의 언술은 바로 무아경의 자연 속으로 몰입된 자아의 절대적 세계화의 표현인 셈이다. 그것은 자연의 육체적 변화는 꽃키의 소모로, 자연의 정신은 별로 표상되었으며, 꽃키의 소모는 시적 자아의 육체적 소진이며, 황폐한 꽃밭에 드리운 별은 미래에 대한 예시[18]로 현실을 초월하고자 하는 자아의 절대적 세계 인식의 태도이다.

이러한 자아의 절대적 세계화의 인식은 백록담으로 등정되는 의식의 상승을 통하여 하늘과 가까이 다가감으로써 현실적 사회적 현실

17) 金禹昌, 『궁핍한 시대의 詩人』(민음사, 1977), p.53.
18) 宋孝燮, 「〈白鹿潭〉의 구조와 서정」, 『鄭芝溶硏究』, 앞의 책, p.59.

을 초극하고자 하는 의식을 담고 있다. 따라서 여기서의 '백록담'의 산의 공간 의식은 자아가 세계화된 자율적인 질서의 세계이다. 즉, '허정무위(虛靜無爲)'와 '무욕청정(無慾淸淨)'의 절대적 세계로의 질서이다.[19] 이는 현실적인 감성이 고도로 절제되고, 극기된 무욕과 허정의 삶의 원리에 입각한 정지용의 자아의 절대적 세계화의 인식을 보여준다. 이러한 자아의 절대적 세계로의 지향은 「인동차」에서 '산중'의 공간 인식에도 나타난다.

老主人의 壁에
無時로 忍冬 삼긴물이 나린다.

자작나무 덩그럭 불이
도로 피여 붉고,

구석에 그늘 지여
무가 순돋아 파릇 하고,

흙냄새 훈훈히 김도 사리다가
바깥 風雪소리에 잠착하다.

山中에 冊曆도 없이
三冬이 하이얗다.

— 「忍冬茶」 전문

---

19) 文德守, 『韓國 모더니즘 詩 硏究』(詩文學社, 1981), p.108.

이「인동차」는 그가 앞에서 토로한 바 있는 육체와 정신이 피폐한 상황 속에서 씌어진 작품으로서 그러한 상황을 초극하고자 한 그의 절대적 세계화의 의식을 잘 보여준다. 즉, 여기서 현실 고통의 차원에 자아를 두지 않고 동양적 은일의 절대적 세계 속에 객체화함으로써 절대적 세계화의 의식을 지향하고자 한다. 이러한 동양적 삶의 은일 세계는 '책력(冊曆)'의 현실적 시간이 아니라 무시간(無時間) 의식이 자리잡고 있는 영원과 재생의 공간 의식의 세계이다. 자연적 질서와 자아의 세계가 일체화된 재생적 자율적 질서가 자리잡는 세계화의 인식이라 할 수 있다. 즉, 여기서의 정지용의 '산시(山詩)'의 지향은 은일의 정신 세계를 열어 보여주며, 노주인의 청정무심의 은둔의 세계는 그의 산수시(山水詩)의 막다른 길이었을 것이다. 이는 그가 노성한 정신의 세계를 지향하고 있는데, 그것은 중국이나 한국 산수시의 전통에서 정신적 뿌리를 찾고자 했던 자아의 절대화 인식에 기초를 두고 있다. 이러한 '산중'의 산의 절대적 세계화 공간은「진달래」,「호랑나비」에서 "진달래 꽃 사태를 만나 만신(萬身)"으로 붉히고 서 있거나, "청산을 훨훨 넘는 호랑나비"로 절대화의 세계로 재생되는 자아의 모습으로 나타난다.

한골에서 비를 보고 한골에서 바람을 보다 한골에 그늘 딴골에 양지 따로 따로 갈어 밟다 무지개 햇살에 빗걸린 골 山벌떼 두름박 지어 위잉 위잉 두르는 골 雜木수풀 누릇 붉웃 어우러진 속에 감초혀 낮잠 듭신 칙범 냄새 가장자리를 돌아 어마 어마 긔여 살어 나온 골 上峰에 올라 별보다 깨끗한 돌을 드니 白樺가지 우에 하도 푸른 하눌······ 포르르 풀매······ 온산중 紅葉이 수런 수런 거린다 아랫절 불켜지 않은 장방에 들어 목침을 달쿠어 발바닥 꼬아리를 슴슴 지지며 그제사 범의 욕을 그놈 저놈 하고 이내 누었다 바로 머리 맡에 물소리 흘리며 어느 한곬으로 빠져 나가다가 난데없는 철아닌 진달레 꽃사태를 만나 나는 萬身을 붉히고 서다.

— 「진달래」 전문

畵具를 메고 山을 疊疊 들어간 후 이내 踪迹이 杳然하다. 丹楓이 이울고 峯마다 찡그리고 눈이 날고 嶺우에 賣店은 덧문 속문이 닫히고 三冬내— 열리지 않았다 해를 넘어 봄이 짙도록 눈이 처마와 키가 같았다 大幅 캔버스 우에는 木花송이 같은 한떨기 지난해 흰 구름이 새로 미끄러지고 瀑布소리 차츰 불고 푸른 하눌 되돌아서 오건만 구두와 안ㅅ신이 나란이 노힌채 戀愛가 비린내를 풍기기 시작했다 그날밤 집집 博多 胎生 수수한 寡婦 흰얼골 이사 淮陽 高城사람들끼리에도 익었건만 賣店 바깥 主人 된 畵家는 이름조차 없고 松花가루 노랗고 뻑 뻑국 고비 고사리 고부라지고 호랑나비 쌍을 지여 훨훨 靑山 을 넘고.

— 「호랑나비」 전문

이들 「진달래」, 「호랑나비」는 일련의 '산중시(山中詩)'라 할 수 있다. 시적 화자가 산 속으로 들어가 은거하면서 산 속의 신비한 자연 생활과 일체화되면서 자아의 절대적 세계화의 의식을 지향한다. 즉, 진달래 꽃사내를 만나 붉히고 서 있는 '만신'이나 청산을 훨훨 나는 '호랑나비'는 바로 자아의 절대적 세계화의 한 모습이다. 「진달래」에서 "나는 만신을 붉히고 서다"와, 「호랑나비」에서 "청산을 훨훨 넘고"라는 끝 행들은 자아의 절대적 세계화 의식을 담고 있는 표현이다.

앞에서 그가 노장 철학의 존재 원리를 따라 현실의 대립과 갈등의 자아로부터 절대적 세계화로 나아가고자 했던 의식 지향을 지녔다고 했다. 여기서도 그러한 자아의 절대화를 통한 현실적 갈등을 넘어서려는 의식 지향을 보인다. 이러한 자아의 절대적 세계화를 이루는 상징적 공간이 '산 중'이다. 그곳은 「진달래」에서 별보다 깨끗한 돌을 푸른 하늘에 풀매질하니 산중 홍엽(紅葉)이 수런수런거리는 '상봉(上峰)'이거나, 「호랑나비」에서 삼동이 지나고 처마에까지 눈이 쌓였던 겨울이 지나고 흰 구름이 새로 미끄러지고 폭포 소리가 푸른 하늘을 되돌아오는 '첩첩 산 속'의 자연의 신비가 감도는 곳이다. 즉, 일체의 산 중의 정경들이 신비롭게 표상되면서 시적 자아가 무아의 경지에 들어가면서 절대적 세계화로 화신(化身)되는 공간이다.

이러한 정지용의 자아의 절대화 의식은 '허정무위'의 세계 인식을 보여준다. 「진달래」에서 시적 화자가 산중의 '절의 장방'에 은거하면서 산 속의 골골을 갈어 밟고 상봉에 올라 푸른 하늘에 별보다 깨끗한 돌을 던지고 홍엽이 수런거리는 자연의 일부가 되어 "만신으로 붉히고 서"는 자아의 의식에도 그러한 태도를 담고 있다. 그것은 「호랑나비」에서도 첩첩 산 속으로 들어간 화가가 매점의 주인과 "연애가 비린내를 풍기는" 현실적 세계를 떠나, 송화 가루 날리고 뻐꾹새가 우는 봄의 재생 공간에서 '호랑나비 쌍'이 되어 청산을 훨훨 나는 모습으로도 나타난다. 이는 바로 정지용의 허정무위의 세계 인식의 태도를 보여주는 자아의 절대적 세계화의 모습이라 할 수 있다.

이러한 「백록담」, 「장수산」, 「인동차」, 「진달래」, 「호랑나비」 등의 산의 공간 의식은 '백록담', '산 중' 등에서 자아의 절대적 세계화 의식의 태도를 담고 있으며, 이는 그의 자연의 질서 속에서 존재의 절대적 세계를 실현하려는 허정무위의 자아 의식 지향을 보여준다.

3. 맺는말

이제까지 정지용 시의 중요한 모티프의 하나인 '산'의 상징성을 탐색해 보았다. 앞에서 초기시의 '물'의 상징 유형에서 자아의 감각적 갈등들이 담긴 '바다'의 이미지들이, '비', '호수', '백록담' 등의 '물'의 이미지에 이르러 자아의 동일성 회복의 의식 지향을 담고 있음을 밝힌 바 있다. '바다'를 중심 모티프로 하는 『정지용시집』의 감각적 언어적 세계에서 벗어나, 정신적 절대적 세계 지향의 의식들은 대체로 후기시들이 수록된 『백록담』의 '산'을 중심으로 하는 공간 의식에 이르러 절정을 이루고 있다.

'산'은 정신의 내적인 고양과 자아 의식의 절대적 세계를 지향하는 상징성을 지닌다. 산 속으로 올라가는 행위는 곧 신성하고 신비성이 가득 찬 세계로 나아가는 상징적 힘을 지니고 있다. 또한 산의 상징적 의식의 절정인 '산봉우리', '절정'은 지상과 하늘이 만나는 세계의 중심축으로서 자아의 절대적 세계화 인식을 보여주는 상징적 공간이다. 이러한 '산'의 상징이 나타내는 자아의 의식들은 '산 아래', '산 저쪽', '산 넘어'의 현실의 갈등이나, 분열을 넘어서고자 하는 자아의 낭만적 세계 인식에서부터, '산 속'의 자연이나 절대적 세계로의 자아화로, '산봉우리', '산 정상'의 자아의 절대적 세계로의 자아화의 세계 인식을 보인다. 정지용의 '산'의 상징 공간이 형성하는 자아의 의식 지향도 이러한 세계 인식이 깊게 작용하고 있다. 이제까지의 논의한 '산'을 중심 모티프로 하는 정지용 시의 자아의 의식 지향을 개괄하면서, 이를 결론으로 삼고자 한다.

① 대체로 초기시에 해당하는 「산엣 색씨 들녁 사내」, 「이른 봄 아침」, 「산넘어 저쪽」, 「고향」 등에 나타나는 '산'의 공간 모티프는 '산

아래', '산 저쪽', '산 넘어' 등으로 자아의 상실과 고향 상실의 정서를 통한 자아의 낭만적 세계 인식을 보여주고 있다. 이는 초기의 '바다' 중심의 시들에 나타난 자아의 감각적 세계 갈등과 상실 의식과 함께 자리잡고 있는 세계이며, 민족 현실의 상실감을 서정화하여 전통적 정서와의 만남을 통해 민족적 삶의 정서와 일체감을 이루려는 낭만적 세계 인식을 담고 있다.

② 이러한 자아의 갈등과 고향 상실의 정서에서 벗어나 『정지용시집』의 후반에 수록된 종교시의 신앙적 세계를 거쳐, 정지용은 동양적 정신적 세계로 나아가고자 했다. 이러한 시적 신념이 절정을 이룬 것은 『백록담』의 '산'의 시들에서였다. 여기서 그의 자아 의식은 '산 속'의 자연 정경을 자아화하여 현실의 갈등과 상실의 정서를 해결하려는 의식 지향을 보여준다. 즉,「절정」,「비로봉」1·2 ,「옥류동」,「구성동」등의 '산'의 공간들인 '고원', '비로봉', '골', '골 속' 등의 공간 의식에서 지상적 삶의 갈등과 상실, 소외의 자아 의식에서 벗어나 열려진 자아로서 자연의 절대적 세계나 사물의 본질에 응답하려는 절대적 세계를 자아화하려는 의식을 지향하였다.

③ 이러한 절대적 자연 정서의 자아화에는 현실적 사회적 거리를 벗어나지 못하고, 현실과 자연, 삶과 죽음, 멸망과 불멸의 두 세계가 혼융되어 있는 산의 이원론적 세계 인식이 자리잡고 있다. 이는 산 정상과 지상의 중간 지대에 자리잡고 있으며, 현실의 정서와 자연의 절대적 세계의 중심을 상징하는 산 정상의 상징 의식이 혼재하는 자아 의식의 표상이다. 이러한 이원론적 세계의 자아화 세계를 초극하는 세계 인식의 태도는 자아의 절대적 세계화이다.

④ 정지용의 자아의 절대적 세계화의 의식은 그의 후기 대표작들인 「장수산」1·2,「백록담」 연작,「인동차」,「진달래」,「호랑나비」등의

'산 중', '백록담'의 정상 등의 산의 공간 의식에 자리잡고 있다. 여기서 '산'은 현실의 감정이나 사회적 역사적 삶의 공간을 초월한 '무욕', '허정', '무위' 등의 현실적 삶의 정서가 와닿을 수 없는 절대적 세계화의 의식 공간이었다. 이는 그가 40년대 초 겪은 육체와 정신의 피폐한 현실을 초극하기 위한 자아 의식의 태도였다. 여기서 그는 노장 철학의 존재 원리에 따라 허정무위의 존재 인식을 통하여 자연의 질서 속으로 무아화(無我化)하면서 자아의 절대적 세계화의 의식으로 초월하려는 태도를 보여준다.

김수복(단국대 교수)

5 백석 시의 '집'의 공간 인식

1. 머리말

시는 현상학적인 표징을 갖고 있다. 한 편의 시 작품은 표면적인 반향과 내면적인 깊이의 울림의 현상이라 할 수 있다. 시 작품은 그 시의 표면적인 풍요로움으로써 우리들 내면의 심층을 일깨워 준다. 표면적인 풍요로움은 시에 나타나는 상징적 이미지로 나타나며, 이들은 시인의 내면적 깊이를 형성하는 의식 세계를 이루고 있다.[1] 시인에게 있어서 공간 체험은 자아의 행복한 공간 의식을 형성하는 장소이며, 또한 적대적 외부 세계와의 자기 비호의 의식이 자리잡고 있다. 따라서 시에 나타나는 공간 모티프들은 그 시인의 내면 세계나 세계 인식의 태도를 확인할 수 있는 의식 공간으로 작용하고 있다.[2]

---

1) G. 바슐라르, 郭光秀 옮김, 『空間의 詩學』(民音社, 1990), pp.90~112.

백석은 토속적이고 민속적 삶의 소재들을 통하여 우리 민족의 생활 내면의 원체험의 세계를 형상화하려 했다. 그의 시에 등장하는 민속적 토속적 모티프들은 바로 민족성 상실의 현실을 초월하여 우리 삶의 원초적 세계를 인식하게 하는 의식의 자장을 이루고 있다.
　　그의 시에 등장하는 토속적 삶의 공간으로 '집'과 '산'의 모티프들이 의식 공간에 깊게 자리잡고 있음을 발견할 수 있다. 앞에서 백석 시의 이러한 세계 인식을 나타내는 '산'의 공간 의식을 살펴본 바 있다.[3] 따라서 이 글 또한 그의 의식 세계를 담고 있는 토속적 삶의 인식을 형상화한 '집'의 공간 인식을 규명하려는 의도를 담고 있다.[4]
　　원래 집은 신화나 설화 등에서 우주의 모상이나 신이 머무르는 장소의 원형적 의미를 갖고 있었다. 따라서 한 민족이 꿈꾸고 있는 우주상이나 우주의 구성을 이루는 원형적 장소였다. 이러한 집의 신화적 상징 의식은 우리의 풍습 가운데서 점차 삶의 근거가 되고 안정을 이루는 공간, 즉 인간의 내면적인 의식이 자리잡은 삶의 상징성을 띠는 공간으로 변형되어 지향되었다.[5] 따라서 '집'은 인간의 내밀한 존재 의식의 지형도라 할 수 있다. 인간의 의식은 집, 즉 인간의 영혼의 구조 안에서 형성되고 집은 자아 의식의 거소로서 작용해 왔다.[6]

---

2) 바슐라르는 인간의 내면적인 삶의 장소들에 대한 조직적인 심리적 연구로서 '장소분석'이라는 용어를 사용하면서 집의 이미지에서 시인의 심리적 통합 원리를 고찰할 수 있다고 보았다(위의 책, pp.109).
3) 김수복, 「백석 시의 '산'의 공간 의식」, 단국대 논문집, 제33집, 1998.
4) 백석 시의 공간 현상에 대해 박태일은 다음과 같이 논하고 있다. "백석 시의 독특한 공간 체험은 장소 사랑이라는 든든히 지향 배경 위에 중심 장소로서 단단하게 지어진 집과 그것이 상징하는바 혈연적 유대감을 넓혀 나가는 통로, 그리고 행위 통로로서의 길과 과거 친족 체험을 거쳐 겨레 역사에 이르는 시간 통로로서 독특한 기억의 건축술의 지향 상태로 보여준다"(박태일, 「백석 시의 공간현상학」, 고형진 편, 『백석』, 새미, 1996, pp.221~240 참조)고 해명한 바 있다.
5) 김열규, 「집」, 『한국문화상징사전 1』(동아출판사,1992), pp.554~55 참조.
6) G. 바슐라르, 앞의 책, pp.109~110.

우리 현대시에서도 '집'은 자아의 화해와 성찰을 지향하는 의식 공간으로 작용해 왔다. 특히 국권 상실의 상황 아래서는 민족의 동일성을 꿈꾸는 자아 인식을 이루는 공간 의식을 담고 있었다. 김소월의 시에 있어서 국권 상실의 시대 인식이 '집'의 부재 의식으로 나타났으며, 이를 회복하려는 자아의 태도로 초월 의식이나 재생 의식의 심리 양상으로 표출되고 있음이 그것이다. 김소월의 '집'의 공간 의식은 민족적 본질적 삶의 상실된 현실을 초월하여, 민족적 공동체적 삶의 회복을 꿈꾸는 태도를 담고 자리잡고 있었다.[7]

　이러한 김소월의 '집'의 공간 인식과는 달리 백석의 '집'의 공간은 토속적 민속적 의식을 담고 있는 공동체적 삶의 회복과 상실의 정서를 담고 있다. 그의 '집'의 공간 유형으로는 '방', '부엌', '울타리'의 형태로 나타나고 있다. 그러면 먼저 집의 일부를 이루는 '방'의 공간 인식의 태도를 살펴보고자 한다.

1) '방'의 공간 의식

　'방'은 집의 일부를 이루는 인간 생활의 가장 밀접한 주거 공간으로서 원초적 삶의 위안과 안식을 주는 의식 공간으로 작용해 왔다. 이는 인류가 경험한 낙원의 상징의 인간적 형식이며, 모태 복귀의 반복을 상징하는 공간 의식을 담고 있다.[8] 따라서 방은 외부 세계와 단절된 고립의 의식 세계나, 자아 성찰을 의식하는 자아 성숙과 재생 의식을 형성하는 공간으로 작용한다. 우리 시의 한편에서 방은 이러한 외부의 억압적 현실과 대립을 의식하는 공간으로 나타났으

---

7) 김수복, 『정신의 부드러운 힘 ; 우리 시의 표정과 상징』(단국대 출판부, 1994), pp.23~37 참조.
8) 黃浿江, 「韓國古典文學과 原型」, 『國文學論集』, 11집(檀國大 國語國文學科, 1983), p.61 참조.

며, 이러한 현실 속에서 민족성과 자아의 상실을 회복하거나 초월하려는 의식 지향의 공간을 형성하기도 했다.[9] 이러한 방의 원초적 의식은 백석의 시에서도 가족 공동체의 삶의 현장으로 공동체적 삶을 인식하거나 삶의 유랑에서 돌아와 자아의 성찰과 자아 회복 지향을 이루는 공간으로 등장하고 있다. 먼저 가족 공동체적 삶의 의식을 인식하는 공간 의식을 담고 있는 작품으로 「여우난곬족」, 「고야」, 「넘언집 범 같은 노큰마니」 등을 들 수 있다.

    이그득히들 할머니할아버지가있는 안간에들모여서 방안에서는 새옷의내음새가나고
    또 인절미 송구떡 콩가루차떡의내음새도나고 끼때의두부와 콩나물과볶운잔디와고사리와 도야지비게는모두 선득선득하니 찬것들이다

    저녁술을놓은아이들은 외양간섶 밭마당에달린 배나무동산에서 쥐잡이를하고 숨굴막질을하고 꼬리잡이를하고 가마타고시집가는노름 말타고장가가는노름을하고 이렇게밤이어둡도록 북적하니논다
    밤이깊어가는집안엔 엄매는엄매들끼리 아르간에서들웃고 이야기하고 아이들은아이들끼리 웅간한방을잡고 조아질하고 쌈방이굴리고 바리깨돌림하고 호박떼기하고 제비손이구손이하고 이렇게화디의사기방등에 심지를 몇번이나독구고 홍계닭이 몇번이나울어서 조름이오면 아릇목싸움 자리싸움을하며 히드득거리다 잠이든다 그래서는 문창에 텅납새의그림자가치는아츰 시누이동세들이

---

9) 특히 윤동주는 방의 모티프를 통하여 당대 민족의 억압적 현실과 대립을 의식하는 공간 의식을 드러내며, 그러한 당대의 민족 현실을 극복하려는 한 방법으로 자아 성찰과 재생의 공간 의식을 지향하고자 했다. 즉, 방 밖의 세계는 차가운 겨울이거나 어둠의 세계이며, 이러한 어둠을 의식하는 방 안의 자아는 자기가 처한 현실 속에서의 자아를 성찰하고 새로운 세계를 지향하고자 하는 자아 의식을 인식하는 공간 의식을 이루고 있다(김수복, 앞의 책, pp.99~111 참조).

욱적하니 훙성거리는 부엌으론 샛문틈으로장지문틈으로 무이징게국을끄리는 맛있는내음새가 올라오도록잔다

— 「여우난곬族」 일부

또이러한밤같은때 시집갈처녀망내고무가 고개념어큰집으로 치장감을가지고와서 엄매와둘이 소기름에쌍심지의불을밝히고 밤이들도록 바느질을하는밤같은때 나는아릇목의살귀를들고 쇠든밤을내여 다람쥐처럼밝어먹고 은행여름을 인두불에구어도먹고 그러다는 이불읗에서 광대넘이를뒤이고 또 누어굴면서 엄매에게 옹목에둘은평풍의 샛빨간천두의이야기를듣기고하고 고무더러는 밝는날 멀리는못난다는 뫼추라기를 잡어달라고졸으기도하고

내일같이명절인밤은 부엌에 쩨듯하니 불이밝고 솥뚜껑이 놀으며 구수한내음새 곰국이무르끓고 방안에서는 일가집할머니가와서 마을의 소문을펴며 조개송편에 달송편에 쥔두기송편에 떡을빚는곁에서 나는 밤소팟소 설탕든콩가루소를 먹으며 설탕든콩가루소가가장맛있다고생각한다 나는얼마나 반죽을주물으며 힌가루손이되여 떡을빚고싶은지 모른다

— 「古夜」 일부

일가들이 모두 범같이 무서워하는 이 노큰마니는 구덕살이같이 욱실욱실 하는 손자 증손자를 방구석에 들매나무 회채리를 단으로 쪄다두고 딸이고 싸리갱이에 갓진창을 매여 놓고 딸이는데

내가 엄매등에 업혀가서 상사말같이 항약에 야기를 쓰면 한창 뛰는함박꽃을 밑가지 채 꺾어주고 종대에 달린 제물배도 가지채 쪄주고 그리고 그 애끼는 게산이 알도 두손에 쥐어 주곤 하는데

우리 엄매가 나를 갖이는 때 이 노큰마니는 어늬밤 크나큰 범이 한마리우리 선산으로 들어오는 꿈을 꾼 것을 우리엄매가 서울서 시집을 온것을 그리고 무엇보다도 내가 이 노큰마니의 당조카의 맏손자로 난것을다견하니 알뜰하니 깃거히 넉이는것이었다

— 「넘언집 범 같은 노큰마니」 일부

위의 「여우난곬족」에서 '방 안'은 토속적 공동체적 삶의 고유한 정취가 환기되는 공간이다. 이 시에서 화자는 명절날 온 가족이 모여서 음식을 장만해 놓고 '안간'(안방)에 모여 있는 민속적 정경과 명절 음식의 풍속적 정서 체험을 떠올리고 있다. 그리고 밤이 깊어갈 때까지 '엄매'들은 아랫방에서 웃고 이야기하며 지내고, 어린아이들은 '웋간한방'(아랫방 옆에 딸린 윗방)을 잡고 조아질(공기놀이)을 하고, 쌈방이(주사위)를 굴리고, 바리깨(주발뚜껑)를 돌리고, 호박떼기[10]를 하고 노는 풍속적 놀이를 하고 있다. 유년의 놀이 체험을 담고 있는 이러한 '방'의 공간 인식은 우리 민족 고유의 풍속이나 풍물의 정취를 담고 있다. 이러한 공간 인식은 우리 민족 고유의 가족 공동체 의식을 담고 있으며, 여기에는 우리 민족의 삶의 풍속적 삶의 모습이 유년의 화자를 통하여 속도감 있는 리듬에 의해 한층 활기 있고 기쁨이 충만한 삶의 모습[11]으로 형상화되었다. 따라서 「여우난

---

10) '호박떼기'는 3명씩 편을 나누어 서로 잡고 있으면 한 편이 서로 잡고 있는 한 편을 한 사람씩 떼어놓는 아이들의 놀이이다. 이때 다 떼어지면 다시 다른 한 편이 똑같은 위치에서 떼어내기를 한다. 이때 한편은 성공하고 다른 한 편이 실패하면 떼어낸 편이 이기는 놀이이다. 둘 다 떼어내기를 성공하거나 실패하면 비기고, 다시 떼어내기를 하는데 같은 편끼리 3명이 안 떨어지기 위해 필사적으로 서로 안고 있으면 이기므로 재미있고 공동체적 유대를 느끼는 아이들의 놀이이다(宋俊 편, 「백석 시어 사전」, 『白石詩全集』(학영사, 1995), p.296. 이하 백석 시어 해석은 이 책을 참조).

굻족」에서의 '방'은 '안방', '아랫방', '아랫방 옆의 윗방'에서 명절 전날 밤의 민속적 공동체적 삶의 정서를 체험하는 공간 인식을 보여준다.

그리고 「고야」에서도 '방'의 풍속적 공간 인식은 명절을 앞둔 한 가족의 정겨운 풍경을 통하여 북관의 풍속 체험의 서사적 정경을 술회하고 있다. 여기서 '방 안'은 시의 앞부분에서 멀리 타향으로 떠난 아버지는 돌아오지 않고 엄마와 '나'는 둘이서 무서운 밤을 보낸다. 이러한 쓸쓸한 밤에 시집 갈 막내 고무가 치장감을 가지고 와서 엄마와 함께 밤늦도록 바느질을 한다. '나'는 방 안의 아랫목 샷자리 한 귀퉁이에서 '쇠든밤'(말라서 새들새들해진 밤)을 다람쥐처럼 발거 먹고 은행알을 구워 먹고, 이불 위에서 '광대넘이'(광대를 흉내내어 뒹구는 놀이)를 뒤이고, 엄마에게 병풍의 '천두'(천도복숭아) 이야기를 듣는다. 그리고 다음 연에서 명절을 앞둔 밤이면 온갖 음식을 장만하느라 온 집에 음식 냄새가 그득히 풍겨오는데 '나'는 송편을 먹으며 설탕이 든 콩가루소가 가장 맛있다고 생각하며 흰 가루손이 되도록 떡을 빚고 싶어한다는 서사적 술회를 담고 있다. 따라서 이 시의 '방 안'의 정경은 한 편의 정겨운 옛날 이야기를 듣는 것 같은 정겹고 그리운 풍속 체험의 정경이 매우 구체적으로 그려지고 있다. 백석은 당대의 민족적 현실을 묘사하는 시에서도 이러한 서사 양식을 도입하여 독특한 리얼리티를 획득하고 있다.

이러한 「여우난곬족」과 「고야」의 명절날 밤의 민속적 풍속적 삶의 정서와 함께 「넘언집 범 같은 노큰마니」에서도 '방'은 집안의 제일 큰집의 큰할머니에게 이야기를 듣는 민속적 가족 공동체적 삶의 일

---

11) 고형진, 「백석시 연구」, 『백석』, 앞의 책, pp.53~54.

백석이 수학한 정주 오산
학교 교사(1935년경).

체감을 체험하는 공간으로 나타난다. 이 시의 앞부분은 '국수당고
개'를 너머 산골 깊은 큰할머니집으로 가는 유년적 화자 '나'가 보고
듣고 경험한 토속적 속신적 삶의 정경이 그려져 있다. 여기서 큰할
머니집은 고개를 넘어가면 '골 안에 아늑히 묵은 영동이 무겁기도
할' 큰할머니가 사는 집이 안기는 것으로 묘사되어 있다. 여기서도
'방'의 공간은 집안의 일가 사람들이 '범같이 무서워하는 노큰마니'
(큰할머니)와 함께 있는 가족 공동체적 삶의 체험이 자리잡고 있다.
큰할머니는 방 안에 '구덕살이'(구더기)같이 욱실욱실하는 손자 증손
자들과 방 안에서 '들매나무 회채리를 단으로 쩌다두고' 싸리갱이에
갓신창(소가죽으로 만든 신의 밑창)을 매여 놓고 따고 있다. 그리고
'내'가 엄마 등에 업혀가서 '상사말'(길들이지 않은 말)같이 '항약에'
(조르고 떼를 쓰며), 악을 쓰고 소리지르면 큰할머니는 함박꽃을 밑가
지째 꺾어 주고 나무의 한가운데 줄기에 달린 제물로 쓸 귀한 배까
지 가지째 꺾어 주고 게산이(거위)알도 두 손에 쥐어 주곤 했던 유년
적 체험을 술회하는 공간으로 '방'이 자리잡고 있다.

이러한 '방'의 큰할머니와의 가족 공동체적 삶의 유년적 공간은 다
음의 「수라」에서 가족 공동체적 삶의 훼손에 따른 연민의 정서를

'거미'를 통하여 상징적으로 언표하고 있다.

거미새끼하나 방바닥에 날인것을 나는아모생각없시 문밖으로 쓸어 벌인다
차디찬밤이다

어니젠가 새끼거미쓸려나간곧에 큰거미가왔다
나는 가슴이짜릿한다
나는 또 큰거미를쓸어 문밖으로 벌이며
찬밖이라도 새끼있는데로가라고하며 설어워한다

이렇게해서 아린가슴이 싹기도전이다
어데서 좁쌀알만한 알에서 가제깨인듯한 발이 채 서지도못한 무척 적은 새끼거미가 이번엔 큰거미없서진곧으로와서 아물걸인다
나는 가슴이 메이는듯하다
내손에 올으기라도하라고 나는손을내어미나 분명히 울고불고할 이 작은것은 나를 무서우이 달어나벌이며 나를서럽게한다
나는 이작은것을 고이 보드러운종이에받어 또 문밖으로벌이며
이것의엄마와 누나나 형이 가까이이것의걱정을하며있다가 쉬이 맞나기나했으면 좋으렸만하고 슬퍼한다

— 「修羅」 전문

여기서 '방'은 새끼거미를 '방 밖'으로 버리고, 뒤이어 온 어미거미를 새끼가 있는 곳으로 가라고 '찬 밖'으로 버리는 자신을 서러워하는 화자의 의식이 자리잡고 있다. 이러한 장면은 거미들이 자기 가족을 못 찾고 헤매는 혼란된 가족 상황을 암시하고 있다. 제목 '수

라'[12]가 암시하고 있는 바와 같이 거미새끼와 큰 거미, 그리고 알에서 갓 깨어난 서지도 못하는 작은 새끼거미가 서로 못 찾고 헤매는 상황을 상징적으로 나타내고 있다. 화자가 마지막 연에서 보드라운 종이에 작은 거미를 받아 문 밖으로 버리며 거미들이 "엄마와 누나나 형이 가까이 이것의 걱정을 하며 있다가 쉬이 만나기나 했으면 좋으련만"하고 슬퍼하고 있다. 이러한 화자의 의식에는 "우리 민족의 삶의 연대감에 대한 추구가 완강하게 깔려 있음을 간접적으로 확인할 수 있으며"[13] 방의 공동체적 의식이 훼손된 삶의 상황을 상징적으로 언표하고 있다.

이러한 '방'의 민족 공동체적 삶의 정서를 담고 있는 공간 인식은 다음의 「추야일경」, 「산숙」, 「구장로」 등에서 민속 음식을 만드는 정경과 유랑적 삶의 정경을 담고 있다.

    닭이 두홰나 울었는데
    안방큰방은 홰즛하니 당등을 하고
    인간들은 모두 웅성웅성 깨여있어서들
    오가리며 석박디를 썰고
    생강에 파에 청각에 마눌을 다지고

    시래기를 삶는 훈훈한 방안에는

---

12) 불교 설화에서 '修羅'는 싸움을 잘하는 무섭고 용맹스러운 귀신으로 나타나며, 여기서 거미들을 방 밖으로 쓸어내는 화자를 자신들의 생활의 질서를 무참하게 파괴하는 인상을 담고 있는 상황으로 제시하고 있다. 이러한 상황은 민족적 삶이 훼손되는 당대의 민족적 현실 인식과 이에 대응하는 공동체적 삶의 의식을 암시하려는 의도가 깔려진 것으로 볼 수도 있을 것이다.
13) 고형진, 앞의 글, p.54.

양염내음새가 싱싱도하다

밖에는 어데서 물새가 우는데
토방에선 햇콩두부가 고요히 숨이들어갔다

— 「秋夜一景」 전문

旅人宿이라도 국수집이다
모밀가루포대가 그득하니 쌓인 웃간은 들믄들믄 더웁기도하다.
나는 낡은 국수분틀과 그즈런히 나가누어서
구석에 데굴데굴하는 木枕들을 베여보며
이山골에 들어와서 이 木枕들에 새깜아니때를 올리고간 사람들을 생각한다

— 「山宿」 일부

이젠 배도 출출히 곺았는데
어서 그 옹기장사가 온다는 거리로 들어가면 무엇보다도 몬저 『酒類販賣業』
이라고 써부친 집으로 들어가자

그 뜨수한 구들에서
따끈한 三十五度 燒酒나 한잔 마시고
그리고 그 시래기국에 소피를 너코 두부를 두고 끌인 구수한 술국을 트근히
멧사발이고 왕사발로 멧사발이고 먹자

— 「球場路」 일부

위의 시들에서 '방'은 시래기를 삶는 훈훈한 '방 안'이나, 유랑의 현실감이 감도는 '산골 여인숙'과, '주류판매업'이라고 써 붙인 집의

따뜻한 구들방이다. 먼저 「추야일경」에서 '방 안'은 새벽까지 밤새도록 등불을 켜놓고 '인간들'(식구들)이 모두 모여 '오가리'(박, 무, 호박 등의 살을 오리거나 말리는 것)며 '석박디'(물김치)를 썰고 생강, 파, 청각, 마늘을 다져 시래기를 삶는 훈훈한 방의 정취를 담고 있다. 이러한 토속적 음식을 만드는 '방 안'의 가을 정경은 물새가 어디서 우는 방 밖의 세계와 대응되면서 '토방'의 햇콩 두부가 숨이 드는 정경과 어우러져 토속적 삶의 정취를 담고 있다.

그리고 「산숙」의 국수집의 '여인숙 방'과 「구장로」의 '뜨수한 구들'의 방의 공간 인식에는 유랑적 삶의 정취가 물씬 풍긴다. 「산숙」에서 화자는 메밀 가루포대가 가득 쌓인 여인숙 방에서 이곳을 거쳐 간 사람들을 생각하고 그들의 생업과 마음들을 함께 생각해 보는 공간 인식을 보이는 장소이다. 이러한 인식은 유랑적 삶의 공동체적 의식이 자리잡고 있다. 즉, 그것은 산골의 국수집을 겸한 여인숙 방에서 낡은 국수 분틀이 있는 방에서 여러 사람이 공동으로 잠을 자는 자리에서 화자는 구석에 굴러다니는 목침들을 베어 보면서 거쳐 간 사람들을 생각하는 인식의 태도로 나타난다. 이는 「구장로」에서도 비를 맞은 옷을 강변에서 말리고 산모퉁이를 돌아오는 동안 옷이 다시 비에 젖었지만, "그 옹기장사가 온다는 거리"로 들어가 '주류 판매업'이라도 써 붙인 집으로 들어가 '뜨수한 구들'에서 소주를 마시고 구수한 술국을 몇 사발이고 마시자는 유랑적 삶의 정서를 담고 있기도 하다. 따라서 이들 두 시가 담고 있는 '방'은 민족 공동체의 유랑적 삶의 정서를 담고 있는 공간 인식이 담겨 있다.

이제까지 백석 시의 '방'은 토속적 삶의 정경이나 공동체적 삶의 정서를 담고 있는 공간으로 작용하고 있었다. 이러한 '방'의 공간 인식은 대체로 유랑적 삶을 통하여 겪은 자아와 민족 정서의 상실감을 극복하고 자신의 삶의 성찰과 자신이 처한 운명론적 세계를 벗어나고자 하는 자아 성찰의 공간 의식을 다음의 시 「힌 바람벽이 있어」, 「남신의주 유동 박시봉방」 등에서 보여주고 있다.

오늘저녁 이 좁다란방의 힌 바람벽에
어쩐지 쓸쓸한것만이 오고 간다
이 힌 바람벽에
히미한 十五燭전등이 지치운 불빛을 내어던지고
때글은 다 낡은 무명샷쯔가 어두운 그림자를 쉬이고
그리고 또 달디단 따끈한 감주나 한잔 먹고싶다고 생각하는 내 가지가지 외로운 생각이 헤매인다
그런데 이것은 또 어인일인가
이 힌 바람벽에
내 가난한 늙은 어머니가 있다
내 가난한 늙은 어머니가
이렇게 시퍼러둥둥하니 추운날인데 차디찬 물에 손은 담그고 무이며 배추를 씻고 있다
또 내 사랑하는 사람이 있다
내 사랑하는 어여쁜 사람이
어늬 먼 앞대 조용한 개포가의 나즈막한 집에서
그의 지아비와 마조 앉어 대구국을 끓여놓고 저녁을 먹는다
벌서 어린것도 생겨서 옆에 끼고 저녁을 먹는다
그런데 또 이즈막하야 어늬사이엔가
이 힌 바람벽에
내 쓸쓸한 얼골을 쳐다보며

이러한 글자들이 지나간다
―나는 이 세상에서 가난하고 외롭고 높고 쓸쓸하니 살어가도록 태어났다
그리고 이세상을 살어가는데
내 가슴은 너무도 많이 뜨거운것으로 호젓한것으로 사랑으로 슬픔으로 가득찬다
그리고 이번에는 나를 위로하는듯이 나를 울력하는듯이
눈질을 하며 주먹질을 하며 이런 글자들이 지나간다
―하늘이 이세상을 내일적에 그가 가장 귀해하고 사랑하는것들은 모두
가난하고 외롭고 높고 쓸쓸하니 그리고 언제나 넘치는 사랑과 슬픔속에 살도록 만드신것이다
초생달과 바구지꽃과 짝새와 당나귀가 그러하듯이
그리고 또 「프랑시쓰 쨈」과 陶淵明과 「라이넬 마리아 릴케」가 그러하듯이

― 「힌 바람벽이 있어」 전문

바로 날도 저물어서
바람은 더욱 세게 불고, 추위는 점점 더해 오는데
나는 어느 木手네 집 헌 샅을 깐
한 방에 들어서 쥔을 붙이었다.
이리하여 나는 이 습내 나는 춥고, 누긋한 방에서
낮이나 밤이나 나는 나 혼자도 너무 많은 것 같이 생각하며
딜옹배기에 북덕불이라도 담겨 오면
이것을 안고 손을 쬐며 재우에 뜻 없이 글자를 쓰기도 하며
또 문밖에 나가디두 않구 자리에 누어서
머리에 손깍지 벼개를 하고 굴기도 하면서
나는 내 슬픔이며 어리석음이며를 소처럼 연하여 쌔김질하는 것이었다.

내 가슴이 꽉 메어 올적이며
내 눈에 뜨거운 것이 핑 괴일 적이며
또 내 스스로 화끈 낯이 붉도록 부끄러운 적이며
나는 내 슬픔과 어리석음에 눌리어 죽을 수밖에 없는 것을 느끼는 것이었다.
그러나 잠시 뒤에 나는 고개를 들어
허연 문창을 바라보든가 또 눈을 떠서 높은 천장을 쳐다보는 것인데
이 때 나는 내 뜻이며 힘으로 나를 이끌어 가는 것이 힘든 일인 것을 생각하고
이것들보다 더 크고 높은 것이 있어서 나를 마음대로 굴려 가는 것을 생각하는 것인데
이렇게 하여 여러 날이 지나는 동안에
내 어지러운 마음에는 슬픔이며 한탄이며 가라앉을 것은 차츰 앙금이 되어 가라앉고
외로운 생각만이 드는 때쯤 해서는
더러 나줏손에 쌀랑쌀랑 싸락눈이 와서 문창을 치기도 하는 때도 있는데
나는 이런 저녁에는 화로를 더욱 다가 끼며 무릎을 꿇어 보며
어니 먼 산 뒷옆에 바우 섶에 따로 외로이 서서
어두어 오는데 하이야니 눈을 맞을
그 드물다는 굳고 정한 갈매나무라는 나무를 생각하는 것이었다.

― 「南新義州 柳洞 朴時逢方」 일부

여기서 '방'의 서정적 공간은 「흰 바람벽이 있어」에서 흰 바람벽에 어쩐지 쓸쓸한 것만 오고가는 '좁다란 방'과, 「남신의주 유동 박시봉방」의 어느 목수네 집에 헌 삿을 깐 '습내 나는 춥고 누긋한 방'이다. 이들 '방'에서의 자아 의식은, 「흰 바람벽이 있어」에서 십오 촉 전등이 비치는 방 안의 바람벽을 보며 가난한 늙은 어머니와 남의

1987년 창작과비평사에서 발행된 『백석시전집』.

아내가 된 사랑하는 여자를 생각하거나, 가족들과 멀리 떨어져 유랑적 삶의 정처를 회상하며, 문 밖에도 나가지 않고 자신의 삶을 성찰하거나, 「남신의주 유동 박시봉방」에서 지나온 삶의 슬픔과 어리석음을 자탄하다가 어느 먼 산의 눈을 맞을 굳고 정한 갈매나무를 생각하며 자아의 정립을 지향하고자 하는 태도를 보인다.

그러면 먼저 「흰 바람벽이 있어」에서 '좁다란 방'에서의 공간 인식의 태도를 살펴보자. 여기서 화자는 '때글은'(오랫동안 때와 땀에 절은) 다 낡은 무명 샤쓰를 입고 좁다란 방에 누워 흰 바람벽을 바라보며 쓸쓸하고 외로운 생각에 잠겨 있다. 그리고 가난한 늙은 어머니가 추운 날 차디찬 물에 배추를 씻고 있는 모습과, 그리고 사랑하는 사람이 어느 먼 해안 개포가의 나즈막한 집에서 남편과 자식들과 함께 저녁을 먹는 모습을 떠올린다. 이렇게 늙은 어머니와 사랑하는 사람을 떠나 화자는 가난하고 외롭게 살아온 자신의 유랑의 정처를 성찰하면서, "하늘이 이세상을 내일적에 그가 가장 귀해하고 사랑하는것들은 모두/가난하고 외롭고 높고 쓸쓸하니 언제나 넘치는 사랑과 슬픔속에 만드신 것이다"라고 자아 회복의 의식을 지향하고 있다.

이러한 유랑적 삶의 성찰과 자아 정립의 의식 지향은 「남신의주 유동 박시봉방」에서도 확인된다. 화자는 아내와 집을 잃고 추위가 닥쳐오는 거리를 방황하다가 남신의주 유동의 어느 목수집 세든 단칸 방에서 밖에 나가지도 않고 삶의 부끄러움과 탄식과 자책을 되새긴다. 그리고는 "내 어지러운 마음에는 슬픔이며 한탄이며 가라앉을 것은 차츰 앙금이 되어 가라앉고/(…중략…)/나는 이런 저녁에는 화로를 더욱 다가 끼며 무릎을 꿇어보며/(…중략…)/그 드물다는 굳고 정한 갈매나무를 생각하는 것이었다"라고 자아 정립의 의식 지향을 나타내고 있다.

2) '부엌'의 공간 의식

이러한 백석 시의 '방'의 공간과 함께 '부엌'의 공간도 그의 자아 의식을 드러내는 공간으로 깊이 작용하고 있다.

'부엌'은 신화에서 부엌의 아궁이와 부뚜막을 관장하는 신인 조왕신의 거처로서, 인간의 생사 회복의 기본 욕구를 충족시키는 성소라는 의식이 지배적으로 작용해 온 공간이었다. 따라서 무속이나 민속에서 조왕신에게 가정의 화평과 수호를 위해 비는 기원의 장소이기도 했다. 아궁이가 있는 벽 쪽에 조왕증발을 마련해 놓고 정화수를 초하루와 보름에 떠놓는가 하면, 지방에 따라 삼베 조각이 담긴 바가지나 백지, 헝겊조각을 조왕의 신체(神體)로 삼아 비는 풍습이 그 것이다.[14]

이러한 '부엌'의 민속적 기원적 공간 의식은 백석의 시에서 토속적 삶의 공간 인식으로 자리잡고 있음을 발견할 수 있다. 다음의 시 「주막」, 「적경」에서 토속적 삶의 공간으로서의 '부엌'의 정경을 담고 있다.

호박닢에싸오는 붕어곰은 언제나 맛있었다

---

14) 『한국문화상징사전』, 2권, 앞의 책, pp.318~19 참조.

부엌에는 빨갛게질들은 八모알상이 그상웋엔 샛파란 싸리를그린 눈알만한盞 이뵈였다

아들아이는 범이라고 장고기를 잘잡는 앞니가 뻐드러진 나와동갑이었다

울파주밖에는 장군들을따러와서 엄지의젓을빠는 망아지도 있었다

— 「酒幕」전문

신살구를 잘도먹드니 눈오는아츰
나어린안해는 첫아들을낳었다

人家멀은山중에
까치는 배나무에서짖는다

컴컴한부엌에서는 늙은홀아비의시아부지가 미억국을끄린다
그마을의 외딸은집에서도 산국을끄린다

— 「寂境」전문

이들 시에서 '부엌'은 공동체적 삶의 연대감이 바탕으로 깔려 있다. 부엌은 가족이나, 공동체가 나누어 먹는 음식을 만드는 장소라는 점에서 가족 혹은 공동체적 삶의 정서를 담고 있는 곳이다. 「주막」에서 '부엌'은 빨갛게 질이 든 '八모알상'이라는 팔각의 개다리 소반 위에 눈알 만한 싸리 무늬가 그려진 잔이 놓여 있는 정경으로 묘사되어 있다. 이러한 부엌의 정경은 우리의 민속적이고 토속적인 정경을 담고 있다. 주막의 정경 또한 호박잎에 싼 붕어를 구운 '붕어

곰'의 맛과 잔고기를 잘 잡는 주막집의 아들 '범'은 화자와 동갑나기 이고, 주막집의 울타리밖에는 장꾼들을 따라와서 어미의 젖을 빠는 망아지가 있는 토속적인 삶의 정서가 풍기는 장소이다.

「적경」에서도 '부엌'은 첫 아들을 낳은 며느리를 위해 늙은 홀아비 시아버지가 산후 음식인 미역국을 끓이는 광경을 묘사하고 있다. 눈 오는 아침 나이 어린 아내의 아이 출산의 기쁨은 배나무에 까치가 짖어대고, 마을 외따른 집에서도 산국을 끓이는 마을 전체로 이어진다. 이는 우리의 토속적인 마을의 구조가 씨족으로 형성되어 있는 것처럼 한 집의 첫 아들의 출산은 곧 마을의 공동의 기쁨으로 나누어 갖는 공동체적 삶의 정서를 담고 있다.

이러한 '부엌'의 공간 의식은 음식을 만드는 장소인 동시에 공동체적 삶의 정서를 확인할 수 있는 의식으로 확대되어 있다. 즉,「주막」에서 팔각의 개다리 소반이 있는 '부엌'에서, 화자와 동갑인 주막집 아들이 호박잎에 싸온 '붕어곰'은 언제나 맛있었으며, 주막집 울타리 밖에 서 있는 어미젖을 빠는 망아지의 정경으로의 공동체적 삶의 정서가 담긴 공간으로 확대됨이 그것이다. 또한「적경」에서도 홀아비 시아버지가 며느리를 위해 미역국을 끓이는 '부엌'에서 배나무 위에서 짖는 까치 소리로, 외따른 집에서도 아이의 출산을 반기는 산국을 끓이는 마을 전체의 분위기로 확대되고 있음 또한 공동체적 삶의 공간 인식을 드러낸다. 이러한 '부엌'의 공간 인식은 다음의 시들「미명계」,「야반」에서도 토속적인 삶의 정서를 형상화하는 장소로 나타난다.

자즌닭이울어서 술국을끄리는듯한 鰍湯집의부엌은 뜨수할것같이 불이뿌연히밝다

초롱이히근하니 물지게군이우물로가며
별사이에바라보는그믐달은 눈물이어리었다

행길에는 선장대여가는 장군들의종이燈에 나귀눈이빛났다
어데서 서러웁게 木鐸을뚜드리는 집이있다

— 「未明界」 전문

토방에 승냥이같은 강아지가 앉은집
부엌으론 무럭무럭 하이얀김이 난다.
자정도 활신 지났는데
닭을잡고 모밀국수를 눌은다고한다.
어늬 山옆에선 캥캥 여우가운다

— 「夜半」 전문

　이들 시에 나타난 '부엌'의 공간도 풍속적인 음식을 만드는 장소에서 토속적인 삶의 정서를 담고 있는 공간 인식의 태도를 담고 있다. 이는 「미명계」에서는 '추탕(鰍湯)'을 끓이는 따뜻한 부엌으로, 「야반」에서는 닭을 잡고 메밀 국수를 늘이는 부엌으로 묘사되어 나타난다.
　이러한 백석 시의 '부엌'의 공간 인식은 부엌이 식생활과 밀접한 장소로서 토속적 음식을 통하여 잊혀져 가는 민속의 맛을 그리워하는 화자의 의식 지향으로 나타나 있다. 이는 바로 당대 민족의 동질성이 상실되어 가는 상황 속에서 우리의 토속적 맛을 통해 공동체적 생활 의식을 형상화하고자 하는 의미를 지니고 있다. 그의 시에 등장하는 풍속적이고 토속적인 음식들은 대체로 유년 시절의 화해로운

고향집이나 기행시들에 나타나는 그 지방의 토속적 음식들이 주류를 이루고 있다.[15]

3) '울타리'의 공간 의식

백석 시의 토속적 삶의 공간 인식을 보여주는 '부엌'과 함께 '울타리' 공간 유형은 그의 의식 세계를 담고 있는 집의 공간으로 작용하고 있다.

'울타리'는 신화에서 신역(神域)을 나타내는 경계 표지였다. 우리의 전통적 거주 공간인 집의 경계를 표지하는 공동체적 의식을 나타내는 상징적 의식이 담겨 있는 장소이기도 했다. 따라서 울타리는 신역의 징표로서 가정이 신에 의해 수호된다는 신화적 믿음의 표징으로 작용해 왔다.[16] 우리의 공동체적 동질성을 드러내는 문화적 상징이며, 주체성의 현실적 체현으로서 우리 민족의 삶의 상징을 함축하는 장소이다. 백석의 시에서 '울타리'의 공간 유형으로는 '담벽'이나, '돌각담' 등으로 나타난다. 먼저 다음의 「초동일」, 「창의문외」에서 '담벽'은 토속적인 삶의 정취를 담고 있는 장소로서 나타난다.

흙담벽에 별이따사하니

아이들은 물코를흘리며 무감자를먹었다

---

15) 김명인의 조사에 의하면 백석 시의 음식과 식생활에 관한 시어들은 대강 110여 종에 달한다. 그의 시 87편들에는 국수가 메밀 국수를 포함하여 5번, 두부가 햇콩 두부, 두부 산적, 두부국을 포함하여 5번 등을 비롯하여, 시레기국, 송편, 가지취, 도야지고기 등 대체로 평안도 지방의 토속적이거나 서민들이 즐겨 먹는 음식이다. 그의 시들 87편 중 음식이 등장하지 않는 것은 30여 편에 불과하다(김명인, 「白石詩考」, 고형진 편, 『백석』, 앞의 책, pp.94~95 참조).

16) 『한국문화상징사전』, 2권, 앞의 책, pp.555~56 참조.

돌덜구에 天上水가 차게
복숭아나무에 시라리타래가 말러갔다

— 「初冬日」 전문

무이밭에 흰나뷔나는집 밤나무 머루넝쿨속에 키질하는소리만이들린다
우물가에서 까치가작고짖거니하면
붉은숫닭이높이 샛덤이울로올랐다
텃밭가在來種의 林檎나무에는 이제도콩알만한푸른알이달렸고 히스무레한 꽃도 하나둘퓌여있다
돌담기슭에 오지항아리독이빛난다

— 「彰義門外」 전문

　위 「초동일」에서 '흙담벽'은 토속적인 집의 울타리로서 우리의 토속적 생활의 한 정경을 담고 있다. 햇볕이 따사한 날 아이들이 콧물을 흘리며, 고구마를 먹고 있는 모습은 바로 우리 삶의 토속적인 생활의 한 단면을 담고 있다. 이 정경은 집의 토속적 정경을 함축하고 있는 공간 인식을 보인다. 집 마당의 돌절구에 하늘에서 빗물이 차게 고여 있고, 복숭아 나무에는 씨래기타래가 말라 가고 있는 정경의 묘사가 그것이다. 이는 '흙담'의 토속적 정경을 통해 당대 곤궁한 현실 속에서도 토착적인 삶을 구체적으로 형상화한 백석의 토속적 삶의 인식을 나타내는 공간 지향을 상징하고 있다고 하겠다. 이러한 인식은 '국수당 돌각담'의 모티프를 통해 무속적 민속적 상징으로 구체화된다. 다음의 「오금덩어리라는 곧」과 앞의 「넘언집 범 같은 노큰마니」 등의 시적 배경에서 잘 드러난다. 여기서는 「오금덩이라

는 곧」의 '국수당돌각담'의 속신적 공간 의식을 살펴보자.

> 어스름저녁 국수당돌각담의 수무나무가지에 녀귀의탱을걸고 나물매갖후어
> 놓고 비난수를하는 젊은새악시들
> — 잘먹고가라 서리서리물러가라 네소원풀었으니 다시침노말아라
>
> 벌개늪역에서 바리깨를뚜드리는 쇳소리가나면
> 쥐가눈을앓어서 부증이나서 찰거마리를 불으는것이다
> 마을에서는 피성한눈슭에 절인팔다리에 거마리를붙인다
>
> 여우가 우는밤이면
> 잠없는 노친네들은일어나 팟을깔이며 방요를한다
> 여우가 주둥이를향하고 우는집에서는 다음날으레히 흉사가있다는 것은얼마
> 나 무서운말인가
>
> — 「오금덩이라는 곧」 전문

이 시에서 '돌각담'은 '국수당고개'의 귀신 쫓는 속신적 이야기를 배경으로 하고 있다. '국수당돌각담'의 살구나무에 돌림병에 죽은 귀신의 탱화를 걸어 두고 나물과 밥을 갖다 놓고 귀신에게 비는 젊은 새악시들 모습이 그것이다. 이러한 속신적 이야기는 2연에서도 몸이 붓는 부종병에 찰거머리를 붙이거나, 피멍이 든 눈시울이나 팔다리에 거머리를 붙이는 속신적 처방에도 잘 나타나 있다. 3연에서 여우가 우는 밤은 불길한 죽음을 예감하고, 이를 쫓기 위해 노인들은 일어나 멍석 위에 팥을 좌우로 주무르거나 키질을 한다. 팥을 주무르고 키질을 하는 행위는 팥이 귀신을 쫓는다는 속신을 믿기 때문

이다. 이와 같이 '국수당고개'를 배경으로 하는 '돌각담'의 공간 인식에는 속신적 설화적 이야기가 깔려 있으며, 이는 토속적 삶의 인식을 드러내는 공간 인식의 세계라고 할 수 있다.

아카시아꽃의 향기가 가득하니 꿀벌들이 많이 날어드는 아츰
구신은 없고 부헝이가 담벽을 띠쫓고 죽었다

기왓골에 배암이 푸르스름히 빛난 달밤이 있었다
아이들은 쪽재피같이 먼길을 돌았다

旌門집 가난이는 열다섯에
늙은 말군한테 시집을 갔겄다

— 「旌門村」 일부

위 「정문촌」에서 '울타리'는 '담벽'으로서 이곳은 부엉이가 부리로 마구 쪼다가 죽은 곳으로 '기왓골'의 한 가문의 몰락을 암시하는 배경으로 등장하고 있다. 기왓골의 '정문집'의 가문의 몰락을 리얼하게 형상화한 이 작품에서 이 '담벽'은 아카시아 향기가 가득하고 꿀벌들이 날아드는 아침이지만, 귀신은 없고 부엉이만 담벽을 쪼다 죽은 한 가문의 몰락을 상징하는 분위기를 담고 있다. 이 작품의 실제 배경이 되는 기왓골의 정문집은 정주의 마산면 동창동에 있으며, 이 정문은 '효자노적지지정문'이라는 주홍칠이 낡은 목각액에 적힌 대로 이 마을의 효자 '노적지'의 효성을 칭송하는 정문이 있는 집이다. 따라서 이 집의 담벽은 음산한 가문의 몰락의 분위기가 지배적으로 깔려 있으며, 귀신은 없지만 뱀이 푸르스름히 빛난 달밤에는 아이들

도 무서워서 가까이 가지 못하고 족제비처럼 살금살금 멀리 돌아서 가는 폐허가 된 집의 한 곳이다. 여기서 담벽의 폐허와 같은 정경은 담벽 안의 세계가 무너졌으며, 이는 가문의 몰락을 상징하고 있다.[17]

3. 맺는말

이상에서 백석 시의 '집'의 상징 유형에 나타난 공간 인식의 태도를 살펴보았다.

우리 현대시에서 '집'은 자아의 화해와 성찰을 지향하는 의식 공간으로 작용해 왔다. 특히 국권 상실의 상황 아래서는 민족의 동일성을 꿈꾸는 자아 인식을 이루는 공간 의식을 담고 있었다. 김소월의 시에 있어서 국권 상실의 시대 인식이 '집'의 부재 의식으로 나타났으며, 이를 회복하려는 자아의 태도로 초월 의식이나 재생 의식의 심리 양상으로 표출되고 있음이 그것이다. 따라서 '집'은 민족적 본질적 삶의 상실된 현실을 초월하여, 민족적 공동체적 삶의 회복을 꿈꾸는 태도를 담고 자리잡고 있었다.

백석의 시에서도 '집'은 민족 고유의 삶의 공동체적 의식이 지배적으로 자리잡고 있는 의식 세계를 보였다. 그의 시에 나타난 '집'의 상징 유형으로는 '방', '부엌', '울타리' 등의 공간 모티프들이 주류를 이루고 있었다. 그의 의식 세계를 지배하는 '집'의 공간 의식에는 고향의 토속적 세계를 그리워하는 낭만적 인식보다는 민족의 원초적

---

17) 여기서 '울타리'의 집의 몰락한 분위기는 울타리가 하나의 세계를 감싸 외부의 불길한 세력이 안으로 들어오는 것을 방어하는 상징으로 볼 때, 울타리의 무너짐은 곧 한 가문의 몰락을 암시하는 것으로 볼 수 있다(『한국문화상징사전』 2, 앞의 책, p.557 참조).

정서를 환기하는 리얼리티가 자리잡고 있었다.

　그러면 그의 '집'의 상징 유형들인 '방', '부엌', '울타리' 등의 공간에 나타난 그의 공간 인식의 태도를 정리하면서 이를 결론으로 삼고자 한다.

　① 백석의 시에 나타난 '방'은 가족 공동체의 삶의 현장으로 공동체적 삶을 인식하거나 삶의 유랑에서 돌아와 자아의 성찰과 정립을 다짐하는 공간으로 등장하고 있다. 이는 「여우난곬족」, 「고야」, 「넘언집 범같은 노큰마니」, 「수라」 등에서 가족 공동체적 삶의 공간 인식으로서 풍속적 삶과 민족적 삶의 훼손을 회복하고자 하는 의식 지향으로 나타났다. 그리고 「추야일경」, 「산숙」, 「구장로」 등에서는 토속적 삶의 정서와 공동체적 연대감을 인식하는 자아의 태도를 담고 있다. 「힌 바람벽이 있어」, 「남신의주 유동 박시봉방」 등의 시에서는 유랑적 삶을 성찰하고 자아 정립을 다짐하는 공간 인식을 태도를 보였다.

　② '부엌'의 공간 의식은 음식을 끓이는 장소인 동시에 공동체적 삶의 정서를 담고 있다. 「주막」, 「적경」 등에서 공동체적 삶의 정서가 담긴 공간 인식을 드러낸다. 또한 「미명계」, 「야반」에서는 토속적인 음식을 만드는 장소로서 토속적 삶의 정서를 형상화하는 공간 의식을 보였다. 이러한 부엌의 공간 인식은 토속적 삶의 정경을 통하여 민족적 주체성이 상실된 당대 현실을 극복하고자 하는 정신적 태도를 함의하고 있다.

　③ '울타리'는 우리의 전통적 거주 공간인 집의 경계를 표지하는 공동체적 의식이 담겨 있는 장소였다. 백석의 '울타리'에 나타난 공간 인식은 「초동일」, 「창의문외」에서는 토속적인 삶의 정경을 드러내고 있으나, 「오금덩어리라는 곧」에서는 풍속적 무속적 삶의 기원

의 장소로, 「정문촌」에서는 가문의 몰락을 서사적 묘사로 인식하는 태도를 보였다. 이러한 '울타리'의 공간 인식은 토속적 삶과, 가문의 몰락이라는 서사적 현실을 통하여 당대 우리 삶의 공동체적 현실을 확인케 한다.

김수복(단국대 교수)

제3부 한국현대문학의 현장들

땅과 우리 문학 | 문학공간 '임진강'에 대한 갈등론적 시각 | 기억의 장소에서 변신의 공간으로 | 문학공간 '현저동'이 지니는 상징적 의미 | 원심력의 공간에서 구심력의 공간으로

1 땅과 우리 문학
― 사평역에서 평사리까지

1. 곽재구 시 「사평역에서」의 무대 '남광주'

　1981년 1월 『중앙일보』는 신춘문예 당선작으로 우리에게 의미심장한 시 한 편을 선사하고 있었다. 그 시는 다음과 같다.

　　막차는 좀처럼 오지 않았다
　　대합실 밖에는 밤새 송이눈이 쌓이고
　　흰 보라 수수꽃 눈시린 유리창마다
　　톱밥난로가 지펴지고 있었다
　　그믐처럼 몇은 졸고
　　몇은 감기에 쿨럭이고
　　그리웠던 순간을 생각하며 나는
　　한줌의 톱밥을 불빛 속에 던져주었다
　　내면 깊숙이 할말들은 가득해도

청색의 손바닥을 불빛 속에 적셔두고
모두들 아무 말도 하지 않았다
산다는 것이 때론 술에 취한 듯
한 두름의 굴비 한 광주리의 사과를
만지작거리며 귀향하는 기분으로
침묵해야 한다는 것을
모두들 알고 있었다
오래 앓은 기침소리와
쓴 약 같은 입술담배 연기 속에서
싸륵싸륵 눈꽃은 쌓이고
그래 지금은 모두들
눈꽃의 화음에 귀를 적신다
자정 넘으면
낯설음도 뼈아픔도 다 설원인데
단풍잎 같은 몇 잎의 차창을 달고
밤열차는 또 어디로 흘러가는지
그리웠던 순간들을 호명하며 나는
한줌의 눈물을 불빛 속에 던져주었다.

광주 출신의 당선자 곽재구의 「사평역(沙平驛)에서」 전문이다. 우리는 이 한 편 시에서 1980년 5월의 비극적인 역사가 있은 뒤, 필시 그러한 역사로 상처받은 한 젊은이의 내면 풍경을 볼 수 있었다. 가난과 추위에 허덕이면서도 인정을 잃지 않고 사는 우리네 이웃들의 따뜻한 인정과 체취를 모처럼 느끼면서, 그러나 스러져 버리고 만 자신의 희망찬 시간들을 다소 체념적으로 회상하고 있는 젊은이의 쓸쓸한 내면이, 눈 내리는 시골 간이역 대합실을 배경으로 아름답게 그려지고 있었던 것이다.

그리고 우리는 곧 그 낯익은 시골 간이역에 다다라 있는 느낌 속에서도 금세 하나의 의문부호를 만들어야 했다. 사평역? 사평(沙平)이라면, '편평한 모래 땅' 정도로 이해되는, 언젠가 한번쯤은 지나 다녀본 것 같은 흔한 지명으로 여겨졌다.

문학 작품의 무대가 실제로 존재하는 곳인가 아닌가 하는 것은 사실 그 작품을 평가하는 데 있어 그리 중요한 문제는 아니다. 그러나, 하나의 문학 작품이 탄생되는 일에 있어 작가가 실제로 존재하는 공간의 요소요소를 끊임없이 끌어다대면서 상상 속에서 또 하나의 구체적인 공간을 확보하는 작업은 대단히 중요하다. 그럴 때마다 그의 머리 속에 떠오르는 실제 공간이란 아주 소중한 조건이 된다. 아마도 이「사평역에서」의 시인도 실제의 어떤 공간들의 요소요소를 끌어오기 위해 무던히 애를 썼을 것이다.

사평이란 지명은 광주 아래쪽의 한 마을로 실재하는 곳이다. 시인의 증언에 따르면, 남도의 어느 간이역이든 모두 이 시에서의 '사평역'의 분위기를 많이 닮아 있을 것인데, 구체적으로 떠올려 묘사한 대상은 '남광주역'이라고 한다. 남광주역은, 삼랑진-송정리간의, 경상도와 전라도를 잇는 철도라 하여 이름붙인 경전선 중 광주 바로 못 미쳐 완행열차가 머물다 가는 간이역이다. 보성, 벌교를 비롯 남향의 농민들이 자신들이 가꾼 채소를 팔기 위해 이 역에서 내려 남광주 시장에 나가 장사를 하고 귀향하는 곳이라고 한다.

그리하여 어느 간이역에서나 볼 수 있는 모습들, "한 두름의 굴비"나 "한 광주리의 사과"를 사 들고 있거나, 기약도 없이 연착중인 막차를 기다리며, 기침을 하다가 졸기도 하고, 몇 마디 말을 지껄여보다가 천천히 침묵에 빠져들기도 하는 우리 농부들, 남도 사람들의 정취가 이 시에서 차분하게 재현될 수 있었던 것이다.

2. 임철우 단편소설 「사평역」의 무대 '남평'

바로 곽재구의 시 「사평역에서」의 몇 행을 머리에 인용해 두고, 또 그 시 구절구절을 내용 중에 살려 쓴 소설 「사평역(沙平驛)」이 이로부터 몇 년 뒤, 80년대 초반에 등단해 주목을 받고 있던 임철우에 의해 씌어져 또 한 번 '사평'이르는 이름이 세인의 관심을 모으게 된다. 시 「사평역에서」에 등장했던 익명의 이웃들은, 이 소설에서 아주 구체적인 존재로 극화되고 있다.

병든 아버지를 병원으로 모셔 가는 농부, 복역중 만난 사상범의 부탁으로 그의 노모를 찾았다가 노모가 죽었음을 알고 망연자실해져 돌아가고 있는 중년 사내, 제적당한 자신의 처지를 차마 아버지에게 알리지 못하고 고향을 떠나는 대학생, 무작정 상경했다가 멋쟁이 서울 처녀로 차려 입고 내려왔던 신촌 민들레집 작부 춘심이, 오지를 돌며 해산물과 옷가지를 팔고 다니는 행상 아낙네들, 돈 훔쳐간 사평댁을 잡으러 왔다가 불쌍한 모습에 오히려 있는 돈까지 내놓고 가면서 억울해 하는 식당 여주인, 대합실 나무의자에서 잠들어 있는 미친 여자, 승객들이 연착한 막차를 타고 모두 떠난 뒤까지도 그 미친 여자 때문에 톱밥난로를 끄지 못하는 역장……

그들의 쓸쓸하고도 친근한 표정은 소설 속에서 이렇게 구체적으로 묘사되고 있었다.

쿨룩쿨룩.

노인이 기침을 시작한다. 농부는 노인의 가슴을 크고 볼품 없는 손으로 문질러 준다. 난로가 달아오르고 있다. 훈훈한 열기가 주위에 서 있는 사람들의 몸을 기분 좋게 적신다.

남자들이 담배를 피우는 모습을 보고 있으려니 여자들은 문득 입안이 허전한가 보다. 아낙네 하나가 보따리에 손을 집어넣고 무엇인가를 찾고 있다. 이윽고 아낙의 손끝에 북어 두 마리가 따라나온다. 그녀는 그걸 대뜸 난로 위에 얹어 굽더니 북북 찢어내어 사람들에게 골고루 나누어 준다.

오지 않는 막차를 기다리는 동안 그들은 조금씩 서로의 내면을 드러내면서 어느덧 친근한 사이가 된다. 이때 사평역 대합실은 그들의, 가난하고 고단하지만 결코 닫히지 않은 삶을 집약적으로 보여주는 공간적 배경으로서의 소임을 다 한다. 철로를 하얗게 덮은 겨울눈은 또한 깊은 겨울이라는 구체적인 배경을 설정해 주기도 하면서, 그들의 포근한 인정을 알려주는 상징적인 이미지로도 제시되어 있다. 시 「사평역에서」에서 다소간 절망적이고 체념 어렸던 색채가 이 소설에 와서 조금 더 넉넉한 이웃사랑으로 펼쳐져 있다는 점도 주목할 만한 변화라 할 수 있다.

남광주역을 모델로 하고 있는 시 「사평역에서」에서 모티프와 상황을 끌어온 이 소설 「사평역」의 실제 모델이 된 곳은, 남광주역이 아니라 경전선 철도상으로 보면 그보다 아래쪽에 있는 '남평역'이다. 한때 텔레비전 드라마 〈TV 문학관〉의 「사평역」 촬영시에도 이 남평역이 실제 촬영 현장으로 제공되기도 했다.

3. 조정래 대하소설 『태백산맥』의 무대 '벌교'와 '지리산'

곽재구의 시 「사평역에서」의 무대 '남광주역', 임철우의 소설 「사평역」의 무대 '남평역'을 이으며 경전선을 따라 아래로 내려가보면, 우리 문학으로는 빼놓을 수 없는 지명 '벌교'를 쉽게 만난다. 바로 이곳이 조정래의 대하소설 『태백산맥』의 주 무대인 것이다. 소설에서 무대라고 했을 때 흔히는 인물들이 활동하는 배경으로서의 공간을 뜻하지만, 『태백산맥』에서의 무대가 되는 '벌교'는 단순히 그런 의미에서의 공간적 배경 차원 이상의 의미를 지니고 있다. '벌교'는 『태백산맥』의 등장인물들에게는 시공을 뛰어넘는 역사적 의미로 짐 지워져 있다.

물론 『태백산맥』의 구체적인 무대는 '벌교'에 국한되지 않는다. 주인공의 활동 영역으로 보면, 여순반란 실패 후 조계산으로 패주하게 되면서 시작되는 염상진의 빨치산 생활 무대가 또한 중요하다. 염상진 부대는 6·25 동란을 전후해 이곳 '벌교'를 대상으로 이른바 해방 전쟁을 벌이다가 휴전 후 지리산, 백운산 등지로 흩어졌다가 결국 모두 괴멸되고 만다. 이 점에서 볼 때는 우리 문학에서 가장 중요한 공간의 하나인 '지리산'과도 이 소설은 아주 깊이 맥을 대고 있는 셈이다.

또 이 소설은 벌교나 지리산의 영역을 벗어나 6·25 동란의 전황에 따라 서울이나 부산, 평양, 거제 등등으로 지역을 넓혀가기도 한다. 특히 빨치산의 활동은 지리산을 정점으로 태백산맥의 전역에 펼쳐진다. 이 소설의 제목이 『태백산맥』이 될 수 있었던 가장 구체적인 이유는 여기에 있었다.

그러나 무엇보다 이 소설은 '벌교' 중에서도, 중도(中島)라는 일본인 지주가 자신의 소작농들을 동원해서 벌교 포구에서 순천만 쪽으로 20여리에 달하는 방죽을 쌓아 만든 '중도 들판'에 초점을 두고 있다. 일본인 지주와 한국인 소작인의 관계는 이미 이 소설의 본 내용 이전에 전제되어 있는데, 이 지점부터 이미 이 소설의 역사관이 '땅'과 관련이 깊다는 사실이 드러나 있는 셈이다. '벌교' 중에서도 '중도 들판'으로 대표되는 땅의 역사적 모순에 우리 한국의 현대사가 묶여 있다는 사실, '벌교'의 모순이 곧 한국의 모순이라는 사실, 작가는 이 점을 중시했다. 그 모순의 피해자들이라 볼 수 있는 『태백산맥』의 주요 인물들(염상진, 하대치 등 대부분 사회주의 혁명에 가담한 사람들이다)이 작가에 의해 옹호되고 있는 이유가 거기에 있었다. 그들은 벌교의 역사, 땅의 역사가 자신의 운명을 결정했다고 믿고 있다. 이 소설만큼 상소리라 할 만한 전라도 사투리와 비속어들이 현란하고도 절묘하게 발휘된 소설도 드물다고 할 만한데, 그 이유도 실은 그들 삶이 땅의 역사 속에서 우러나온 것이라는 작가 의식의 소산이라고 볼 수 있다. 땅의 역사에 깊이 발을 댄 그들의 당당함이 어느 정도인가는 다음과 같은 사투리 대목에서 잘 엿볼 수 있다.

"지길, 나는 또 무신 소린가 혔소. 촌놈이라고 시퍼보는(무시하는) 줄 알고 속이 불끈혔지야. 쪼깐 들어봇씨요. 나도 일본놈 뱃때지에 칼질허고 내빼갖고 뜬구름맹키로 사방천지 떠돔시로 서울물도 쪼깐 묵어봤구만이라. 헌디, 서울말 고것이 워디 붕알 단 남자덜이 헐 말입디여? 밑구녕 째진 것덜이나 헐 말이제. 밥 먹었니이? 잘 났니이? 고 간사시럽고 방정맞고 촐싹거리는 말이 워디가 좋다고 배우겄읍디여. 서울말에 비허면 전라도말이 을매나 좋소. 묵직허고 듬직허고 심지고. 대장님도 전라도에 온 짐에 전라도말 싸게 배우씨요. 남자가 헐 만헌 말잉께요."

한편, 소설 『태백산맥』의 현장 취재를 담당한 한 언론사(경향신문)의 기자들은 "봉화가 타오른 제석산, 소화와 정하섭의 사랑이 깃든 무당집, 양철지붕의 청년단 건물, 염상진의 목이 내걸린 역전 광장, 보복으로 점철된 죽임의 현장인 홍교, 김사용의 퇴락한 기와집, 겨울칼바람 속에서 아낙네들이 고막을 잡던 뻘" 등의 모습이 소설 속에서처럼 거의 고스란히 남아 있다고 전해준다(이상문 외,『창작의 고향』, 문이당, 1993). 그런 점에서는 『태백산맥』은 문학의 무대가 되는 구체적이고 실제적인 지역에 대한 취재나 탐방이 얼마나 중요한 것일 수 있는가를 알려주고 있는 대표적인 소설로도 평가될 수 있다.

4. 박경리 대하소설 『토지』의 무대 '평사리'와 '지리산'

외갓집은 거제도에 있었어요. 거제도 어느 곳에, 끝도 없는 넓은 땅에 누렇게 익은 벼가 그냥 땅으로 떨어져 내릴 때까지 거둘 사람을 기다렸는데, 이미 호열자가 그들을 죽음으로 데리고 갔지요. 외가에 사람들이 다 죽고 딸 하나가 남아 집을 지켰다고 해요. 나중에 어떤 사내가 나타나 그를 데리고 어디론가 사라졌는데, 객주집에서 설거지하는 그 아이의 지친 모습을 본 마을 사람이 있었대요.

— 박경리,「작가세계」94. 겨울.「삶에의 연민, 한의 미학」, 송호근의 대담기

만석꾼의 대지주를 내세우고, 한(恨)과 저항을 품을 산을 설정해 25년간의 집필 기간과 16권의 방대한 분량으로 완성된 소설 『토지』는, 이렇듯 어릴 때 전해 들은 이야기에서 비롯된 것이다.

작가 박경리는 그 이야기에서처럼 만석꾼의 대지주가 진짜 있을 법하고, 거대한 산이 존재하는 경상도 땅을 지도에서 찾아낸다. 그

곳이, 태백산맥의 남도의 주맥인 소백산맥의 마지막 절정 지리산에서 흘러 내려오는 지맥을 막고, 그 지리산을 왼쪽으로 끼고 흘러 전라도와 경상도가 만나는 화개 나루를 지나온 '섬진강'의 넉넉한 물줄기를 맞이하고 있는 방대한 들판 '하동'의 '악양'이다. 벌교와 순천, 광양을 지나온 경전선은 이 하동에 머물다 간다.

『토지』의 주 무대는 악양들 중에서도 평사리이다. 모래펄이라는 뜻의 '平沙'라는 한자어에서 온 말로 쓰고 있는데, 아마도 앞에서 말한 '사평'이라 할 때의 어원과 같다고 해도 틀린 말은 아닐 것이다.

19세기 말, 평사리 만석꾼 최 참판댁에 우환이 겹치기 시작한다. 동학 접주 김개남에 겁탈당한 참판댁 윤씨 부인이 몰래 낳은 아들(환)이 들어와 지주 최치수(환의 異父兄)의 부인을 꿰차고 지리산으로 도망을 가고 이를 쫓던 최치수는 재산을 탐낸 퇴락한 양반 김평산과 몸종 귀녀에게 죽임을 당한다. 윤씨부인마저 호열자로 죽고, 기둥 잃은 집안에 친척 조준구가 들어와 호령하게 되자, 최씨가 유일한 혈손인 어린 최서희가 이에 맞선다. 그러나, 조준구의 폭압에 저항해 그를 죽이려 했던 최서희의 일행은 간도로 도망치고 만다. 하인 길상과 공노인의 도움으로 간도에서 거부가 된 최서희는 복수와 가문의 부활을 위해 길상과 혼인해 두 아들을 얻고 마침내 고향으로 돌아와 옛 토지를 되찾는다.

지극히 간단하게 요약해 보면, 『토지』는 이처럼 대지주의 딸이 대토지를 잃었다가 되찾는 사연으로 말할 수 있지만, 당연히 그 얘기만을 위해 『토지』가 존재할 리 없다. 이 소설은 악양들 평사리와 거기서 얽히고 설킨 관계를 맺으며 살다 간 사람들의 이야기를 통해 한국 역사의 영욕을 집요하게 보여주고자 한다. 이때, 이 소설의 적어도 3부까지의 주인공은 토지에 대한 무서운 집착으로 그것을 되찾은 최서희나, 또는 그를 에워싸고 있는 중심인물들인 길상, 용이와 월선이, 임이네, 구천(환) 등이 아니라, 바로 '평사리'이다.

풍요하고 떠들썩하면서도 쓸쓸하고 가슴 아픈 축제, 한산 세모시 같은 한가위가 지나고 나면 산기슭에서 먼, 먼 지평선까지 텅 비어 버린 들판은 놀을 받고 허무하게 누워 있을 것이다. 마을 뒷산 잡목 숲과 오도마니 홀로 솟은 묏등이 누릿누릿 시들 것이다. 이러고저러고 해서 세운 송덕비며 이끼가 낀 열녀비며 또는 장승 옆에 한두 그루씩 서 있는 백일홍나무에는 물기 잃은 바람이 지나갈 것이다. 그러고 나면 겨울의 긴 밤이 다가오는 소리를 들을 수 있다.

이렇게, 풍요와 빈곤, 소란함과 스산함을 함께 품고 있는 '평사리'의 모습, 그것은 단순히 인간들의 살인과 방화와 불륜과 복수의 사연들, 또는 우리 역사의 연속과 변모와 단절을 의미하고 있다. 이 점에 대해서는 한 평론가는 이렇게 설명한다.

[…] 『토지』 제1부의 주무대가 되는 평사리라는 농촌의 전형적인 폐쇄 사회는 사랑과 아집, 음모와 반항, 불륜과 살인, 증오와 자학, 고뇌와 해탈의 뭇감정과 행동 양식이 전율적으로 부각되는 삶의 종합적인 풍경이 되는 동시에 이념적·사상적 갈등과 사회·정치적, 경제·문화적 격변과 진통의 압축장이 된다. 다시 말하면 여느 마을과 조금도 다를 바 없는 전통적인 농업 촌락인 평사리가 이 『토지』에서는 당대의 한국과 한국인의 삶 전체를 보여주는, 한국 사회의 생생한 현장으로 화하는 것이다.

— 김병익, 「한의 민족사와 갈등의 사회사」, 1988

이 평사리와 더불어 빼놓을 수 없는 실제 공간이 지리산이다. 이 소설에서는, 평사리 사람들의 폐쇄적인 삶에 반해, 지리산에 살고 있거나 드나드는 등장인물들을 통해 오히려 더 넓게 변화하는 한국 현실 전체로 열리는 면모를 보여준다.

이 점 작가 스스로도 "지리산이 핍박받은 자의 품"이며 "현실공간에서 살 수 없는 사람들의 유토피아이며 피신처"라는 사실을 주목하고 있었음을 고백한다. 그리하여 실제 동학의 접주였던 "김개남이 하동까지 들어와 악양벌을 피로 물들였다는 구화"를 떠올려 김개주라는 가공인물을 창조해내 동학 지도자들의 피난처로서의 지리산을 그렸다고 작가는 말하고 있다.

실제 소설에서 지리산은 김개주의 형 우관스님이 주지로 있는 연곡사를 중심으로, 최씨가의 정신적 후견인인 우관스님, 윤씨 부인을 겁탈하는 김개주, 그 사이의 아들 환, 연곡사의 고아 출신 길상, 지리산의 명포수 강 포수, 떠돌이 곰보 목수 윤보 등등의 인물을 매개로, 한편으로는 평사리 사람들과 연계하고, 다른 한편으로는 당시 현실을 둘러싸고 있는 한국의 시대적 상황에 연계하고 있다. 이 점에서 『토지』가 주로 분단 전후의 빨치산의 무대로서 한국 소설 속에 등장하던 지리산을 동학의 시대까지 확장시킨 공적도 확인할 수 있다.

박덕규(단국대 교수)

2 문학공간 '임진강'에 대한 갈등론적 시각

1. 머리말

    문학연구의 대상은 물론 작가와 작품이다. 그러나 문학은 한편으로 사회적 산물이기 때문에 그를 지배하고 변화시키는 국가, 정치, 사회, 이데올로기 등 여러 상황을 도외시하고 결론에 도달하기는 힘들다. 일찍이 문학사가들은 문학의 순수성을 고집하기 위하여 문학만의 독자성이나 특수성을 밝히려고 시도하였다. 하지만 오히려 그들이 밝혀낸 독자성과 특수성이야말로 사회의 그것과 상호작용을 통해서만 획득할 수 있는 것이었다.[1]

    문학의 정신적 배경이 되는 사회는 역사와 그 역사가 만들어진 지역에 영향을 받아 정립된다. 그것은 문학에 있어서 삶의 경험이 기본을 이루기 때문이다. 현실적 공간 인식을 통해 문학에 접근하려는

---

1) 임수경, 『한국 전후시 연구-1950년대 남북한 시문학 대비』(단국대학원 석사학위논문, 2000), p.1.

태도는 문학적 상상력의 바탕을 형성하는데 큰 영향을 미친다. 현실 공간과 문학공간과의 상관관계를 인정하는 것은 치열한 현실인식에서 비롯된다. 따라서 미래에 대한 낙관적 전망을 상실하지 않기 위해서는 우리나라의 민족이 처한 현실에 대한 냉철한 역사·철학적 인식이 필수적으로 요구된다. 그리고 작가에게는 이를 문학 공간 내에 예술 미학으로 형상화시키려는 노력이 더불어 요청된다.[2]

그동안 문학 공간에 대한 인식은 시간과 아울러 외부 세계를 이해하고 측량하는 틀로 작용하여 왔다. 인간이 영위하는 삶의 조건은 시간과 공간이 전부를 이루고 있다고 해도 과언이 아닐 것이다. 그러나 문학과 공간의 관련성, 즉 문학공간과 현실공간의 관련성은 공간과 시간의 관계 양상만큼의 관심을 끌지는 못했다.[3] 그것은 공간에 관한 성행 연구가 많지 않은 것을 보아도 쉽게 파악할 수 있다. 그러나 최근 들어 공간에 대한 관심은 시간과 달리 사물의 총체성을 파악할 수 있게 해준다는 점에서 주목된다. 그것은 이질적인 체험들이 새로운 전체로 동시성 속에서 통합될 수 있다는 점과 이미지의 시각적 재생이라는 제한된 틀로부터 포괄적인 뜻을 가진 공간성의 구축으로 확대한다는 의도와 맞물려 공간성을 규명할 수 있기 때문이다.[4]

하르트만(N. Hartmann)은 공간을 실제공간·직관공간·기하학적 이념공간으로 나눈다. 실제공간은 가시적이고 실제적인 자연공간이며, 직관공간은 의식공간이고, 기하학적 이념공간은 공간 속성의 체

---

2) 윤여탁, 「민족현실의 시적 형상화와 장르의 객관화」, 《문학과비평》(1988. 12), pp.384~385. 참조.
3) 유지현, 「서정주 시의 공간 상상력 연구」, 『현대시의 공간 상상력과 실존의 언어』(청동거울, 1999), p.19.
4) 오세영, 「현대문학의 본질과 공간화 지향」, 《문학사상》(1986. 4~5) 참조.

계적 상호 규정 등으로 분류할 수 있다. 작품에 있어서의 공간은 하나의 의식공간이고, 그 의식공간은 실제공간과 동류항으로 인지될 때 작품의 이미지는 선명하게 부각되는 것이다.[5] 다시 말해서, 작품 공간과 현실공간이 논의의 대상으로 남게 되는 것이다. '작품 속의 공간은 현실세계와 유기적이고 상징적 차원에서 관련을 맺는 것'[6]처럼 현실 공간 또한 작품 속으로 융화되면서 재구성·재창조됨은 당연한 과정이다. 따라서 작품 속의 공간을 구성하는 작가는 현실 속의 공간이 가진 상징성과 역사성, 사회성을 배제할 수 없고, 더욱 심화된 창조적 변형으로 의미화 된다. 더구나 유기적 관계의 위치에서 객관적 위치를 유지하는 현실의 공간 속에서 작품의 공간은 충분히 의도적이거나 비의도적일지라도 현실을 모방하여 재창조하는 데 있어 작가의 주관에 의해서도 얼마든지 변화하고 굴절될 수 있는 것이다.

이 연구에서는 하르트만의 공간분류법에 의거, 임진강을 배경으로 창작된 시작품을 통해 현실공간과 문학공간과의 유기적 상호관계를 밝히고, 현실공간에 대한 갈등론적 인식을 대립적 구조와 상승적 구조로 나누어 접근하려 한다. 이 두 가지 분류는, 문학을 접근하는 인식론적 측면을 공간 구조화하여 이해한 것이다. 예컨대, 현실공간과

---

5) 일반적으로 이를 현실공간, 예술공간, 재현공간으로 나누어 설명하는데, 작품에서 나타난 공간에 관한 주제를 체계적으로 논의한 이전의 연구들은 타 문예이론 연구에 비해 역사가 그리 길지 않다. 하지만 작품공간구조에 대한 논자들의 의견은 특수하고 개별성을 보이긴 하지만 어느 정도의 공통점을 보이는 보편성을 띠고 있는 것도 사실이다. 이 연구에서는 하르트만의 이론에서 나오는 실제공간을 '현실의 공간'이라 하고, 직관공간을 '문학의 공간'이라 하여 두 가지를 비교하며 논의를 전개한다. 기하학적 이념공간은 3차적 개념인 현실과 문학에서 벗어난 인식 공간을 뜻하는 말로, 논의의 혼동을 피하기 위해 본 고에서는 언급을 제외한다.
김선학, 『한국 현시대의 시적 공간에 관한 연구』(동국대대학원 박사학위논문, 1989), pp.11~12. 참조.
김광엽, 『한국 현대시의 공간 구조 연구』(서강대대학원 박사학위논문, 1993), pp.2~3. 참조
6) 유지현, 앞의 책, p.12.

문학공간을 비교함에 있어서, '임진강'을 분기점으로 분단에 대한 인식이 수평을 이루어 결코 합치될 수 없는 절망적인 대립상을 보여주는 작품군을 '대립적 구조'로 정의하고자 한다. 그리고 남북으로 갈라진 현실공간의 수평공간을 뛰어넘고자하는 수직공간의 상징적 상승구조를 가진 작품을 '상승적 구조'라 정의하고자 한다.

이러한 분류를 통해, 이 연구는 임진강을 소재로 한 작품을 대상을 민족, 혹은 작가의 정서가 어떻게 표출되고 전이되었는지 검증하고자 한다. 그리고 현실 공간 '임진강'에 대한 시적 화자의 갈등론적 인식을 적시하고자 한다.

2. '임진강'의 역사적·사회적 의미

시 작품 속에 새롭게 창조된 공간을 통해 작가는 자신의 고유하고 독특한 정서와 의식을 나타낸다. 또한 시를 통해서 현실세계와 작품의 공간을 연계하여 경험공간에 대한 시인의 자각을 반영한다. 이미지는 인식되는 것이 아니라 지각되는 것이고, 현실을 복사하는 것이 아니라 현실의 너머에서 배태된다. 현실은 이제 재정의를 요한다. 모사나 모방을 넘어서 가상과 잠재성의 영역과 결합한다.[7] 이것은 문학에서 나타나는 공간이라는 개념은 곧 객관화된 공간이 작가의 상상력이라는 주관화된 문학공간으로 재창조되어 생성되는 것임을 설명한다.

문학적 상상력에 있어서 공간은 거리감과 시각, 청각, 촉각을 유발

---

7) 김미정,「'脫一'의 감각과 쓰기의 존재론」,《문학동네》(2004. 가을), p.75.

시키는 감각적 경험의 집합적 장소로 기능한다. 공간은 '절실한 가치들의 중심지'[8]이며 산만하게 흩어지는 모든 순간과 경험을 지속시키는 곳이기도 하다. 물리적 공간은 경험과 상징에 의해 새로운 공간으로 인지되며 추상적 공간의 성격에 벗어나 정체성을 부여받기에 이른다.[9] 특히, 우리나라가 가진 특수한 상황은 1990년대 이후의 새로운 세대에게 분단현실의 인식과 민족통일이라는 과제로 끈이 닿아 있다. 그러나 이 또한 점차 가벼워지고 망각되어 가는 것이 현실이다. 작품의 소재이자 배경인 '임진강'은 분단된 국토의 모습을 단적으로 표상하는 대상으로 상징되어 진다. 그 대표적인 예로 최두석의 장시인 「임진강」[10]를 들 수 있다.

　　강물이 밀물에 부딪쳐 세운
　　얼음기둥 바라보며
　　얼음장 밑 도도한 흐름
　　가슴이 출렁이도록 여울지도록
　　기어이 느끼라네
　　쇳소리로 웅웅대는
　　남북의 선전 음파 사이로
　　게알게알 게알까알

---

8) 이푸 투안, 정영철 역, 『공간과 장소』(태림문화사, 1993), pp.7~25. 참조.
9) 유지현, 앞의 책, p.23.
10) 민족문학의 모색이란 측면에서 신동엽 시인의 장편서사시 「금강」의 영향을 받았다고 할 수 있는 최두석에 의하여 제작된 장시인 「임진강」은 남북 분단이 고착화되어가는 상황에서 〈청년 공동체 수립안〉이라는 평화통일의 방안을 가지고 월북했다가 남하하는 한 청년(김낙중)의 일대기를 형상화한 실존 인물의 극적인 인생수기인 「굽이치는 임진강」을 시화한 것으로, 두 서사시는 현대 한국 서사시의 현주소를 점검하는데 중요한 지침을 제공하리라 생각한다.
윤여탁, 「민족현실의 시적 형상화와 장르의 객관화」, 《문학과비평》(1988.12), p.386.

물오리 울음소리 들으라네

— 최두석, 「임진강 해앓이」 부분

임진강은 함경남도 마식령에서 발원하여 남서쪽으로 흘러 황해로 유입되는 강으로, 풍부한 수량으로 인해 물산 왕래가 활발하여 여러 포구가 생겼다. 하천이 합류되는 유역 일대에 비교적 비옥한 평야가 발달하여 쌀·옥수수·밀·조·고추·담배 등이 많이 생산된다. 임진강 중상류지역은 경기도 북동부지역으로 험준한 산이 자리잡고 있고, 하류지역은 한강유역과 함께 넓은 경기평야를 이루고 있어, 예로부터 군사·교통상의 요충지로서 고구려, 백제, 신라 3국의 접경을 이루어 분쟁이 잦았던 지역이었다. 임진나루 등을 중심으로 상거래가 활발히 성행하였고 특히, 문산읍은 경의선과 판문점이 있어 남북 분단의 상징적인 장소로 인식되고 있다.

겨우 파주까지 올라갔다가 돌아서는
동강난 경의선 찻간에서는 나도 꿈을 꾼다
차폐물로 골짜기에 숨겨진 탱크와 대포가
펄펄 끓는 도가니 속에서 벌건 쇳물로 녹고
그 힘으로 기차가 머리를 돌려
신의주를 향해 내달리는 허황한 꿈을 꾼다

— 신경림, 「동간난 경의선 찻간에서는」 부분

이처럼, 임진강은 한국전쟁 이전부터 낙동강과 함께 민족의 동맥이라 할 정도로 역사적으로도 유리한 위치에 자리하고 있다. 홍명희 소설 「임꺽정」에서 주인공들이 임진나루의 별장을 기점으로 움직이고, 강신재 소설 「임진강의 민들레」나 이호철 소설 「판문점」에서 배경으로 된 모습으로도 알 수 있듯, 소설 작품 속에 마련된 임진강의 상징만 하더라도 늘어놓기가 쉽지 않을 정도로 임진강은 역사·사회학적으로 매우 중요한 의미를 가지는 공간이다.

　이처럼 '임진강'은 소설 속의 문학공간으로 활발하게 구현되어 왔지만, 그에 비해 시에서는 다양한 언급이 이루어지지 않았다.[11] 그러나 현실공간 속의 '임진강'은 역사의 반영이 역동적으로 이루어졌으며, 민족사의 중요한 사건들을 겪으면서 역사와 상호 연계성을 가진 문학공간으로 자리매김 되었다. 이러한 점을 고려하자면, 시에서 나타난 '임진강'의 문학적 상상력에 대한 고찰은 충분한 의미를 가질 것으로 기대된다.

3. 현실공간의 역사성에 따른 상징 공간 '임진강'

1) 수평공간의 대립적 갈등 구조

　분단의 질곡이 한국전쟁을 야기한 후, 우리 민족에게 분단현실의 인식과 민족통일이라는 문제는 여전히 풀리지 않는 과제로 남아있다. 따라서 '임진강'은 분단된 국토의 모습을 단적으로 표상하는 공

---

11) 서사화된 문학공간 중에서 시 형식을 띠면서 효과적으로 작품 속에서 상징을 가진 작품도 있다. 신동엽의 「금강」이나 최두석의 「낙동강」은 나름대로의 서사성과 문학공간으로써의 상징성을 나타내는 데 충분하다. 그러나 이 시의 공통점은 장시(長詩)의 형태를 띠고 있다. 단편의 시로 공간적 상징성을 가지고 있기엔 무리가 있다. 따라서 소설 속에서 나타난 문학공간의 상징성이 시 속에서 나타난 상징성보다 더 활발히 구현되고 다양한 방법으로 접근이 용이하다는 방법론적 이점을 가지고 있다.

간으로 작품에서도 그 성격은 뚜렷이 형상화되어 있다.

더무엇이 남아
임진강은 쓸어내리는가
가슴엔 드러난 골짜기 뿐인데.
실험의 역사는 정작 우리에게
아무 것도 아닌것을…….
누구의 하품처럼
임진강의 물방울이
1960년대의 공기를 안고
투신하고 있다.

— 유경환, 「임진강」 부분

어처구니없는 열강의 분단으로
슬픈 동족상잔
낭자히 흐른 먹피 속에
흰나비떼만 희끗희끗거리는

— 진을주, 「임진강」 부분

조국아,
강산의 돌속 쪼개고 흐르는 깊은 강물, 조국아.
우리는 임진강변에서도 기다리고 있나니, 말없이
총기로 더럽혀진 땅을 빨래질하며
샘물같은 동방의 눈빛을 키우고 있나니.

— 신동엽, 「금강」 부분

인용된 작품의 화자들은 '임진강의 가슴엔 드러난 골짜기 뿐'으로 오히려 '임진강의 물방울'이 아픔을 느끼고 '1960년대의 공기를 안고 투신하'는 정도로 현실을 외면하려 한다. 직시하려는 노력과 수고가 오히려 큰 아픔으로 다가오므로 민족사의 수난과 아픔을 공유한 작가와 독자가 가진 조국이라는 객관적 상관물 또한 통일의 염원으로 상승되지 못하고 현실에서 대립하는 구조에 남게 된다.

여기에서 조국상실의 비탄이 표현된다. 이는 일종의 고향상실 상황과 맞물려, '임진강'이라는 공간은 모태와 같은 의미를 지닌다. 고향이라는 공간은 정신적 뿌리이며 민족성과 같은 맥락으로 살필 수 있기 때문이다.

사람은 누구에게나 고향이 있다. 사람이 그곳에서 태어났든, 자랐든, 아니면 평생 고향이라는 상징으로만 가지고 있든, '고향'은 다른 장소와 남다른 의미를 가진다. 그리고 사람은 성장하면서 자의 혹은 타의에 의해 부단히 고향을 떠나 다른 공간으로 나아가지 않으면 안 된다. 그러나 긴 여정을 통해 시인은 자신만의 문학적 상상력을 통해 고향에 대한 의식을 정립한다. 그것은 생활의 근거지이며 추억의 배경일 뿐만 아니라, 정신과 육체의 안식처이기 때문이다. 고향상실은 단순한 상실감의 형태가 아닌 보다 근원적인 그리움과 애정의 결핍이며 원상태로의 회복에 대한 강한 염원이다. 그러므로 고향의 회복은 일제 강점기에는 일제에 짓밟힌 조국 국권의 회복일 것이며, 한국전쟁 이후 '어처구니없는 열강의 분단'인 남북 상황에서는 '슬픈 동족상잔 낭자히 흐른 먹피 속' 분단된 국토의 통일로 환치된다. '강산의 돌속 쪼개고 흐르는 깊은 강물'인 역사와 민족성 속에서 통일에 대한 염원은 계속 이어져 나가고 있다. 다시 말해, 시에 나타난 고향은 그리움의 시원의 공간으로 설정되는데, 이는 또 다른 상상력의 공간으로 나아가기 위한 방편이라 하겠다.

> 강물이 쇠줄에 꽁꽁 묶여 있다
> 아가미와 사타구니에 쇠막대를 꽂고
> 철철 시뻘건 피를 흘린다
> 등가죽의 비늘이 쇠붙이와 화약의
> 번들거리는 독으로 뒤범벅되어
> 입과 코에서 내뿜는 독한 김이
> 천리 안팎 풀을 누렇게 말리고
> 거꾸로 제 몸에 흉한 상처를 낸다
>
> ─ 신경림, 「임진강에 가서」[12] 부분

'강물이 쇠줄에 꽁꽁 묶여 있다'. 흘러야 할 강물이 묶여 있듯, 관조하는 화자의 몸속에 '쇠막대'기가 꽂아 있고 피를 흘리고 있다. 몸에 꽂아 있는 쇠막대기를 뽑아야 피를 멈추게 할 수 있고, 쇠줄을 풀러야 강물은 계속 흐를 수 있다. 대립적 구조는 여기서 멈춘다. 쇠막대를 건들이지도, 쇠줄을 건드리지도 않은 채, '입과 코에서 내뿜는 독한 김'만이 있을 뿐, 답답한 마음은 '거꾸로 제 몸에 흉한 상처를 낸다'. 하르트르의 공간구분에 따르면, 실제공간과 직관공간이 동류항으로 인지되면서 작품의 이미지만은 선명히 부각되고 있다. 작품

---

[12] 같은 지면(《창작과비평》, 1991. 가을)에 발표된 「낙동강 밤마리 나루」(p.163. 부분)도 대립적 구조를 보이는 작품이다.
기름과 폐수로 거멓게 변색된 모래밭에/고기떼가 허옇게 배를 내놓고 널브러져 있다
이른 아침부터 풀들이 거무죽죽 죽어가고/빨래하는 아낙네도 고기 잡는 늙은이도 없다
동력선 한 척이 유령선처럼 강복판에 떠 있다/오광대가 덧뵈기춤으로 신명을 돋구었다는
옛 장터에는 올해도 복사꽃이 피지 않았다

은 현실공간은 재구성하지 못하고 현실 속의 공간이 가진 상징성과 역사성을 흡수하면서 그 상징성을 선명히 확정하고 있다. 임진강은 역사 속에서 아픔을 그대로 상징하는 상관물로 존재한다.

> 새라도 임진강변
> 울음우는 쑤꾹새는
>
> "영변의 약산 진달래 잊지 못하여"
>
> 해종일
> 江岸에 서서
> 쑤꾹쑤꾹 울음운다
>
> 새라도 임진나루
> 목이 메어 우는 새는
>
> "피보다 진한말씀 진달래꽃 아름들고"
>
> 강건너
> 저쪽에 서서
> 쑤꾹쑤꾹 따라운다
>
> — 김춘랑, 「임진강 쑤꾹새1」[13]전문

인용된 작품들도 역시 임진강을 분기점으로 남북 수평공간의 대립 구조를 띄고 있다. 특히 「임진강 쑤꾹새1」에서 쑤꾹새는 화자의 객관적 상관물로 나타나는데, 날개가 있지만 강과 육지를, 가로막혀 있는 현실을 넘나들 수 없는 절망적인 대립상을 표현된다. 수단은 존재하지만 역사와 현실에서 벗어나지 못하고 있다. '해종일' 울음을 울어 '목이 메'이기까지 울어야 하는 남쪽의 쑤국새는 북쪽의 영변 약산이라는 의식공간으로 상승을 꾀하지만 강의 저쪽에 서야만 하는 대립구조에서 벗어나지 못하고 있다. 영변 약산은 지명일 뿐만 아니라 육체적·정신적 생명의 토대가 되는 곳이다. 화자는 이곳을 민족성이 집약되어 있는 공간이자, 정신과 육체의 양육을 위한 이상적인 장소로 인식하고 있는 것이다. 그러므로 이 공간은 임진강 북쪽에 대한 상실의식을 대표하면서 넘어설 수 없는 갈등을 나타낸다.

2) 수직공간의 상징적 상승 구조

이처럼 수평공간의 대립적 갈등 구조를 띤 작품들이 있는 반면, 시·공간을 자유스럽게 넘나들면서 역사를 평가하고, 민족·민중이 역사의 주체적 역할을 수행하고자 하는 의지를 제시한 작품들 또한 눈에 띈다. 현실은 암담하지만 작가의 의식 속에서 자유로운 상상력은 현실 상황을 극복하고 상승적인 작용을 꾀할 수 있는 것이다. 화자의 입을 통해 영화로웠을 옛날과 견주어 지금 현재 겪고 있는 '고난스러운 현실을 뛰어넘기 위한 노력'[14]을 시도한다.

---

13) 「임진강 쑤꾹새2」의 공간구조도 "날마다/나 여기 와서/강물처럼 울고 있다"로 역사적으로 고착화 될 수 밖에 없었던 대립구조를 계속해서 보여주고 있다. 이는 「임진강 쑤꾹새 3」에서 "오늘도/애지봉 올라/북녘 쑤꾹 북녘 쑤꾹"로 약간의 의식공간으로의 상승이 보이나 《시와 시학》(1993. 겨울호)에 실린 「임진강 쑤꾹새 11·12」를 발표할 때까지 결국 처음의 실제 공간인 수평대립의 공간 속으로 다시 자리하면서 대립상 만을 확인하는데 그친다.
이상옥, 「김춘랑의 연작시조 '임진강 쑤꾹새'의 공간구조」, 《시문학》(1992. 11), pp.127~131. 참조.

박치원의 「임진강3」에서 그러한 의지가 뚜렷하게 형상화된다.

> 넘어서는 안되다니
> 누가 아 저기를 못넘을 건가
> 넘나들 자유
> 분명 내 땅도 저긴데
>
> — 박치원, 「임진강3」 부분

여기서 '임진강'은 역사가 가진 분단의 아픔으로만 존재하지 않는다. 화자는 넘을 수 없는 현실을 극복하려는 강한 의지를 가진 인물이며, 그의 어조는 절실하면서도 강하게 표방되어진다. 임진강은 담담하게 흔한 삶의 풍경을 비추거나 역사를 말해주는 정적 상징물만은 아닌 것이다. 상투적인 도식성에 빠지지 않고 '임진강'이란 동적인 상징성은 더 강한 의지의 표상이 되고 있다. 화자는 임진강의 북쪽을 향하여, '누가 아 저기를 못넘을 건가'라는 울음을 토한다. 즉 의식공간의 상승이 실제공간의 상승으로 현실화시키고 있는 것이다. 수평대립을 극복하기 위한 방법으로 비약적 상승을 보여주고 있다.

> 못다한 염좌밖에서
> 그므러 간 후광인가
>
> 광겁을 소용돌아
> 모진 목숨 밀려가도

---

14) 박태일, 『한국 근대시의 공간과 장소』(소명출판, 1999), p.282.

그 연륜 쌓인 길목에
횃불 밝혀 다가 서면

피어린 소명을 띠고
새 하늘은 열리리

— 윤선효, 「임진강에서」 전문

이 시에서 형상화하고 있는 '새 하늘'은 조국통일이라는 민족의 명제를 인식하고 사상의 공유를 표상하는 일체감의 실체로 표현되다. 인간이면서 인간이기를 거부하고 '목숨이 밀려가도' 오직 영원한 '새 하늘'과 함께 하기를 염원하는 작가는 '피어린 소명'을 부르며 역사의 아픔을 극복하려는 의지를 보여주고 있다. 그것은 어쩌면 작가가 마련하는 세대와 사외와 역사에 대해 화해의 장일지도 모른다. '광겁을 소용 돌아 모진 목숨 밀려가도' 결국 그 길목에 횃불을 밝힐 수 있는 것이다. 분단현실의 아픔과 사회상을 가슴에 묻고 간 목숨들과 다시 피어난 소명의 새 하늘을 대비시켜 보여줌으로써 동시대의 아픔을 남겨진 사람들의 몫으로 환치시키고 있는 것이다.[15] 즉 역사가 낳은 비극을 새 생명, 새 하늘로 치유해야 한다는 당위성을 제시한 것이라 할 수 있다.

오늘 날 저물어 임진강 하류
여기 어둠에 서약하노니
[…중략…]

---

15) 김명준, 「갈등과 구원의 화두」, 『갈등을 넘어서』(푸른사상, 2004), p.365.

새로운 사람들이여 새벽의 사람들이여
여기는 그대들의 때로다
우리 모두의 죽음으로 이루어진 그대들의 곳이로다
오 황홀이여 이 이상의 기쁨일 수 없는 아침햇빛이여
여기 길이 있으라
여기 길이 있어
봄의 진달래 가을 단풍 오르내리어라

— 고은, 「임진강 하류에서」 부분

    인용된 작품들의 화자는 열변을 토하기도 하고, '서약을 하기'도 하고, 때론 '여기 길이 있으라' 주문하기도 한다. 현실을 넘어서기 위한 도약은 자기 암시가 있는 자유로운 상상력에서부터 출발한다. 그러므로 화자는 '봄'을 기다리는 염원으로 '새로운 사람들'과 '새벽의 사람들'을 기다린다. 어둠과 빛의 대립은 곧 다가올 새벽에 대한 '황홀'에 비하면 극히 일부분에 불과하기 때문이다. 재구성되고 재창조된 직관공간을 통해 실제공간을 창조적으로 변형을 일으키고 있다. 실제공간이 가진 역사성과 사회성은 하나의 상황에 불과하다. 직관공간 속에서의 상징성은 변형을 통해 새로운 의미부여가 가능하기 때문이다. 더구나 유기적 관계의 위치에 있으므로, 직관공간의 새로운 의미부여는 곧 실제공간으로 투영될 수 있다는 걸 의미한다. 오히려 화자의 의지는 독자의 은밀한 내면의 의지로 합일되고자 희망하는 것이다.

    그들에게 '길'은 바로 '여기'에 있다. 눈 앞에 '길'이 있기 때문에 걸어가기만 하면 된다. 곧 새벽이 오고 빛이 있다면 길 위를 걸을 수 있다. 자연적인 시간의 흐름만을 기다리는 것이지 그 의지와 방법은 존재한다.

> 아버지도 저만치 강물이 되어
> 뒤돌아보지 말고 흘러가세요
> 이곳에도 그리움 때문에 꽃은 피고
> 기다리는 자의 새벽도 밝아옵니다
> 길 잃은 임진강의 왜가리들은
> 더 따뜻한 곳을 찾아 길을 떠나고
> 길을 기다리는 자의 새벽길 되어
> 어둠의 그림자로 햇살이 되어
> 저도 이제 어디론가 길 떠납니다
>
> — 정호승, 「임진강에서」 부분

「임진강에서」의 화자는 '아버지'를 '강물'에 띄워 보낸다. 이 행위는 역사적 사건으로 통해 헝클어진 자연 순환을 제자리로 돌리려는 의지를 보여준다. 남과 북을 넘나드는 자연의 공간,[16] 이곳은 육신이 뼛가루가 되어 물을 타고 바람을 타고 자유롭게 갈 수 있는 곳이다. 그러나 인간의 지리적 공간은 이를 넘어서지 못하고 반세기를 넘어왔다. 때문에 화자는 '아버지'를 '강물'에 띄워 보낼 수 있는 희망을 가진다. 또한 그런 의지 뒤에 '그리움 때문에 꽃'도 피고 '기다리는 자'에게는 '새벽'이 온다고 서술하고 있다. 길고 길었던 어둠에서 빛이 찾아온다. 빛이 오면서 길을 찾을 수 있고, 그때까지 기다렸던 '나' 역시 '이제 어디론가 길'을 떠날 수 있는 것이다. 화자는 어두운

---
16) 김명준, 앞의 책, p.359.

현실을 뚫고 나아가기 위해 미래의 시점을 예견하면서 공간의 연속성을 상정함으로 현실의 암담함에서 벗어날 출구를 모색한다.

4. 상생·평화·공존을 위한 임진강

분단 상황에 대한 작가들의 인식은 두 가지 양상으로 나타난다. 하나는 분단으로 상징된 장애물을 건널 수 없는 암담한 현실에 대한 절망적 인식이다. 이것은 수평공간의 대립적 갈등 구조에서 언급한 바와 같이 분단 상황 자체를 인식하고 수용하는 것이다. 과거는 암울했고 현실은 절망적이다. 다른 하나는 화자의 강한 의지로 그러한 현실을 극복하려는 인식이다. 현실적으로는 막힌 공간에 놓여있지만 화자는 자신의 의지로 미래는 충분히 변화시킬 수 있다고 진술한다. 넓은 공간으로의 탈출의식은 곧 현실공간을 극복하고자 하는 문학적 상상력을 창출해 낸 것이다.

이 연구는 현실공간과 문학공간과의 상관관계를 조망해보고, 임진강을 소재로 다룬 시작품을 대상으로 민족 혹은 작가의 정서가 작품 내에서 어떻게 표출되고 전의되었는지 검증하였다. 그리고 임진강에 대한 시적 화자의 갈등론적 인식을 적시하고자 하였다. 우선 한국분단 이후, 이로 인한 상실감을 비탄적 어조로 표현한 시작품들이 다수 발표되었다. 이러한 작품들은 분단의 비극성을 더욱 강조하고 감정의 전이를 유도하는 일종의 민족적 한의 정서를 드러낸 작품들이라 할 수 있다. 그러나 이러한 정서를 드러낸 시문학이 지닌 목적성 때문에 현실공간이 지닌 분단이라는 역사적 의미망에 빠져 인식의 확장을 꾀하지 못하고 있다. 앞서 논의된 시작품에서 현실공간의 역사적 모티브는 비교적 민족과 개인 혹은 개인간의 갈등에 한정되어 있을 뿐이다. 그러므로, 한 민족으로써 지리적 공간인 임진강을 넘어갈 수 없는 남북분단의 현실은 '갈등론적 인식' 이상의 이해를 요구한다.

지금까지 논의해 온 현실 공간 '임진강'에 대한 갈등론적 인식을 적시하면 다음과 같다.

첫째, 현대사에 있어서 '임진강'이 투영되어 있는 역사적 모티브는 시적 창작 욕구를 부여해주었다. 많은 창작 실태에도 불구하고 전쟁 발발과 이후의 상태에 대한 상황제시만 있을 뿐, 그 사건에 대한 근본적인 질문이 없다는 점에서 아쉬움이 있다.

둘째, 대립구조를 보인 작품은 역사적 배경과 지리적 구조, 개인의 경험에 따른 기억 속 사건에서 작가의 자유로운 상상력이 제약을 받고 있다. 이와 같은 문학으로 형상된 임진강은 현실과 여전히 대립구조를 이루고 있고, 더 이상 변화가 없이 제자리에 머무르고 있다.

셋째, 상승구조를 보인 작품군은 시간의 흐름에 따른 역사의 아픔을 극복하려는 작가의 뚜렷한 의지를 보여주고 있다. 즉, 기존의 '임진강'에 인식과 다른 새로운 이해의 형상을 보여주고 있는 것이다. 현실의 상황에도 불구하고 문학에서는 여전히 '임진강'은 상징적 상승 구조를 가지고 있다. 이는 분단 상황과 대립이라는 현실상황을 뛰어넘어 통일의지나 민족의 동질성 회복이라는 가능성을 보여주고 있는 것이다. 그것은 문학이 가진 희망이고, 역사적 현실이 문학적 진실의 형상을 통해 제시되는 우리 민족의 당연한 염원이라 할 수 있는 것이다.

이제 문학공간은 현실공간보다 더 중요한 인식과 변혁의 공간으로 떠오르고 있다. 이러한 문학공간의 의미를 인식하고 현실공간과의 연계성을 더욱 긴밀히 지속시켜야 하는 과제가 남아있다. 그 한 예로, 지난 2004년 10월 경기도 파주 일대에서는 《상생·평화·공존을 위한 문학축전 2004》가 제1회 임진강 문학축전으로 개최되었다. 이를 통해서 현실공간과 문학공간과의 상관관계의 중요성은 어느 정도 증명된 것이라 할 수 있다. 이런 점에서 이에 대해 지속적이 심도 있는 연구가 조속히 이루어져야 할 것이다.

> 한반도의 평화는 이곳에서 시작되고, 한반도의 평화는 이곳에서 발전시켜야 됩니다. 한반도 형화의 샘터이자 출생지인 이곳에서 평화?문학 두 가지를 꿈꾸는 행사를 갖게 되었습니다. 역사적으로 보면 문학은 전쟁을 주제로 하고 인류사는 전쟁사였으며, 평화란 전쟁과 전쟁사이의 대기 상태였습니다. 하지만 문학은 전쟁의 청소부가 아니라, 21세기에는 평화·생태·자연을 주제로 해야 합니다.
> ― 고은, 〈제1회 임진강 문학축전〉개회문 부분

임수경(단국대 강사)

참고문헌

강영희, 「나는 그렇게 생각하지 않는다」, 《사회평론》, 1994.
권정화, 「미로 속의 사회―공간 이론과 대중문화 연구의 유혹」, 《공간과 사회》, 1995.
김광엽, 『한국 현대시의 공간 구조 연구』, 서강대대학원 박사학위논문, 1993.
김미정, 「'脫―'의 감각과 쓰기의 존재론」, 《문학동네》, 2004.가을.
김선학, 『한국 현대시의 시적 공간에 관한 연구』, 동국대대학원 박사학위논문, 1989.
박 진·김행숙, 『문학의 새로운 이해』, 청동거울, 1999.
박태일, 『한국 근대시의 공간과 장소』, 소명출판사, 1999.
신동엽, 『신동엽전집』, 창작과비평사, 1975.
오세영, 「현대문학의 본질과 공간화 지향」, 《문학사상》, 1986.4~5.
유지현, 『현대시의 공간 상상력과 실존의 언어』, 청동거울, 1999.
윤선효, 『임진강』, 한진출판사, 1978.
윤여탁, 「민족 현실의 시적 형상화와 장르의 객관화」, 《문학과 비평》, 1988.12.
이동희 외, 『갈등을 넘어서』, 푸른사상, 2004.
이상옥, 「김춘랑의 연작시조 '임진강 쑥꾹새'의 공간구조」, 《시문학》, 1992. 11.
임수경, 『한국 전후시 연구』, 단국대대학원 석사학위논문, 2000.
재혜만, 『한국 현대시의 고향의식 연구』, 시세계, 1994.
정호승, 『1989년 소월시문학상 수상작품집』, 문학사상사, 1989.
이푸 투안, 정영철 역, 『공간과 장소』, 태림문화사, 1995.276

3 기억의 장소에서 변신의 공간으로
—정호승의「첨성대」

1. 문학 연구대상으로의 공간

　독일의 비평가 레싱(G. E. Lessing)이 그의 저서 『라오콘(Laokoon)』에서 밝히고 있는 것처럼, 전통적인 미학 개념에서 문학은 시간의 지배를 받는 예술로 분류되어 왔다. 즉, 공간적이고 동시적인 속성을 가지고 있는 조형예술에 비해서, 문학은 시간적이고 연속적인 속성을 가지고 있다는 것이다. 그러나 현대 예술비평은 이러한 전통적 논리와는 다른 방향에서 예술작품의 시간과 공간 개념을 설명하고 있다. 즉, 공간예술인 회화에서 공간적 매체에 내재한 한계들을 극복할 수 있는 방법으로 시간성의 개념이 활발하게 도입되고 있는 것을 예로 들면서, 여타 예술 분야에서도 시간과 공간이 역사적으로나 절대적으로 구분되지 않고 함께 공존하고 있다는 주장이 제기되고 있는 것이다.[1]
　문학에서도 이러한 논의가 진행되어 왔는데, 1945년 조셉 프랑크

(Joseph Frank)가 근대 문학의 주요한 패러다임으로 '공간형식(Spatial Form)'이라는 개념을 제기한 이후, 다양한 관점에서 문학의 공간에 대한 연구가 이루어지고 있다. 또한 이와는 다른 방향이라고 할 수 있는 정신분석학과 기호학적인 시각에서도 공간을 하나의 상징물로 파악하고 해석하려는 논의가 계속되고 있다. 이런 논의들은 국내의 연구자들에게도 수용되어 몇 개의 연구결과가 축적되기도 했다.[2]

그렇지만 문학의 다른 구성요소들에 비해 공간에 대한 연구는 그리 활발하게 이루어지지 못한 것이 현실이다. 특히, 우리의 문학작품 중에는 현실에 존재하는 공간을 작품 속에 등장시킨 경우가 적지 않음에도 불구하고, 정작 작품의 공간구조에 대한 연구 성과는 미비한 수준에 그치고 있다.[3]

본고에서 분석의 대상으로 삼고 있는 시「첨성대」역시 실재하는 문화유적인 첨성대라는 공간을 다루고 있는 작품이다. 특히 이 작품

---

1) Jeoraldean McClain, "Time in the visual arts : Lessing and Modern Criticism", The Journal of Aesthetics, fall 1985, vol.XLIV. no.1, p.42.
2) 대표적인 연구업적으로는 다음과 같은 저술들을 들 수 있다.
 · 이어령, 문학공간의 기호학적 연구, 단국대학교 박사학위논문, 1986.
 · 김수복, 상징의 숲, 청동거울, 1999.
 · 박태일, 한국 근대시의 공간과 장소, 소명출판, 1999.
 · 유지현, 현대시의 공간 상상력과 실존의 언어, 청동거울, 1999.
 · 한국소설학회 편, 공간의 시학, 예림기획, 2002.
3) 이와 같은 경향의 원인은 다양한 방향에서 고려될 수 있겠지만, 그 동안의 문학연구에서 작품에 내포된 역사인식과 현실비판인식을 지나치게 강조해왔다는 사실을 주요한 원인 중의 하나로 제시할 수 있을 것이다. 이는 우리 현대사의 특수성에 기인하는 것으로, 일제강점기와 분단현실, 그리고 권력집단에 의해 강압적으로 진행된 산업화에 대한 대응수단으로 문학이 인식되어 왔기 때문이다. 물론 이러한 인식 자체가 문제가 될 것은 없지만, 역사인식과 현실비판의식이 강조되다 보니, 문학작품에 대한 분석도 형식이나 구조에 대한 접근보다는 내용적인 측면이 부각될 수밖에 없었던 것이 사실이다. 또한 이에 따라 역사가 가지는 시간적인 속성에 대한 이해가 문학에 대한 이해에도 그대로 반영되어, 작품 속에 내재된 서사성에 대한 관심이 강조되어 왔다. 그러나 문학작품은 있는 그대로의 현실을 모방하는 것이 아니라 작가에 의해서 재해석된 현실이라는 고전적인 논의를 염두에 둔다면, 문학작품에 반영된 현실은 작품의 구성요소 중의 하나로 파악되어야 할 것이다.

은 정호승의 등단작으로 그 문학세계의 시발점이라고 할 수 있는 중요한 작품임에도 불구하고, 공간 자체에 대한 논의는 거의 이루어지지 않았다. 본고는 이러한 그 동안의 연구 성과에 대한 반성에서 출발한다. 실재하는 공간인 첨성대와 작품에 내포된 공간으로의 첨성대 사이의 상관관계를 밝히고, 그러한 공간설정이 형성하는 구조를 분석하는데 그 목적을 두고자 한다.

이러한 논의는 맘그렌(Carl Darryl Malmgren)의 '허구공간지도(a map of fictional space)'과도 상통하는 것이다. 맘그렌은 허바(W.J.harvey)의 '모방각(mimetic angle)' 개념을 확장 논의하여, 경험세계(empirical world : We)와 허구 세계(fictional world : Wf) 사이 관계를 도시적으로 제시하였다. 그는 이러한 도식을 통해서 실재성(reality)을 강조하는 소설과 허구성(fictionality)을 강조하는 소설 사이의 역학 관계를 논의하였으며, 이를 통해서 소설과 삶의 관계를 측정하는 척도를 제시하고자 하였다.[4] 그의 도식을 본고의 논의에 맞게 수정하여 제시하면 아래와 같다.

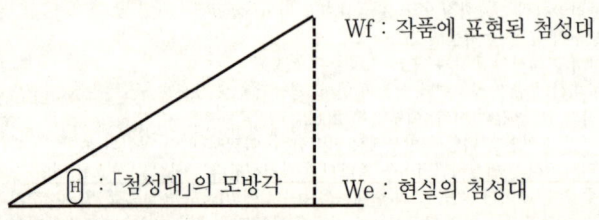

Wf : 작품에 표현된 첨성대
θ : 「첨성대」의 모방각   We : 현실의 첨성대

즉, 본고에서 진행하고자 하는 논의는 작품 「첨성대」를 구성하는

---

4) Carl Darryl Malmgren, Fictional Space in the Modernist and Postmodernist American Novel, Associated UP, 1985, p.60. : 한국소설학회 편, 앞의 책, p.25. 재인용.

두 개의 공간인 We와 Wf 사이의 모방각을 측정하고, 그 의미를 밝히는 작업이라고 하겠다. 이를 통해서 문학작품과 공간 사이의 상관관계가 보다 분명하게 밝혀질 것이며, 공간을 중심으로 이루어진 작품구조에 대한 의미 분석도 시행될 수 있을 것이다. 나아가 실제공간을 제재로 하는 문학작품의 창작방법론에 대한 고찰에까지 접근할 수 있을 것으로 기대된다.

2. 기억의 장소로의 첨성대

첨성대는 경주에 있다. 보다 정확하게는 경상북도 경주시 인왕동 소재로 되어있다. 하지만 작품 속에 등장하는 첨성대는 경주라는 고도(古都)에 존재하는 낡은 건축물만을 의미하는 것이 아니다. 그곳은 화자의 기억과 그가 살아가고 있는 현재가 동시에 작용하는 공간이다. 총 12연으로 되어 있는 이 작품의 진술은 과거시제와 현재시제가 복합적으로 사용되고 있다. 문법적인 측면만을 고려하자면, 1·2·3·4·5·12연에서는 과거시제가 사용되었고 6·7·8·9·10·11연에서는 현재시제가 사용되어, 과거와 현재가 같은 분량으로 구성되어 있다고 할 수 있을 것이다. 하지만 그러한 진술들이 내포하고 있는 내용을 살펴보면, 현재시제로 진술된 부분들도 단순히 현재에 일어나는 사건만을 기술하고 있는 것은 아니라는 사실을 알 수 있다.

    여우가 아기무덤 몰래 하나 파먹고
    토함산 별을 따라 산을 내려와
    첨성대에 던져논 할머니 은비녀에

> 밤이면 내려앉는 산여우 울음소리.
>
> — 「첨성대」 6연

　인용은 현재시제로 진술이 이루어지는 부분인데, 진술의 표면에서는 과거시제의 사용이 발견되지 않는다. 또한 진술 속에 내포된 사건도 역시 과거가 아니라 현재에 일어나는 사건이라는 것은 분명하다. 그러나 이것을 오직 현재에만 일어나는 사건이라고 판단하기는 힘들다.

　여우의 울음소리가 할머니의 은비녀에 내려앉는 것은, '오늘' 밤에 일어난 것이 아니라 '밤이면' 이루어지기 때문이다. 이런 진술은 그 일이 하룻밤에만 일어나는 것이 아니라, 밤마다 반복적으로 진행되어왔다는 사실을 의미한다. 그러므로 이 부분은 문법적으로는 현재시제가 사용되고 있다고 하더라도, 그것이 포함하는 내용은 과거의 사건이 반복적으로 진행되어 현재까지 이르고 있다고 할 수 있다. 즉 이 부분의 현재는 과거의 영향을 받고 있는 현재인 것이다.

　물론 이를 한국어 문법에서 시제의 완료와 진행이 불분명하기 때문이라고 설명할 수도 있다. 그러나 단순히 시제의 혼용 문제만으로 생각을 국한시킨다면, 인용의 다른 부분에 대한 설명이 불가능해진다. 현재 혹은 과거에 일어난 사건만을 진술하는 것이 목적이었다면 3행과 4행만으로 충분하다. 그러나 화자는 1행과 2행의 내용을 첨부하고 있으며, 여기에서부터 진술을 시작하고 있다. 이처럼 6연에서 이루어지는 진술의 무게중심은 여우 울음소리가 할머니의 은비녀에 내려앉는 사건이 아니라, 그 은비녀가 첨성대에 던져지게 된 과정에 있는 것이다.

　은비녀는 첨성대에 있다. 하지만 그것이 원래 있던 것은 토함산에 있는 아기무덤이었다. 은비녀는 지금 첨성대에 있다. 하지만 그것은 예전에 할머니가 아기무덤에 넣었다. 이처럼 화자가 진술하고 있는 은비녀의 이야기는 과거의 사건이 현재화되어 나타나는 것이며, 반추되어 현재화되고 있는 과거인 셈이다.

> 첨성대 창문턱을 날마다 넘나드는
> 동해바다 별 재우는 잔물결소리.
> 첨성대 앞 푸른봄길 보리밭길을
> 빚쟁이 따라가던 송아지 울음소리.
>
> ― 「첨성대」 7연

앞서 살펴본 시간구조는 위의 인용에서도 그대로 반복되고 있다. 화자는 동해바다의 물결소리가 첨성대 창문턱을 넘나들고 있다고 진술하고 있다. 그러나 그 소리는 오늘 하루만 들리는 것이 아니라, '날마다' 들렸던 것이다. 또한 화자는 첨성대 앞 보리밭길에서 송아지 울음소리가 들린다고 진술하고 있다. 그러나 그 울음소리는 '푸른 봄'에 들렸던 것이다. 인용보다 앞서서 화자는 할머니가 '동짓날 흘린 눈물'이 북극성이 되었다고 진술하고 있으며(3연), 인용보다 이후에는 '단옷날 밤'에는 누님의 모습이 보인다고 진술하고 있다(11연). 이것은 단순히 동지―봄날―단오로 이어지는 시간의 흐름을 설명하고 있는 것이 아니다. 화자의 진술 속에서 시간은 일정한 흐름을 이루기보다는 혼재된 양상을 보이고 있다. 화자는 같은 곳에서 다양한 시간을 이야기하고 있는 것이다. 그리고 그 중심에 첨성대라는 장소가 놓인다.

그러므로 첨성대는 기억을 반추하는 장소이자, 과거가 현재화되어 나타나는 장소가 된다. 인문지리학자 이-푸 투안(Yi-Fu Tuan)은 장소(place)는 '정지이며, 개인들이 부여하는 가치들의 안식처이자, 안전과 애정을 느낄 수 있는 고요한 중심'[5]이라고 설명한다. 그러므로 장소는 현재보다는 과거와 연관을 맺는 공간이며, 행동이 이루어지기 보다는 기억을 떠올리기에 적당한 곳이 된다. 작품의 화자가 첨성대를 통해서 과거의 사건들을 떠올리는 것도 바로 이러한 장소의 속성에 기인한다고 하겠다.

이와 같이 「첨성대」의 진술은 과거의 영향력이 강하게 작용하고 있는데, 그러한 진술에 나타나는 과거의 사건들은 주로 할머니와 관련된 것이 대부분이다. 할머니와 관련된 과거의 사건들을 정리해보면 다음과 같다.

    1연 : 손거울이 깨지고 할머니가 눈물을 흘렸다.
    2연 : 그믐밤 할아버지가 밤새 대피리를 불었고, 할머니는 첨성대를 껴안고 눈을 감았다.
    3연 : 동짓날 붉은 댕기를 흔들며 순네가 달아났고, 할머니는 눈물을 흘렸다.
    5연 : 별이 하나 질 때마다 할머니는 눈물을 흘렸다.
    6연 : 할머니가 아기무덤에 은비녀를 넣었고, 여우가 이것을 첨성대에 던져놓았다.

정리된 내용에서 파악되는 것처럼, 할머니는 철저히 수동적인 인물이다. 할머니의 행동은 대부분 자발적인 것이 아니다. 손거울이 깨졌

---

5) Yi-Fu Tuan, 구동회·심승희 역, 『공간과 장소(Space and place)』(대윤, 1995), p.7.

기 때문에 눈물을 흘렸고, 할아버지가 피리를 불었기 때문에 첨성대를 껴안고 눈을 감았고, 순네가 달아났기 때문에 눈물을 흘렸으며, 별이 졌기 때문에 눈물을 흘렸다. 할머니가 주체가 되는 행동은 아기무덤에 은비녀를 넣는 것밖에 없다. 그러나 이것마저도 여우에 의해 다른 곳으로 던져졌기 때문에 수동성에서 벗어나지 못하는 행동이다.

이러한 피동적인 인물은 전통적인 '한(恨)의 여인' 유형에 해당한다. 스스로 문제를 일으키는 것이 아니라, 지아비가 혹은 자식들이 일으킨 문제를 보듬어 안고 고통을 감내하는 인물이「정읍사」와「가시리」, 그리고「진달래꽃」의 계보를 타고 전해지는 우리의 전통적인 여인네들인 것이다. 화자는 그런 전통적인 여인들 중에서도 할머니를 선택하고 있다. 할머니야 말로 가장 경험이 풍부한 여인이기 때문이다.

경험은 어떤 사람이 겪어오거나 견뎌온 것이기 때문에, 수동성을 내포한다.[6] 작품 속의 할머니가 가진 수동성도 바로 이러한 경험의 속성과 연결되는 것이며, 과거와 관련된 부분의 사건들이 할머니를 중심으로 이루어지는 이유도 같은 측면에서 설명될 수 있다.

화자는 할머니에 대한 기억을 떠올리면서 현실의 공간인 첨성대를 인식한다. 그러므로 화자에게 있어서 첨성대는 기억의 장소이고, 과거와 현재가 결합하는 장소이다. 그러나 이것만으로는 이 작품이 가진 역동성을 설명할 수 없다. 화자는 단순히 기억을 떠올리는 것이 아니라, 그런 기억들을 통해서 스스로 첨성대가 된다고 진술하기 때문이다. 이것은 일종의 변신인데, 이러한 변신이 이루어지기 위해서는 첨성대가 가지는 의미가 변화되어야 할 것이다.

---

6) 위의 책, p.24.

3. 변신의 공간으로의 첨성대

앞서의 논의를 통해서, 화자는 현실의 첨성대를 할머니가 중심이 되는 과거의 기억과 연관하여 파악하고 있다는 사실이 설명되었다. 이러한 개념은 하나의 장소가 과거와 현재를 공유하기 때문에 일반적인 현실세계와는 분명한 차이를 가진다. 그러나 과거의 기억으로서의 첨성대와 현실의 장소로서의 첨성대는 모두 경험 세계(We)에 속한다는 점에서, 그리 큰 모방각을 형성하지는 못했다.

하지만 작품에 나타나는 첨성대의 의미는 여기에 국한되지 않는다. 화자는 작품의 전반에 걸쳐서 반복적으로 자신이 첨성대가 되었다고 진술하고 있는데, 이러한 진술을 통해서 경험 세계에서 허구 세계(Wf)로의 전환이 이루어진다고 하겠다.

> 할머님 눈물로 첨성대가 되었다.
> 일평생 꺼내보던 손거울 깨뜨리고
> 소나기 오듯 흘리신 할머니 눈물로
> 밤이면 나는 홀로 첨성대가 되었다.
>
> ―「첨성대」1연

위 인용은 작품의 시작 부분인데, 화자는 그 최초의 진술에서부터 자신이 첨성대가 되었다고 주장하고 있다. 그러나 화자는 스스로의 힘으로 그런 변신을 이루는 것이 아니다. 그는 자신이 '홀로' 첨성대가 되었다고 설명하지만, 그것은 '할머님 눈물'이 있었기 때문에 가능한 일이었다.

할머니는 왜 눈물을 흘리는가? 위의 인용부분에서는 그 이유를 평생

사용했던 손거울을 깨뜨렸기 때문이라고 설명하고 있다. 거울은 자신의 모습을 반영한다. 그러므로 거울은 분신(分身)을 만드는 도구이고, 거울을 보는 행위는 자신의 분신을 지켜보는 것이 된다. 이는 정신분석학자 라깡(Jacques Lacan)이 제시하는 '거울단계(the mirror stage)'와도 상통하는 것인데, 그의 이론에 따르면 인간의 심리 발단단계에서 거울단계는 '공간적 동일시를 개시하고 그 뒤에 이어 거울에 비친 세상의 이미지와의 갈등을 개시'하는 단계로, 이를 통해 '자아를 좀더 복잡한 사회적 상황과 연결시키는 변증법적 과정이 시작'된다고 한다.[7]

거울을 바라보는 할머니의 심리상태도 이와 다르지 않다. 할머니는 거울을 통해서 자신과 사회를 바라보는 것이다. 그런데 앞서 설명했던 것처럼 할머니는 지극히 수동적인 인물이다. 그렇기 때문에 할머니가 바라보는 사회의 폭은 넓을 수가 없다. 그러므로 할머니의 시각은 사회를 구성하는 기본 단위라고 할 수 있는 가족의 범위를 넘지 않으리라고 판단된다. 그렇다면 할머니의 손거울이 깨졌다는 화자의 진술은 가족의 분열, 혹은 구성원의 죽음을 암시한다고 해석될 수 있을 것이다. 이런 해석을 바탕으로 할 때, 다음 연에 제시되는 할아버지가 피리를 부는 행동이 설명될 수 있다.

> 한 단 한 단 눈물의 화강암이 되었다.
> 할아버지 대피리 밤새 불던 그믐밤
> 첨성대 꼭 껴안고 눈을 감은 할머니
> 수놓던 첨성대의 등잔불이 되었다.
>
> ─「첨성대」 2연

---

7) Bice Benvenuto & Roger Kennedy, 김종주 역, 『라깡의 정신분석 입문(The Works of Jacques Lacan : An Introduction)』(하나의학사, 1999), pp.67~68.

화자는 할아버지가 대나무 피리를 밤새 불었다고 진술하고 있다. 여기에서 주목되는 부분은 피리를 불었다는 것이 아니라, 그것을 '밤새' 불었다는 사실이다. 피리야 감정만 생긴다면 언제든지 연주할 수 있다. 그러나 그것을 밤새 부는 일은 결코 일반적인 상황이 아니다. 할아버지는 자신의 감정을 다스려야 할 상황에 처한 것이다. 물론 그 이유에 대해서야 여러 가지로 생각해볼 수 있다. 그러나 앞에서 설명된 할머니의 손거울을 깨진 이유와 연계하여 판단하자면, 가족의 문제로 파악할 수도 있을 것이다.

이러한 판단에 근거를 더해주는 것은 '그믐밤'이라는 시간배경이다. 달이 차오르는 시간인 보름은 풍요와 생명의 시간인데 비해서, 달이 기울어지는 시간인 그믐은 불모와 죽음의 시간이라고 할 수 있다. 그러므로 이런 시간에 이루어지는 할아버지의 피리 연주는, 단순한 음악이 아니라 진혼곡(鎭魂曲)이 된다.

위의 인용에서 주목되는 또 다른 부분은 할머니의 행동이다. 할머니는 첨성대를 껴안고 눈을 감았다. 하지만 이보다 중요한 것은 할머니의 변신이다. 화자는 할아버지의 피리 소리를 들으면서 할머니가 첨성대의 등잔불이 되었다고 진술한다. 이런 할머니의 행동은 화자의 변신을 예비하는 것이다. 앞에서 눈물을 흘려 화자의 변신을 도왔던 할머니는 이번에는 등불로 변해서 화자의 변신을 돕고 있는 것이다. 그리고 다음 연에서 할머니는 자신이 직접 첨성대가 되기까지 한다.

밤마다 할머니도 첨성대 되어
댕기 댕기 꽃댕기 붉은 댕기 흔들며
별 속으로 달아난 순네를 따라

동짓날 흘린 눈물 북극성이 되었다.

― 「첨성대」 3연

　위의 인용에서 할머니는 드디어 첨성대로 변신한다. 그리고 할머니가 흘린 눈물은 북극성이 된다. 앞서 2연의 등불이 어둠을 밝혀 길을 알려주는 표지(標識)였다면, 3연의 북극성은 역시 변하지 않는 중심을 알려주어 방향을 정하게 하는 표지라고 파악된다. 이처럼 할머니는 인도와 중심의 역할을 담당하는 인물이다.

　할머니가 이런 역할을 담당하는 이유는 무엇인가? 이 질문에 대한 대답도 다양하게 찾아질 수 있겠지만, 인용의 내용을 고려하자면 붉은 댕기를 흔들며 달아난 순네가 돌아오기를 바라기 때문이다. 이 진술에서 주목되는 내용은 순네가 달아난 곳이 '별 속'이라는 점이다. 이 부분에 대한 해석은 두 가지 방향에서 가능하다.

　우선 가능한 것은 이 진술이 순네의 죽음을 의미한다는 해석이다. 사람이 죽으면 별이 된다는 상상은 그리 낯선 것이 아니다. 그러한 예는 전 세계의 여러 전설과 민담에서 폭넓게 찾아볼 수 있으며, 우리 문학사에서도 정지용의 「유리창」을 비롯하여, 황순원의 소설 「별」 등에서 이런 상상력을 확인할 수 있다. 이처럼 이 구절을 죽음의 의미로 파악한다면, 1연에서 제시된 깨진 손거울의 의미가 강조되며, 6연에 등장하는 여우가 파먹은 아기무덤은 순네의 무덤이 된다. 그리고 순네는 나이가 어린 인물이라는 설정이 된다.

　다음으로 가능한 해석은 이 구절을 단순히 순네가 멀리 떠나게 되었다고 파악하는 것이다. 이 경우에는 3연에 제시되는 북극성의 의미가 강조되며, 6연에 등장하는 아기무덤은 순네 본인이 아니라 그녀가 낳은, 혹은 남겨두고 떠난 아기의 무덤으로 파악된다. 그리고 이 때의 순녀는 성인 여성으로 설정되는 것이 타당하다.
　이러한 두 가지 해석 중에서 어떤 것을 선택하더라도, 이들은 모두 화자의 변신에 대한 예비 진술이라고 할 수 있다. 변신은 희생과 노력이 동반되어야 하는 행위이다. 그런 것이 동반되지 않는 행위는 변화에 그칠 뿐이다. 그 의미를 보다 명확하게 파악하기 위해서는 다음 4연의 내용을 살펴볼 필요가 있다.

　　싸락눈 같은 별들이 싸락싸락 내려와
　　첨성대 우물 속에 풍당풍당 빠지고
　　나는 홀로 빙빙 첨성대를 돌면서
　　첨성대에 떨어진 별을 주웠다.
　　　　　　　　　　　　　　　　　　　─「첨성대」 4연

　위의 인용에서 화자는 첨성대에 떨어진 별을 줍는다. 화자의 이런 행동은 순녀의 죽음을 자신의 것으로 받아들이는 태도로 해석될 수도 있고, 멀리 떠나간 순녀의 발자취를 찾아가는 과정으로 해석될 수도 있다. 이 두 가지는 모두 순녀에 대한 추억, 나아가 할머니가 가진 인고의 세월을 수용하려는 화자의 적극적인 노력이다. 변신은 존재의 전환이다. 이런 전환이 쉽게 이루어질 수는 없다. 이를 위해서 무엇보다 요구되는 것은 변신에 대한 적극적인 노력이다. 그런 점에서 별을 줍는 행위로 표현되는 화자의 노력이 그를 첨성대로 변신하게 하는 가장 큰 원동력이라 하겠다.
　더구나 별들이 떨어지는 장소가 '우물'로 성정되어 있다는 사실도 주목된다. 정신분석학에 의하면 물은 탄생의 상징이자 어머니의 상징으로 파악된다. 그에 의하면 무의식 속에서 탄생은 언제나 물과의 관련성을 통해 표현된다. '물 속으로 뛰어들거나 혹은 물 속에서 나오는 경우인데 그것은 분만을 하거나 출생한다는 의미'[8]로 파악된다. 그러므로 별이 우물 속에 떨어지는 것, 혹은 화자가 그 별을 줍는 행위는 탄생과 어머니의 상징이라고 판단된다. 이러한 상징성은 다시 작품 전반에 반복적으로 제시되는 할머니의 눈물 혹은 울음과도 연결되며, 이후에 제시되는 동해바다 잔물결소리(7연)와도 연관된다.

이처럼 '물'은 여성의 상징물로 작용하는데, 이는 '달'의 상징성과도 연결될 수 있다. 동서양에서 공통적으로 달은 해와 비교되어 여성성을 가지는 사물로 인식되어 왔으며, 여성의 월경(月經)은 달이 차오르는 것과 기우는 것과 관련을 가지기 때문이다. 「첨성대」에도 이런 인식은 그대로 적용되고 있으며, 작품 속에서 달과 관련된 이미지들도 다양하게 제시되고 있다. 작품 속에서 시간을 표현하는 그믐·동지·보름 등의 표현은 모두 달과 관련되는 것이며, 반월성과 같은 지명도 역시 달과 관련되는 것이다. 이처럼 달의 상징은 물의 변형으로 여성성을 강조하기 위해 사용된 장치라고 판단된다.

이처럼 여러 상징물들의 작용으로 인해서 첨성대라는 장소가 변화될 수 있는 여지가 만들어진다. 앞서 제시했던 이-푸 투안의 견해가 첨성대의 변화를 설명할 수 있는 좋은 근거가 된다. 그의 견해에 의하면 장소와 공간은 공통적으로 '생활 세계의 기본적인 구성요소'이지만, 장소는 정지이며 안식처이고 고요한 중심인데 비해서 공간은 움직임이며 개방이며 자유이며 위협의 속성을 가진 것이다. 그리고 또한 그는 '우리는 장소에 고착되어 있으면서 공간을 열망한다'고

---

8) Sigmund Freud, 임홍빈·홍혜경 역, 『정신분석 강의(Vorlesungen zur Einführung in die Psychoanalyse)』상권(열린책들, 1997), p.227.

가진다고 설명하고 있다.[9] 이 견해를「첨성대」에 적용하면, 그동안의 첨성대가 장소의 개념이었다면, 지금부터의 첨성대는 공간의 개념으로 변화하는 것이다.

> 빙빙 첨성대를 돌다가
> 보름달이 첨성대에 내려앉는다.
> 할아버진 대지팡이 첨성대에 기대놓고
> 온 마을 석등마다 불을 밝힌다.
>
> 할아버지 첫날 밤 켠 촛불을 켜고
> 첨성대 속으로만 산길 가듯 걸어가서
> 나는 홀로 별을 보는 일관(日官)이 된다.
>
> ―「첨성대」8~9연

앞에서 달은 여성과 연결되는 상징이라고 설명했다. 그렇다면 보름달은 생명력으로 충만한 여성, 완숙한 여성, 모성으로 가득한 여성의 이미지가 된다. 바로 그런 보름달이 첨성대로 내려앉았다는 사실에 주목된다. 이런 일이 일어나는 순간은 화자가 아직 변신하기 전이다. 하지만 할머니는 이미 첨성대의 등잔불로 변한 뒤이다(2연). 그렇다면 첨성대에 내려앉은 보름달은 앞에서 나온 '별 속으로 달아난 순네'가 되돌아온 것으로 파악될 수 있다.
  여기에 이어지는 진술인 '할아버지가 대지팡이를 첨성대에 기대놓고 온 마을 석등마다 불을 밝혔다'라는 부분도 주목된다. 여기에 등

---
9) Yi-Fu Tuan, 앞의 책, pp.7~16.

장하는 '대지팡이'는 앞서 할아버지가 불었던 '대피리'의 다른 표현이며, 이를 통해서 2연에서 할아버지가 밤새 피리를 불었던 이유가 설명될 수 있다. 할아버지는 떠나간 순네를 그리워하면서 피리를 불었던 것이다. 그런 순네가 이제 돌아왔으니 더 이상 피리를 불 이유가 없다. 그러므로 할아버지는 대나무 피리를 내려놓고 불을 밝히는 것이다. 이때의 석등은 역시 앞서 할머니가 첨성대의 등잔불이 되었다는 설정과 이어지는 부분이다.

그러나 석등과 할머니의 등잔불이 완전히 일치한다고는 볼 수 없다. 할머니의 등잔불은 자신의 가족만을 대상으로 하는 것이라면, 할아버지가 켜는 석등은 가족이 아닌 마을 전체의 것이기 때문이다. 즉, 할머니의 등잔불이 확장된 의미가 할아버지가 켜는 온 마을의 석등이 된다고 하겠다. 이러한 등불의 이미지는 화자에게까지 이어진다. 9연에 제시되는 '할아버지 첫날밤 켠 촛불을 켜고'라는 진술이 그 증거이다. 이를 통해서 화자와 할아버지는 동일화 된다. 그러나 이런 동일화는 화자와 할아버지의 관계로 끝나는 것이 아니다. 바로 이어지는 진술에서 화자는 첨성대 속으로만 산길 가듯 걸어간다고 설명하고 있다. 첨성대의 안은 등불로 변한 할머니가 있는 곳이다. 그러므로 화자의 이와 같은 진술은 할머니와의 결합을 의미하는 것이며, 이러한 동일화 혹은 결합을 통해서 화자는 자신만의 지위를 확보하게 된다. 그것이 바로 '일관(日官)'이다.

화자가 이러한 지위를 획득한 이후로 작품 분위기는 급격하게 변화한다. 이전까지의 진술이 과거 상황에 대해 이루어지는 회상이 중점이 되었다면, 이후의 진술은 철저히 현재 상황을 중점으로 진행된다.

지게에 별을 지고 머슴은 떠나가고

할머니 소반에 새벽별 가득 이고
인두로 고이 누빈 베동정 같은
반월성 고갯길을 걸어오신다.

― 「첨성대」 10연

  인용된 부분의 진술이 현재시제를 사용하는 것은 분명한 사실이다. 하지만 작품 내용을 살펴보면, 이 부분의 사건이 바로 지금 이루어진다고 파악하기는 힘들다. 인용에서 화자는 할머니가 새벽별을 소반에 가득 이고 고갯길을 걸어온다고 진술하고 있다. 그러나 이미 앞서의 내용에서 화자는 할머니가 첨성대 혹은 첨성대의 등잔불로 변신했다고 말했다. 그런 할머니가 이번에는 다시 사람이 되었다. 현실세계에서 이런 변신이 가능할 리가 없다. 그러므로 이 부분의 진술은 환상이다. 물론 할머니가 첨성대의 등불로 변하는 것도 환상이었지만, 다시 사람이 되는 이 장면도 역시 환상이라는 것은 분명하다.

  이 부분의 환상성을 배가시켜주는 장치가 할머니의 소반에 담겨있는 '새벽별'이다. 앞서 설명한 것처럼 별은 죽음이라는 힘든 현실을 환상으로 변환시켜 극복할 수 있도록 만드는 상징물이다. 더구나 그것은 다른 별이 아니라 '새벽별'이다. 새벽은 밤이 끝나는 시간이자 달의 영향력에서 벗어나게 되는 순간이다. 이를 앞서 제시한 달의 상징성에 입각해서 파악한다면, 새벽이란 여성성이 지배를 벗어나는 시간, 즉 어머니의 시간이 아니라 자식을 위한 시간이라는 설명이 가능하다. 이를 통해서 이제부터의 진술이 할머니나 할아버지에 의해서 주도되는 것이 아니라, 화자에 의해 직접 주도될 수 있는 여지가 만들어진 것이다.

>   단옷날 밤
>   그네 타고 계림숲을 떠오르면
>   흰 달빛 모시치마 홀로 선 누님이여
>
>   ― 「첨성대」 11연

　진술의 주체가 화자로 전환된 이후로 처음 제시되는 것은 누님에 대한 일이다. 누님이라는 인물이 등장하는 것은 이 부분이 유일하다. 이전에도 이후에도 작품의 어느 부분에도 누님은 제시되지 않는다. 물론 여성 이미지는 반복적으로 제시되어왔다. 처음에는 할머니였고, 다음은 우물이었으며, 다음은 아기무덤, 그리고 이번에는 누님이다. 그런 누님이 입고 있는 것은 모시치마, 거기에 흰 달빛까지 비추고 있다. 이런 설정은 누님이 가지고 있는 여성성과 순결함을 강조하는 장치이다.

　그런데 이런 인물이 단옷날 그네를 타고 있다. 여기에서 중요한 것은 '단오'라는 시간 배경이다. 단오(端午)는 일년 중에서 가장 양기가 왕성한 날이다. 지금까지 여성성이 강조되는 인물이 등장하는 부분에서는 그 시간배경 혹은 공간배경도 역시 여성적인 이미지로 이루어져 있었다. 하지만 이 부분만은 정반대이다. 인물은 여성성이 강조되고 있지만, 그 배경은 오히려 남성성이 강조되고 있다. 이러한 변화야말로 진술의 주체 변화를 가장 극명하게 보여주는 증거이다.

>   오늘밤 어머니도 첨성댈 낳고
>   나는 수놓는 할머니의 첨성대가 되었다.
>   할머니 눈물의 화강암이 되었다.
>
>   ― 「첨성대」 12연

그러한 변화에 맞춰 제시되는 여성인물도 변화하고 있다. 지금까지의 진술을 주도했던 인물이 할머니라면, 여기에서는 어머니와 할머니가 동시에 제시되고 있다. 앞의 인용에서 누님이 제시되었던 것도 바로 이 마지막 부분을 위한 예비 작업이라 하겠다. 그리고 그것은 그대로 화자의 변신에 대한 예비 작업이기도 하다.

화자는 인용의 첫 부분에서 어머니가 첨성대를 낳았다고 진술한다. 이것은 이 작품의 구성에서 가장 획기적인 부분이다. 지금까지 화자는 반복적으로 첨성대와 그것에 얽힌 기억을 이야기했지만, 정작 첨성대라는 사물이 발생한 이유에 대해서는 언급하지 않았다. 그에게 있어서 첨성대는 처음부터 그곳에 있던, 그리고 앞으로도 계속 그곳에 있으리라 짐작되는 변함없는 사물에 불과했던 것이다. 하지만 작품의 가장 마지막 이 부분에서 비로소 화자는 첨성대의 근원에 대한 의문을 품는 것이다.

그리고 그에 대한 해답은 '어머니'이다. 신화원형이론에서 어머니 혹은 모성(母性)는 원형상징(原型象徵, archetype)의 일종이며, 그것은 '여성적인 것의 마술적인 권위, 상식적인 이해를 초월하는 지혜와 정신적 숭고함, 자애로움, 돌보는 것, 유지하는 것, 성장하게 하고 풍요롭게 하고 영양을 공급하는 제공자'의 특성을 가지며, 또한 '마술적 변용의 터'이자 '재생의 터'를 의미하기도 한다.[10] 이러한 설명을 통해서 지금까지의 진술 주체가 할머니였던 이유가 설명된다. 할머니는 어머니의 어머니로서 어머니보다 더 위대한 인물, 즉 '위대한 어머니'[11]라는 의미를 가지기 때문이다. 하지만 이처럼 위대한

---

10) C. G. Jung, 한국융연구원 융 저작 번역위원회 역, 『원형과 무의식(Archytyp und Unbewu tes)』(솔출판사, 2002), p.202.
11) 위의 책, p.226.

어머니인 할머니일지라도 할 수 없는 행위가 있다. 그것은 바로 출산(出産)이다. 앞서 제시된 누님 역시 이 행위를 할 수 없는 것은 마찬가지이다. 새로운 생명을 탄생시키는 것은 오직 '어머니'만이 할 수 있는 숭고한 행위이다. 그러므로 결정적인 변신의 순간을 주재하는 여성 인물은 많은 경험을 쌓아 위대해진 할머니도, 순결한 누님도 아닌 어머니가 되어야만 하는 것이다.

첨성대는 석수(石手)들이 만든 것이 아니다. 그것을 만든 사람은 바로 어머니이다. 이런 인식은 앞서 할아버지가 온 마을의 석등에 불을 밝히는 행위와 상통한다. 할머니 혼자만의 등잔불이 할아버지에 의해서 온 마을사람들의 불로 확산된 것처럼, 이 부분에서는 아주 오랜 옛날 신라시대 석공들의 건축물인 첨성대가 어머니가 만들어낸 공간, 즉 '오늘'을 살아가는 사람들의 첨성대로 전환된 것이다. 위의 인용이야말로 그 동안 작품 전발에 걸쳐 이루어졌던 현재와 과거의 결합이 가장 극명하게 이루어지는 부분이며, 또한 경험 세계(We)와 허구 세계(Wf) 사이의 모방각(H)이 가장 크게 나타나는 부분이다.

이러한 출산 과정을 거친 후에야 화자는 비로소 첨성대로 변신한다. 그는 '할머니 눈물의 화강암이 되었다'고 말한다. 그것은 작품의 마지막 진술이자, '할머님 눈물로 첨성대가 되었다'라는 최초의 진술과 연결된다. 이처럼 「첨성대」는 수미상관의 구조를 이루며, 기억의 장소에서 변신의 공간으로의 전환이 이루어지는 것이다.

4. 창작방법론으로의 공간

　지금까지 논의를 통해서 정호승의 작품「첨성대」는 경험세계에 속하는 실재하는 구조물인 첨성대가 화자가 떠올리는 과거에 의해 현실과 과거가 결합되는 사물로 변모하고, 이것이 다시 각종 상징물들의 작용에 의하여 변신이라는 허구 세계로 변화하는 과정을 다루고 있다고 사실이 설명되었다. 이것을 요약하여 정리하자면 기억의 장소에서 변신의 공간으로의 전환이라고 할 수 있는데, 그러한 전환은 과거시제와 현재시제의 혼용, 거울·우물·달·별·등불 등의 상징물 사용, 할머니―누님―어머니로 이어지는 모성 원형의 활용 등을 통해서 이루어지는 것이다.
　이와 같은 구성방법은 문학작품의 창작방법론과도 연결될 수 있다. 이것은 공간을 활용하는 창작방법이 되는 것이다. 다소 일반론적인 선정이 되겠지만, 이를 활용하는 창작 단계를 제시하자면 다음과 같다.
　우선 작가는 자신이 소재로 삼고자하는 실재 공간을 선정한다. 절대적인 선정기준이야 제시될 수가 없겠지만, 이왕이면 작가가 평소에 잘 알고 있는 공간일수록 작품화하기 용이할 것이다. 문학작품 창작의 출발점은 사물에 대한 관찰에 있기 때문이다.
　다음 단계는 그 공간에 내포되어 있는 과거의 이야기를 조사하는 것이다. 특히 신화와 전설·민담 등에 대한 충분한 기초조사와 적극적인 재창조 작업이 이루어져야 한다. 이 단계에서 화자의 선정이 이루어져야 한다. 화자가 어떤 인물로 선정되느냐에 따라서 작품이 전달할 수 있는 내용도 역시 달라지기 때문이다.
　다음은 조사된 이야기를 효과적으로 전달할 수 있는 상징물과 이미지를 선정하는 단계이고, 마지막으로 작품을 창작하는 단계가 이어진다. 이 두 단계는 서로 분리할 수 없는 부분이다. 그리고 이것은 한 번으로 그치는 것이 아니라, 퇴고 과정을 거치면서 반복적으로 이루어져야 할 것이다.

물론 이런 단계별 창작방법론의 세부적인 사항은 앞으로 충분한 보충이 이루어져야만 한다. 그리고 이를 실제창작에 적용하여 제반사항에 대한 검토가 이루어져야 할 필요가 있다. 특히 그 과정을 통해서 문학작품에 내포된 장소와 공간에 대한 검토가 병행되어야 할 것이다. 이런 과정을 통해서 문학이론과 작품창작의 상호연계가 보다 공고하게 이루어지게 될 것으로 기대된다.

최수웅(단국대 강사)

참고문헌

김수복, 『상징의 숲』, 청동거울, 1999.
박태일, 『한국 근대시의 공간과 장소』, 소명출판, 1999.
유지현, 『현대시의 공간 상상력과 실존의 언어』, 청동거울, 1999.
이어령, 『문학공간의 기호학적 연구』, 단국대학교 박사학위논문, 1986.
한국소설학회 편, 『공간의 시학』, 예림기획, 2002.
Bice Benvenuto & Roger Kennedy, 김종주 역, 『라깡의 정신분석 입문(The Works of Jacques Lacan : An Introduction)』, 하나의학사, 1999.
C. G. Jung, 한국융연구원 융저작번역위원회 역, 『원형과 무의식(Archytyp und Unbewu tes)』, 솔출판사, 2002.
Jeoraldean McClain, "Time in the visual arts : Lessing and Modern Criticism", The Journal of Aesthetics, fall 1985, vol.XLIV. no.1.
Sigmund Freud, 임홍빈·홍혜경 역, 『정신분석 강의(Vorlesungen zur Einf hrung in die Psychoanalyse)』상권, 열린책들, 1997.
Yi-Fu Tuan, 구동회·심승희 역, 『공간과 장소(Space and place)』, 대윤, 1995.

4 문학공간 '현저동'이 지니는 상징적 의미

1. 서론

우리나라 현대문학사에서 조세희와 박완서는 1970년대 대표적인 리얼리즘작가이다.[1] 이들의 대표소설인 중편「난장이가 쏘아올린 작은 공」(1978)과 단편「엄마의 말뚝1」(1980)에 대한 많은 연구와 저서들 및 논문들의 수만 헤아려 보아도, 그들의 문학사적 위상을 가히 짐작할 수 있다.[2]

---

[1] 이에 대해 대부분의 현대문학사에서 의견의 일치를 보이고 있다. 권영민,『한국현대문학사』 (민음사, 1994), p.299, p.315 참조.
[2] 이 두 작품에 관한 연구는 최근까지도 계속 진행 중이다. 최근 2002년 이후의 연구만 언급해 보면 다음과 같다. 권명아,「미래의 해석을 향해 열린 우리 시대의 고전」,『우리 시대의 소설가 박완서를 찾아서』(웅진출판사, 2002) ; 강경숙,「박완서의 페미니즘소설 연구」(계명대학교 교육대학원 석사논문, 2003) ; 박광숙,「박완서의 페미니즘소설 연구」(단국대학교 대학원 석사논문, 2004) ; 민족문화사연구소,「난장이가 쏘아올린 작은 공」,『1970년대 장편소설의 현장』 (국학자료원 2002) ; 염무웅,「모순과 질곡, 그리고 초월의 꿈 – 조세희의〈난장이가 쏘아올린 작은 공〉」,『모래위의 시간』(작가, 2002) ; 신명직,「불가능한 전복에의 꿈 –〈난장이가 쏘아올린 작은 공〉의 환상성 연구」(시인사, 2002) 등이 있다.

그런데, 이들 작품을 연구하는데 있어서, 수많은 연구들이 이루어져 왔음에도 불구하고 '공간'문제에 주목하여 그의 문학을 해명하고자 하는 시도는 매우 미흡했다. 그것은 지금까지 레싱(G. E. Lessing)이 『라오콘(Laocon)』에서 시간예술과 공간예술을 구분하여 이원론을 편이래, 서사양식은 시간예술로 간주되었기 때문이다. 그러므로 문학에 있어서 기존의 공간에 대한 연구는 시대의 흐름 속의 그에 조응하는 단순한 배경으로서의 의미만 주목되었다.

그러나 죠셉 프랭크(Joseph Frank)가 근대문학의 주요한 문학적 패러다임으로 공간형식(Spatial Form)의 문제를 제기한 이후, 문학작품의 창작과 수용에 있어 공간 혹은 공간개념에 관한 관심과 논의가 계속되었고,[3] 최근 우리나라 문학연구에서도 서사양식에 대한 공간문제의 중요성이 인식되기 시작했다. 하지만 여전히 우리나라 문학연구에 있어서 본격적으로 공간문제를 논한 연구사례는 드물다.[4]

사실 문학에 있어서 공간은 시간과 함께 그 구조를 형성하는 기본축이 된다. 그러므로 이 둘은 서로 불가분의 관계를 가지고 결합, 작용하게 되며 특히 시간성은 그 추상성으로 해서 공간언어에 의존할 수밖에 없다. 결국 공간개념은 시간개념의 전제가 되는 셈이며, 이런 점에서 문학연구에 있어서 공간의 검토는 작품을 이해하는 기본 전제가 되는 것이다.[5]

일반적으로 문학과 현실공간의 관계에서 공간의 개념을 구분해보

---

3) 한국 소설학회 편,『공간의 시학』(예림기획,2002), p.3.
4) 이에 대한 최근 연구로는 김병욱,「한국 현대소설의 시간과 공간 연구」(서강대 국문과 박사논문, 1989) ; 장일구,『한국근대소설의 공간성 연구』(서강대 박사학위논문, 1999) ; 김종욱,『한국 소설의 시간과 공간』(태학사, 2000) ; 한국 소설학회 편, 위의 책; 안남일,『기억과 공간의 소설현상학』(나남, 2004) ; 임혜원,『공간개념의 은유적 확정』(한국문화사, 2004) ; 김종건,『소설의 공간설정과 작가의식』(새미, 2004) 등이 있다.
5) Mitchell, W.J.T, 'Spatial Form in Literature; Toward a General Theory', Critical Inquiry (spring 1980), p.542.

면, 크게 현실 공간, 현실이 재현 된 공간, 그리고 작가의 상상력에 의한 가상공간으로 나눌 수 있다.[6] 그러므로 문학내의 공간은 크게 재현된 공간과 상상력에 의한 가상공간으로 표현될 수 있다고 하겠다.

「난장이가 쏘아올린 작은 공」과 「엄마의 말뚝1」은 그 시간적 배경이 1970년대, 일제―광복 후로 각기 다르지만 주된 문학공간이 '서울의 빈민 촌'이라는 공통점을 지니고 있다. 그런데 여기서 공간에 대한 의문이 생긴다. 즉, 작품의 주된 공간이 되고 있는 '서울의 빈민촌'이 서울의 '모든' 빈민촌들의 보편성을 지닌 하나의 상상 공간을 만들어낸 것인지 아니면 실제로 존재하는 '특정' 빈민촌의 현실 공간을 재현한 것인지에 대한 궁금증이다.[7]

이에 대해 두 작품의 공간에 대한 기존 연구에 있어서는 주로 빈민촌이 지닌 보편적인 도시의 특성 혹은 도시의 '변두리성'(혹은 사회적으로 주변인들이 사는 공간배경으로서 만의 의미)에만 그 초점이 맞춰져 있기 때문에, 이러한 연구에 있어서 작품의 문학공간은 그 지역만이 갖고 있는 변별성을 지니지 않는다.[8] 그러므로 이러한 관점에서 공

---

6) 가스통 바슐라르, 『공간의 시학』(동문선, 2003), pp.8~11.참조.
7) 이러한 공간에 대한 개념과 성격규정은 연구자마다 다른 분류법들을 보이지만, 대체로 문학공간의 구분에서는 위와 같은 분류(재현 공간, 상상 공간)에 벗어나지 않는 시각을 지니고 있다. 모리스 블랑쇼, 『문학의 공간』(책세상, 1998) ; 장일구, 앞의 논문 ; 김선학, 「한국 현시대의 시적 공간에 관한 연구」(동국대학원 박사학위논문, 1989) ; 김광엽, 「한국 현대시의 공간 구조 연구」(서강대 대학원 박사학위논문, 1993) 등을 참조.
8) 이러한 연구들의 구체적인 예로, 먼저 「난장이가 쏘아올린 작은 공」에 대한 문학공간에 관한 연구로는 류보선의 「사랑의 정치학」,『1970년대 문학연구』(소명출판, 2000) ; 이은실의 「1970년대 도시 소설의 양상연구」, 『한민족문화연구16』(한민족문화연구회 2000) ; 류희식의 「1970년대 도시소설에 나타난 '변두리성' 연구」(영남대학교 석사논문,2002)와 박완서의 「엄마의 말뚝1」에 대한 문학공간에 대한 연구로는 강인숙, 『박완서 소설에 나타나는 도시와 모정』(도서출판 둥지, 1997) 등을 들 수 있다. 예를 들면「엄마의 말뚝1」에 나타난 도시의 양상에 대해 연구한 강인숙의『박완서 소설에 나타나는 도시와 모정』에서는 인구의 밀집성, 주민들의 이질성, 행동의 동시성, 무명성, 익명성, 소외, 공포와 불안, 혼돈, 인공성 등의 도시적 특성에 주목하면서 「엄마의 말뚝1」에서도 이와 유사한 도시의 성격이 나타난다고 분석했다. 그러나 이러한 공간개념은 서울을 배경으로 하는 소설이라면 모두가 갖는 일반적인 특징 분석에 지나지 않음을 알 수 있다.

간을 접근한 연구들은 시대에 따라 그 특성은 다소 달라 질 수 있지만, 궁극적으로는 서울 빈민촌을 주된 문학공간으로 하는 모든 소설 작품은 도시의 '변두리성'이라는 큰 테마에서 벗어날 수 없다는 것을 의미한다.

그러므로 이 글에서는 이러한 기존의 '문학공간에 대한 보편성'을 찾으려는 연구에서 한층 더 나아가 문학공간의 변별적인 특성을 파악하고자 한다. 즉,「난장이가 쏘아올린 작은 공」과「엄마의 말뚝1」에 나타난 주된 문학공간인 서울 빈민촌—구체적으로 현실공간의 재현대상인 '현저동'이 지니는 상징적 의미를 살펴보고자 한다.

문학작품을 이해한다는 것은 그 작품을 만든 작가를 이해하는 것이라는 전기역사주의 비평[9]은 비록 20세기 중반 이후부터 다른 이론들로부터 도전을 받고 있지만, 작가도 작가이기 전에 하나의 인간임을 부정할 수 없다는 관점에서 바라볼 때, 21세기에도 여전히 실증적인 문학연구로서의 힘을 가지고 있다. 전기역사주의 비평은 문학적 이미지를 작가의 생의 한 요소, 즉 그가 경험한 어떤 것에 비추어서 인과관계로 설명하는 것이다.

그런데 이러한 관점에서 바라본다면, 작품의 주된 문학공간의 이미지도 작가의 생애의 한 요소가 원인이 되어 그것에 대응되는 작품의 요소인 '문학적 공간'이 그 결과로서 나타난 것으로 파악할 수 있다. 그러므로 작가의 체험과 전기적인 환경이 어떻게 작품 속에 수용되고 어떠한 의미를 지니는가를 추체험함으로써 작가의 작품을 이해하는 단서를 마련할 수 있을 것이며, 작품의 공간 또한 이것의 연

---

9) 작품과 작가의 관계에 초점을 맞추고, 작품을 특정 작가의 사상, 감정, 체험, 의도가 고스란히 담긴 것을 보는 작품 이해의 관점으로 역사·전기주의비평으로 볼 수 있다.
이명재,「현대비평은 어떤 것들인가—1.역사주의 비평」,『문학비평의 이론과 실재』(집문당, 2001), p.115.

장선상에서 파악할 수 있을 것이다.

2. 대상작품의 문학공간과 '현저동'

문학 작품의 공간이 작가의 전기적인 여건과 상관관계가 있다는 시각으로 작품을 바라보고자 할 때, 가장 신빙성이 있는 자료는 작품 공간에 대한 작가와의 직접적인 대담이라고 생각된다.[10]

먼저 박완서의 「엄마의 말뚝1」[11]에서 나타난 주된 문학적 공간은 서울시 '현저동'으로 명시되고 있다. 이에 대해 작가는 박완서 30년 문학특집인터뷰에서 자신의 소설 창작스타일에 대해 경험하지 않은 것은 못 쓴다면서 그렇기에 이야기 밑천을 많게 만들어 주었던 작가 아닌 채로 살았던 세월이 좋았다고 한다.[12] 그러면서 그녀는 사람의 운명보다는 그 시대의 풍속, 그러니까 1930~50년대 시골과 서울의 모든 풍속을 재현하고 싶었다고 한다.[13] 이러한 작가의 고백이 없더라도 그동안 박완서의 많은 작품 속에서 그녀의 삶과 문학은 밀착되어 있음을 많은 연구자들에 의해서 밝혀진 바이다.[14]

그러므로 박완서는 작품에서 조차 서울 '현저동'을 '나만의 은밀

---

10) 전기비평이 작품을 해석·평가하는 데 있어서 작자와 작품을 떼어서 보지 않고 가능한대로 작품을 쓴 사람의 전기적인 자료를 조사하려는 방법이므로 작가의 직접 쓴 자전적 수필이나 일기, 혹은 인터뷰 내용들은 상당히 신빙성을 지닌다.
11) 작품의 발표순으로는 「난장이가 쏘아 올린 작은 공」이 「엄마의 말뚝1」보다 먼저이지만, 시간적 배경으로는 「엄마의 말뚝1」이 40년이 앞서기 때문에 이 글에서는 논의의 편의상 「엄마의 말뚝1」을 먼저 논하고자 한다.
12) 최재봉, 「박완서 문학 30년 작가인터뷰」, 《작가세계》(2000, 겨울), p.61.
13) 위의 글, p.65.
14) 권명아 「박완서 문학 30년 문학적 연대기」, 위의 책, p.26. 이는 비단 권명아 뿐만이 아닌 앞에서 이민 언급한 박완서에 대한 많은 연구들에서 그러한 평가는 동일하게 나타나고 있다.

한 애정과 감회를 지니고 있는 곳'[15]이라고 이야기하고 있는데, 이러한 것들을 살펴볼 때, 「엄마의 말뚝1」에 나오는 문학공간인 서울의 사대문 밖—현저동은 막연한 상상의 문학공간의 명칭이 아닌 그녀가 어릴 적 살았던, 1930~40년대 실재했던 서울 '현저동'을 모델로 삼아 문학적 형상화를 한 것임을 알 수 있다.

문학공간에 있어서 「엄마의 말뚝1」처럼 명확하게 지명이 나오는 경우와 달리 「난장이가 쏘아 올린 작은 공」에서의 공간 파악은 용이하지 않다. 왜냐하면 소설의 주된 문학공간이 '서울시 낙원구 행복동'이라는 비유적인 지명이기에, 그 곳이 실재하는 공간을 보고 재현한 것인지, 혹은 상상력에 의한 문학공간인지에 대해 파악하기가 어렵기 때문이다.

이러한 '행복동' 비유적인 공간명칭으로 인해 상상된 공간이라고 생각할 수도 있지만[16] 이에 대해 조세희는 12편의 연작 중 4번째 중편소설인 「난장이가 쏘아올린 작은 공」에 나오는 문학공간인 '서울시 낙원구 행복동'의 모습은 중랑천이 흐르고 있는 면목동과 당시 초라한 작은 무허가 주택들이 들어서 있는 무악동 일대를 모자이크해 놓은 것'[17]이라고 말하고 있다. 뿐만 아니라 작가는 무악동 일대(당시 현저동)를 취재 다니면서 난장이 가족이 밥을 먹는 장면 같은 것을 실제로 보고, 무허가 주택 철거 장면도 도처에서 보았다고 집필과정을 이야기 했다.[18] 그러므로 이 소설의 주로 실제모델이 된 문학공간

---

15) 박완서, 「엄마의 말뚝1」, 『박완서 소설 전집 7—엄마의 말뚝』(세계사, 2004), p.59.
16) 이에 대해 조세희는 작품의 이해를 어렵게 하는 소설의 구조가 문학적인 성과를 위한 장치가 아니라 표현의 자유가 극도로 제한된 1970년대 상황에서 어쩔 수 없는 선택이었다고 하는데, 그러므로 「난장이가 쏘아올린 작은 공」에서의 공간에 대한 비유 또한 그러한 맥락에서 이해될 수 있지 않을까 하는 생각이 든다.
　　이경호, 「조세희 150쇄 발간기념 작가인터뷰」, 《작가세계》(2002가을), 참조.
17) 김훈·박래부, 『문학기행1』(한국문화원, 1997), p.25.

은 지금의 현재 무악동(당시 현저동)임을 알 수 있다.[19] 이 작품의 주된 문학공간이 면목동과 현저동이 함께 조합된 가상의 공간이라고 볼 수도 있겠지만, 작품의 텍스트를 하나하나 분석해보면 철거되기 직전의 빈민촌의 속성을 지니는 공간인 현저동이 주무대가 되고 있음을 바로 알 수 있다. 면목동의 경우 긴 방죽과 높은 굴뚝이 수평과 수직의 구도를 이루고 있는 '행복동'의 외적인 모습의 차용정도이기 때문이다.

이렇게 두 작품의 문학공간은 실제로 존재하는 현실공간인 종로구 '현저동'을 재현하여 형상화했음을 알 수 있다. 그렇다면 실제 현실공간인 서울 '현저동'이 역사적으로 갖는 의미는 무엇이며, 이러한 현실공간이 문학공간에서는 어떠한 상징적 의미를 지니고 있는지에 대해 분석해 보고자 한다.

3. 현실·문학 공간으로서의 '현저동'이 지니는 의미

1) 현실공간으로서의 '현저동'의 갖는 특성

서울 종로구에 위치한 '현저동'은 독립문에서 무악재로 오르는 길 양편에 위치하는데, 길 오른쪽으로 인왕산 봉우리가 멀리 보이고, 그 왼쪽으로는 무악산이 보인다. 과거에는 이렇게 독립문에서 무악

---

18) 위의 책, p.28.
19) 이 작품의 주된 문학공간이 면목동과 현저동이 함께 조합된 가상의 공간이라고 볼 수도 있겠지만, 작품의 텍스트를 하나하나 분석해보면 철거되기 직전의 빈민촌의 속성을 지니는 공간인 현저동이 주무대가 되고 있음을 바로 알 수 있다. 면목동의 경우 긴 방죽과 높은 굴뚝이 수평과 수직의 구도를 이루고 있는 '행복동'의 외적인 모습의 차용정도이기 때문이다.

재로 가는 길 양편이 모두 '현저동'이었으나 교도소가 있는 왼쪽은 서대문구 '현저동' 그대로이고,「엄마의 말뚝1」에서 삶의 말뚝을 박았던 길 오른 편은 1979년부터 종로구 무악동이 된 상태이다.[20]

현실 공간으로서 '현저동'의 특징을 크게 세 가지로 나눌 수 있다.

첫째, 전형적인 '빈민촌'의 특성을 지니고 있다. 즉,「엄마의 말뚝1」에서 서울 '문밖—현저동'과「난장이가 쏘아 올린 작은 공」의 '행복동'으로 묘사된 '현저동(무악동)'은 실제적으로 영세민들의 주된 공간으로 존재하고 있다. 동 직원들에 의하면 1980년대 후반까지도 종로구에서 영세민이 가장 많이 살고 있는 곳으로, 아직까지도 독립문과 행촌동 쪽에는 남루한 '현저동'의 모습이 거의 그대로 남아 있다. 대부분 40~50년 전에 지어져 지금도 건평 10평 안 팍의 집들이 다닥다닥 붙어있는 모습을 하고 있으며, 처마가 낮은 집들 사이로 나 있는 폭 1.5미터 정도의 좁은 골목길들이 있다. 산마루 근처에는 어린이놀이터가 있고, 또한 산 밑 길 건너로는 서대문 교도소[21] 건물이 지금은 서대문형무소역사관으로 모습이 변해서 존재하고 있다. 이렇듯, '현저동'의 빈민촌의 모습은 21세기에도 20세기의 모습을 그대로 간직하고 있다.

둘째, '현저동'은 서울의 도심과 가장 근접한 '변두리성'을 지니고 있다. 빈민촌의 특성을 지닌 '현저동'이지만 그 위치상 동시에 가장 번화하고 땅값이 비싼 도심과 근접하고 있는 것이다. 다시 말해서 '현저동'은 종로, 명동, 광화문과 같은 역사적으로 도시의 중심부와 가장 근접해 위치한 지역적 특성을 지니고 있기에, 일반적인 도시의

---

20) 김훈·박래부, 앞의 책, p.58.
21) 이에 대한 명칭은 시대에 따라 경성감옥, 서대문형무소, 서울 형무소, 서울 교도소, 서울구치소 등으로 바뀌어왔다. 현재는 서대문형무소역사관으로 박물관이 되어있다.

빈민촌이 있는 지역과는 그 성격에 있어 차이가 있다. 이렇게 '현저동'은 우리나라의 중심부와 가깝게 위치해 있기 때문에 멀리 나가지 않고도 조금만 내려다보면 시내가 바로 보이고, 강남 쪽으로도 그곳의 빌딩과 고층아파트들이 쉽게 눈에 들어온다. 이러한 도심의 번화함과 비교해볼 때, '현저동'의 빈민촌은 그간의 경제성장이 멈춰버린 것 같은 느낌이 들 정도로 초라한 공간의 모습으로 남아있다. 동 직원들에 의하면 이곳은 재개발에 대한 농성과 분규가 잦은 탓에 81년 재개발 지역에서 해제되어 철거되는 일은 없어졌지만 다른 한편으로 이러한 것이 개발을 늦추는 원인이 되었다고 설명한다.[22]

이렇게 바로 눈앞에서 펼쳐지는 도심의 화려함과 풍요로움은 상대적으로 '현저동'의 초라함과 '변두리성'을 한층 더 인식시키는 역할을 한다. 나아가서 그 속에 사는 사람들에게 주변인으로서의 열등감을 갖게 한다. 이에 대해 '현저동'에서 유년시절을 보낸 박완서는 우리 집은 여러 곳으로 이사를 다녀야 하기 때문에 그 곳에 오래 살지는 않았지만 어머니의 문밖의식이 유독 서럽게 나타났던 곳이라고 한다.[23]

셋째, '변두리성'을 탈피하고자 하는 도심 지향적 공간의 특성을 지닌다. '현저동'은 지금까지도 빈·부가 동시에 공존하는 공간이다. 그리고 일제하부터 지금까지 시간이 흐름에 따라 많은 개발이 이루어지고 있다. '괴불마당집이 있던 근처에 연립주택이 병풍처럼 들어서서 인왕산을 쳐다보지도 못하게 가리고 있었다. 나는 가슴 속을 소슬바람이 부는 것 같은 감상에 젖으며 그 근처를 헛되이 배회했다.'[24] 라는 박완서가 쓴 소설의 한 구절은 서울이 확장되는 탓에 '현

---

22) 김훈·박래부, 앞의 책, p.47.
23) 위의 책, p.59.
24) 박완서, 앞의 책, p.59.

저동'이 주변부에서 벗어나 점차 중심부로 편입되고 있다는 사실을 보여주고 있다. 실제로 인왕산을 향해 길 따라 100미터쯤 오르면 지난 1980년에 들어선 82개동의 무악연립주택이 세워져 인왕산을 가로 막고 있는데, 연립주택을 따라 소형차들이 다닐 수 있을 만큼 도로가 넓혀졌다. 또한 길 건너 무악재방향으로는 부유한 집들이 제법 많이 들어서 있다. 이렇게 '현저동'은 현재 빈·부가 공존하는 지역적 특성을 지니고 있으며, 차츰 빈민촌이 개발되어 중심가에 흡수되고 있는 양상을 보이고 있다.

지금까지 실제로 존재하는 현실 공간인 '현저동'이 지닌 특성을 빈민촌, 도심에 근접한 '변두리성', '도심 지향성' 3가지로 살펴보았다. 그렇다면 「엄마의 말뚝1」과 「난장이가 쏘아 올린 작은 공」에서는 이러한 현실공간인 '현저동'이 어떻게 문학적으로 형상화되고 있는지, 구체적인 작품 분석을 통해서 살펴보기로 하겠다.

2) 문학적 공간으로서 '현저동'의 상징적 의미

① 「엄마의 말뚝1」

「엄마의 말뚝1」에서는 위에서 살펴 본 '현저동'의 3가지 특성들이 잘 나타나고 있다. 먼저 '현저동'의 특성인 빈민촌의 성격이 「엄마의 말뚝1」의 주된 작품의 공간인 사대문 밖인 '현저동'에서도 그대로 드러나고 있는데, 작품에 묘사된 문밖의 '현저동'을 인용하면 다음과 같다.

큰 한길만 따라 걷던 엄마가 전찻길이 끝나는 데서부터 골목길로 접어들었다. 그때서부터 우리가 앞장서고 지게꾼은 뒤졌다. 꼬불꼬불한 골목길은 처넘 속처

럼 너절하고 복잡하고 끝이 없이 험했다.[25]

꼬불꼬불한 오르막길이 마침내 사다리를 세워 놓은 것 같은 좁다란 층층대로 변했다. (…중략…) 이상한 동네였다. 시골 집의 한데 뒷간만한 집들이 상자갑을 쏟아 부어 놓은 것처럼 아무렇게나 밀집되어 있었다. (…중략…) 더럽고 뒤죽박죽이었다. 길만 해도 당초에 길을 내고 집을 지었다면 그럴 리가 없었다. 집이라기보다는 아무렇게나 쏟아놓은 상자갑 더미의 상채를 달리 고쳐 볼 엄두를 못 내고 체념한 주변머리 없는 사람들이 굶어죽지 않을 만큼의 먹이를 물어들이기 위해 가까스로 내놓은 통로가 길이었다. 상자갑 만한 집들이 더러운 오장육부와 시끄러운 악다구니까지를 염치도 없이 꾸역꾸역 쏟아 놓아 더욱 구질구질하고 복잡한 골목이 한 없이 계속됐다.[26]

이렇듯 '현저동'은 빈민촌의 전형적인 모습을 보여주고 있는데, 이러한 것은 주인공의 고향인 '박적골'의 아름다운 이미지와 대비되어 더 비참한 공간으로 인식된다.[27]

박적골 집은 나의 낙원이었다. 뒤란은 작은 동산같이 생겼고 딸기 줄기로 뒤덮여 있었다. 그 밖에도 앵두나무, 배나무, 자두나무, 살구나무가 때맞춰 꽃피고 열매를 맺었고 뒷동산엔 조상의 산소와 물 맑은 골짜기와 밤나무, 도토리나무가 무성했다. 사랑마당은 잔치 때 멍석을 깔고 차일을 치면 온 동네 손님을 한꺼번에 칠 수 있도록 넓고 바닥이 고르고 판판했지만 둘레에는 할아버지가 좋아하시

---

25) 위의 책, p.27.
26) 위의 책, p.28.
27) 이미 알려져 있는 대로 박완서는 1931년 개성에서 20리쯤 떨어진 개풍군 청교면 박적골이라는 곳에서 태어났다. 작가의 머릿속에 자리 잡고 있는 박적골과 개성의 이미지는 작가의 여러 편의 산문들에서뿐만 아니라 장편「그 많던 싱아는 누가 다 먹었을까」「미망」등의 작품들 속에서도 찾아볼 수 있다.

는 국화나무가 덤불을 이루고 있었다. 꽃송이가 잘고 향기가 짙은 토종 국화는 엄동이 될 때까지 그 결곡한 자태를 흐트러뜨리지 않았다.[28]

나는 못된 꾐에 넘어가 유괴당하고 있는 걸 깨달은 것처럼 엄마가 정떨어졌고 두고온 시골집의 모든 것이 그리웠다.[29]

게다가 「엄마의 말뚝1」의 주된 공간인 집의 위치는 '현저동'에서도 가장 빈민들이 사는 공간으로 묘사된다.

더욱 어처구니없는 것은 그 상자 갑을 쏙아 놓은 것처럼 담 쌓인 집들 중의 하나나마 우리 집이 아니라는 거였다. 현저동에서도 상상 꼭대기에 있는 초가집의 문간방에 엄마는 세들어 살고 있었다.[30]

우리가 세든 초가지은 높은 축대 위에 있었다. 대문 밖도 평탄한 골목길이 아니고 인왕산으로 통하는 오르막길에서 가지를 뻗은 좁은 막다른 길이어서 사람이 드나들 수 있는 길 밖은 곧 낭떠러지였다.[31]

지금까지의 묘사들을 종합해 보면, 「엄마의 말뚝1」에 나타난 문학 공간인 '현저동'은 서울이지만 서울이라고 이야기하기도 어려운 빈민촌임을 확인할 수 있다. 즉, 작품에 나타난 '현저동'은 소외계층, 빈민계층이 어렵게 살아가는 터전으로 형상화되고 있다.

---

28) 박완서, 앞의 책, p.24.
29) 위의 책, p.29.
30) 위의 책, p.29.
31) 위의 책, p.37.

현저동 골목길 　　　　　　　다닥다닥 붙어있는 집들

그 아이는 바로 낭떠러지 밑에 있는 집에 살고 있었다. 낭떠러지 위에선 그 집의 안마당이 곧장 내려다 보였다. 안마당은 좁고 질척거리고 복작거렸다. (…중략…) 저녁땐 언제 들어오는지 본적이 없었다. 그 아이의 엄마는 아버지에 비해 게으르고 더구나 뭘 깁거나 때우는 건 좋아하지 않은 모양으로 자기의 옷도 아이들의 옷도 해져 있거나 터져 있는 적이 많았다.[32]

다음으로 「엄마의 말뚝1」에서 '현저동'의 특성인 도심에 근접한 '변두리성'이 사대문 '밖'의 '변두리성'으로 형상화되고 있다. 「엄마의 말뚝1」의 '현저동'은 사대문 '밖'에 위치하고 있어서 사대문 '안'에 있는 공간과 계속해서 비교되고 있다. 즉, 도심인 '문안'과 비교함으로써 '문밖'의 공간이 더욱 초라하고 빈곤한 공간으로 인식되는 것이다.[33]

엄마를 닮아 어느 만큼은 문밖이라는 데 서울로부터의 소외의식을 갖고 있던 나는 문안 학교에 간다는 데 서울 구경에의 기대를 더 많이 걸고 있었다.[34]

---

32) 위의 책, p.38.
33) 이 작품에서는 '문안'에 대한 구체적인 공간묘사는 직접적으로 나타나 있지 않는데, 그에 대해 그의 자전적 소설인 「그 많던 싱아는 누가 다 먹었을까」에 나타난 것을 인용하면 다음과 같다. "가면서 엄마는 여기가 바로 문 안이라는 것을 누누이 강조했다. 과연 현저동보다 훨씬 정돈되고 아늑한 동네였다. 무엇보다도 집이 비탈에 붙어있지 않고 평지에 자리잡은 게 마음에 들었다." 『그 많던 싱아는 누가 다 먹었을까』,(웅진닷컴, 2002), p.55. 인용.

이러한 공간 비교는 그 속에 사는 사람들의 현실인식을 강화시킬 뿐만 아니라. 더 나아가서 그 속에 있는 사람들을 주변인으로 분류시킨다.

학교친구들은 모두 그 근처 아이들이었기 때문에 처음부터 저희들 끼리끼리였다. 그 끼리끼리가 저희들까지 싸우고 바뀌고 편먹고 할 뿐이지, 처음부터 어떤 끼리끼리에도 안 속한 이질적인 아이에 대해선 배타적이고 냉혹했다. 나는 가끔 혼자서 거울을 보면서 내가 어디가 어떻게 남과 달라서 여기저기서 따돌림을 받나를 이상하게도 슬프게도 생각했다. 한동네 사는 애들하고 격이 다르게 만들려고 엄마가 억지로 조성한 나의 우월감이 등성이 하나만 넘어가면 열등감이 된다는 걸 엄마는 한번이라도 생각해 본적이 있었을까?[35]

이렇게 「엄마의 말뚝1」의 주된 공간인 '현저동'은 지역 특성상 화려하고 부유한 공간인 '문안'과의 비교를 통한 '변두리성'의 현실인식을 강화하고 더 나아가서 그 속에 사는 사람들까지 주변인으로서의 열등감을 갖게 하는 기능을 한다.

엄마는 문밖에 살면서 아직은 서울사람이 못됐다는 조바심과 열등감을 가지고 있었다.[36]

그러나 이러한 열등감은 '현저동'이 갖는 '도심 지향성'으로 극복되고 있는데, 이러한 것은 작품에서도 그대로 드러나고 있다.

---

34) 박완서, 앞의 책, p.46.
35) 위의 책, p.50.
36) 위의 책, p.42.

과거 매동 국민학교 모습   교도소에서 올려다 본 현저동

"여긴 서울이라도 문밖이란다. 서울이랄 것도 없지 뭐. 느이 오래비 성공할 때까지만 여기서 고생하면 우리도 여봐란 듯이 문안에 들어가 살 수 있을 거야. 알았지"[37]

이러한 '문안'으로의 지향은 엄마뿐만이 아닌 그것을 부정하는 딸에게도 은연중에 나타난다.

나는 한길 한가운데 우뚝 선 독립문을 가리키면서 물었다. 그때까지도 문안, 문밖을 이해하기 위해서 구체적인 문을 필요로 했다. "우린 언제 문안에 들어가서 살지?" 나는 엄마한테 옳은 문밖에 사는 열등감을 오빠로부터 위로 받기 위해 이렇게 말했다. 나는 오빠가 응, 내가 성공하면 이라고 씩씩하게 말해주리라 맹

---
37) 위의 책, p.28.

목적으로 믿고 있었기 때문에 대답을 듣기도 전에 기분이 좋아 혼자서 깡충거렸다.[38]

위의 인용문에서 볼 수 있듯이, 평소 딸은 '문안'을 지향하는 엄마에 대해 거부감을 가지고 있으면서도 무의식적으로나마 자신이 살고 있는 '문밖'공간에 대해 벗어나고자하는 현실인식을 가지고 있는 것이다.

이처럼 「엄마의 말뚝1」에서는 도심의 '문안'으로의 지향성을 꾸준히 보여주고 있는데, 그것을 극복하는 구체적인 방법은 공부를 통해서 만이 가능하다고 생각한다. 그래서 엄마는 딸이라도 '문안'으로 학교를 보내려고 애쓰고, 결국은 '문안'에 있는 친척집에 딸의 기류를 옮겨서 학교를 보내게 된다.

감옥소가 있는 문밖 동네에서 문안 동네를 바라보는 엄마의 눈길은 한층 절절해졌다. 그 간절한 소망은 불시에 나를 소학교 보내는 일에 큰 변경을 가져오고 말았다. 엄마는 그 동네 아이들이 다 가게 돼있는 무악재고개 너머에 있는 학교를 갑자기 타박하면서 나를 꼭 문안에 있는 국민학교를 보내야 한다고 우기기 시작했다. […중략…]문안이라도 현저동에서 가까운 문안에 사는 친척을 남대문 입납으로 찾아나서는 엄마를 보자 오빠까지 참 엄마도 주책이셔 하면서 쓴 웃음을 짓고 외면했다.그러나 엄마는 그런 친척을 기어코 찾아내고 말았고 내 기류는 그댁으로 옮겨졌다.[39]

이렇게 딸을 '문안'으로 학교를 보내는데 성공한 엄마는 딸이 '문

---

38) 위의 책, p.33.
39) 위의 책, p.46.

밖'의 사람에서 '문안'의 사람이 되기를 바란다.

> 땜쟁이 딸하고도 자연히 멀어졌고 나 혼자 매동학교를 다녔기 때문에 그 동네 학교를 다니는 아이들한테는 의식적인 따돌림을 받았다. 엄마는 되레 그걸 바란 것처럼 좋아하는 눈치였다. 문밖에 살면서 일편단심 문안에 연연하는 엄마는 내가 그 동네 아이들과는 격이 다른 문안 애가 되길 바랬다.[40]

결국 「엄마의 말뚝1」의 '문밖―현저동'이라는 문학공간은 '문안'과의 비교를 통해 현실을 인식하게 되고, 그러한 것은 다시 '문안'으로의 지향을 보이고 있는 것이다.

앞에서 말한 바와 같이, '현저동'의 지리학적 위치가 갖는 도심의 '변두리성'은 '문밖' 사람들이 열등감을 갖게 만드는데 그치지 않고 그를 이상적으로나마 뛰어넘으려는 시도들을 하게 만드는 공간이다. 이러한 막연하고도 이상적인 지향들이 실제로 이루어져 '문안'의 평지에다가 터전을 잡는다.[41] 이렇게 빈민촌 '현저동'은 위치상으로 다른 빈민촌과는 달리 도심으로 지향하는 '열려있는 공간'이라는 특성을 보여주고 있다.

② 「난장이가 쏘아올린 작은 공」

「난장이가 쏘아올린 작은 공」에서도 실제 공간인 '현저동'이 지니는 특성들이 그대로 재현되고 있다. 먼저, 「난장이가 쏘아올린 작은 공」에서의 '현저동'의 문학적 형상화인 '낙원구 행복동'은 '재개발 사업구역 및 고지대 건물 철거지시'[42]가 내려진 빈민촌으로 묘사되

---

40) 위의 책, p.46.
41) 위의 책, p.58.

고 있다.

그런데, 이 작품에서는 「엄마의 말뚝1」에서처럼 빈민촌과 비교되는 고향은 존재하지 않는다. 왜냐하면 난장이 자식들에게는 '행복동' 그 자체가 고향이기 때문이다. 그러므로 「난장이가 쏘아올린 작은 공」의 주된 문학공간인 '행복동'은 벗어나고 싶은 공간이 아니라 오히려 지키고 싶은 고향이라는 시각을 가질 수 있다.

하지만 고향인 '낙원구 행복동'은 「엄마의 말뚝1」에서의 '박적골'과 같이 만족할 만한 고향의 모습은 아니다.

> 천국에 사는 사람들은 지옥을 생각할 필요가 없다. 그러나 우리 다섯 식구는 지옥에 살면서 천국을 생각했다. 단 하루라도 천국을 생각해 보지 않은 날이 없다. 하루하루의 생활이 지겨웠기 때문이다. 우리의 생활은 전쟁과 같았다. 우리는 그 전쟁터에서 날마다 지기만 했다.[43]

즉, 「난장이가 쏘아올린 작은 공」에서의 '행복동'은 살기 위한 기본적인 최소한의 터전일 뿐, 만족감이나 행복을 향유하는 공간이 아닌 것이다. 그러므로 주인공들의 '행복동' 집의 철거에 대한 반발은 만족하는 고향에 대한 사수가 아닌 최소한의 터전의 상실에 대한 반발로 바라봐야 할 것이다. 이러한 것은 난장이의 장남의 입을 통해서도 나타나는데, '동네에서 풍기는 냄새가 창피할 정도의 공간'으로 묘사되고 있다.[44] 이에 대해 조세희의 말을 인용하면 다음과 같다.

---

42) 조세희, 「난장이가 쏘아올린 작은 공」, 『제3세대 문학』(삼성출판사, 1990), p.57.
43) 위의 책, p.56.
44) 위의 책, p.63.

그것이 어떤 종류의 것이든, 우리는 날마다 죄 지으며 도시에 와 살고 있다. 그러나 이 도시가 우리의 고향은 아니다. 우리 가운데 대부분은 오래 전에 등지고 떠나온 농촌, 즉 고향을 하나의 왕국으로 마음속에 간직하고 있다. 찬란한 왕국은 대개 어린시절의 것이다. 나도 예외가 아니다. 물론 달콤했던 유년시절의 추억 가운데서 현실적으로 설명이 가능한 것은 하나도 없다. 시간의 앞뒤 관계도 분명하지 않다. 나의 경우 분명한 것은 〈유년의 왕국〉주소로 올라 있는 묵안리 마을뿐이다. 사방이 산으로 막혀 있다. 관청서류에 올라있는 나의 왕국은 작은 마을에 지나지 않는다. 그러나 묵안리를 〈머가니〉라고 부르면 세계는 갑자기 달라진다.[45]

위의 인터뷰에서 알 수 있듯이 작가는 「난장이가 쏘아 올린 작은 공」의 주된 공간인 '행복동'을 만족스러운 고향의 모습으로 그리지 않았음을 알 수 있다.

그러므로 「난장이가 쏘아 올린 작은 공」의 주된 문학공간인 '행복동'은 빈민들이 사는 빈민촌으로 묘사되고 있다.

동사무소 앞에 사람들이 몰려있었다. […중략…] 한결같이 영양이 나쁜 얼굴들이었다. 거기서는 눈물냄새가 났다. 나는 눈물 냄새를 가슴으로 맡았다.[46]

또한 '행복동'에서도 도심과 근접한 '변두리성'이 나타나는데, 특히 개천을 경계로 확연히 구분된다.

개천 건너 주택가 골목에서는 고기 굽는 냄새가 났다. 나는 그것이 고기 굽는

---
45) 구광본, 「문학적 연대기-유년과 역사에로의 여행」, 《작가세계》(1990, 겨울), p.22.
46) 조세희, 앞의 책, p.78.

냄새인줄 알면서도 어머니에게 묻고는 했다.[47]

"나도 주머니가 달린 옷을 입고 싶어." "빨리 가자." "엄마는 왜 우리들 옷에 주머니를 안달아 주지? 돈도 넣어주지 못하고, 먹을 것도 넣어 줄 게 없어서 그렇지?"[48]

이처럼 빈민촌인 '행복동'은 다른 빈민촌과 달리, 개천만 건너면 밝고 깨끗한 주택가가 있고, 그 주택가 골목에서는 고기 굽는 냄새가 나는 부유한 공간과 근접한 위치적 특성을 가지고 있다. 이러한 '행복동'이 지닌 도심의 '변두리성'은 주인공들이 자신이 의지와는 상관없이 자신의 현실을 객관적으로 인식하게 하는 환경을 조성한다.

다시 말해서, 개천건너의 부유한 주택가에 근접한 '행복동'에서 사는 빈민들은 자의건 타의건 간에 두 공간의 비교를 통해 그 차이를 인식하게 되는 것인데, 이는 자신들의 현실인식을 강화시키는 계기를 만든다. 즉, 자신의 살고 있는 삶과는 대비되는 삶을 가장 가까이에서 지켜볼 수 있는 공간적 상황은 상대적으로 자신의 처한 상황을 더 객관적으로 인식하게 만드는 것이다.

형의 공책에는 다음과 같은 것들로 적혀있었다. 〈폭력이란 무엇인가? 총탄이나 경찰 곤봉이나 주먹만은 아니다. 우리의 도시 한 귀퉁이에서 젖먹이 아이들이 굶주리는 것을 내버려 두는 것도 폭력이다. [⋯중략⋯] 햄릿을 읽고 모짜르트의 음악을 들으면서 눈물을 흘리는(교육받은)사람들이 이웃집에서 받고 있는 인간적 절망에 대해 눈물짓는 능력은 마비 당하고, 또 상실당한 것은 아닐까? [⋯중

---

47) 위의 책, p.59.
48) 위의 책, p.60.

략…] 세계로부터 고립되었기 때문에 우리는 세계에 무엇 하나 주지 못했고, 가르치지도 못했다. 우리는 인류의 사상에 아무 것도 참가하지 못했고 […중략…] 남의 사상으로부터는 오직 기만적인 겉껍질과 쓸모없는 가장자리 장식만을 취했을 뿐이다.[49]

이와 같이 '행복동'과 주택가의 두 공간의 대비적 속성은 그 속에 사는 사람들에게 주변인이라는 현실상황을 인식시킨다. 그리고 이러한 인식의 강화는 다시 '도심 지향성'으로 나타나게 되는데, 「난장이가 쏘아올린 작은 공」에서의 '행복동'도 그러한 특성을 지닌다.

영희는 부엌문 앞에 서서 말했다. "엄마 몰래 또 고기 냄새 맡으러 갔었대. 나는 안 갔어." 어머니는 아무 말이 없었다. 나는 영희를 흘겨 보았다. 영희는 또 말했다. "엄마, 큰 오빠가 고기 냄새 맡으러 갔었다고 말했더니 때리려고 그래."[50]

주택가로 고기 냄새를 맡으러 가는 것은 '행복동'에서 조금이라도 벗어나고 싶은 막연한 개천 '건너'의 지향으로 나타난다. 즉, '행복동'에서 사는 사람들은 그러한 빈민촌을 벗어나서 개천건너 부유한 주택가에 살고자 하는 것이다. 이를 위해 난장이들의 엄마 또한 「엄마의 말뚝1」에서의 엄마와 같이 공부를 열심히 해야 된다고 생각한다.

"엄마이게 무슨 냄새지?" 어머니는 나의 손을 잡았다. 어머니는 걸음을 빨리 하면서 말했다. "고기굽는 냄새란다. 우리도 나중에 해 먹자." "나중에 언제?"

---

49) 위의 책, p.77.
50) 위의 책, p.60.

"자, 빨리 가자" 어머니는 말했다. "너도 공부를 열심히 하면 좋은 집에 살 수 있고, 고기도 날마다 먹을 수 있단다."[51]

이러한 생각은 엄마뿐만이 아니라 난장이의 장남의 생각도 마찬가지다.

우리는 무슨 일이 있든 공부는 해야 한다고 생각했다. 공부를 하지 않고는 우리 구역에서 벗어날 수가 없다고 생각했다. 세상은 공부한 자와 못한 자로 너무나 엄격하게 나누어져 있었다. 끔찍할 정도로 미개한 사회였다. 우리가 학교 안에서 배운 것과는 정반대로 움직였다. 나는 무슨 책이든 손에 잡히는 대로 읽었다.[52]

이러한 공간의 '변두리성'을 극복하기 위한 의식은 결국 수단과 방법을 가리지 않고 주택 입주권을 가져오는 영희의 행동으로 발전한다. 이러한 의식들과 행위들은 결국 '변두리성'을 벗어나려는 모습이라고 할 수 있다. 결국 이렇게 '변두리성'을 지니는 철거촌인 '행복동'은 그 속에 사는 사람들에게 빈민촌에 살고 있다는 현실인식을 강화시키고, 더 나아가서는 그 '변두리성'을 탈피하고자 하는 '도심지향성'을 지니도록 하는 공간으로서의 특성을 지니고 있다.

---

51) 위의 책, pp.59~60.
52) 위의 책, p.68.

4. 결론

지금까지 '현저동'이 현실공간으로서 지니는 특성과 그것의 문학적 형상화에 있어서의 상징적 의미를 살펴보았다. 시대의 변화에도 불구하고 현실 공간인 '현저동'만이 지니는 특성은 빈민촌의 특성, 도심에 근접한 '변두리성', 도심지향성이라고 할 수 있다. 이러한 '현저동'의 특성은 「엄마의 말뚝1」과 「난장이가 쏘아 올린 작은 공」에서 '문밖'과 '행복동'이라는 문학적 공간으로 형상화되어 그대로 나타나고 있다. 다시 말해, 비록 시간적 배경으로는 일제에서 1970년대까지 40년이 지나도 그 공간이 갖고 있는 '고유한 특성'을 유지하고 있는 것이다. 사실 작가의 문학적 상상력과 현실사이에는 일정한 괴리가 있는 것임에도 불구하고, 소설 「엄마의 말뚝1」과 「난장이가 쏘아 올린 작은 공」에 나타난 문학공간인 '현저동'은 현실 공간인 '현저동'과 그 차이가 거의 없다고 해도 과언이 아니다.

이러한 것은 앞에서 잠시 언급했던 서사를 연구하는데 있어 시간예술로만 파악할 수 있는 것은 아니라는 것을 보여주는 구체적인 예라고 할 수 있으며, 그런 점에서 공간론적인 접근은 그 의미를 갖는다고 하겠다. 이런 측면에서 볼 때, 현실 공간에서의 '현저동'은 이미 문학공간으로서도 큰 의미를 지니고 있다.

이 글은 문학을 이해하는데, 공간론으로 이해하려고 했다. 특히 실제 문학공간의 현장답사를 통해 문학작품과 삶의 구체적인 현장 사이에 얽힘의 관계를 규명하고자 했다. 이러한 작업은 단순히 문학연구의 공간론적인 새로운 시각의 접근이라는 성과이외에도 하나의 문화산업의 콘텐츠로서의 가치를 지닌다. 즉 문학공간의 현장답사는 기존의 텍스트로 문학작품을 접했던 학생들이나 일반인들에게 그 작품을 더욱 폭넓게 이해하는데 중요한 문화컨텐츠로 이용될 수 있기 때문이다.

그러나 현대의 개발논리에 오랜 시간이 지나도 변하지 않았던 '현저동'만의 특성도 거의 사라졌고, 현재는 아주 일부분의 흔적만 남겨져 있는 상태이다. 이러한 상황으로 볼 때, 도심에 가장 근접한 '변두리성'을 지닌 '현저동'의 모습은 다른 공간들이 그래 왔던 것처럼 언젠가 역사 속으로 사라질 것이다. 그러므로 소설을 쓰는 것에 대해 "소설을 쓴 다기 보다 그 현실공간이 지녔던 풍속을 재현하고 싶었고, 소설로서의 가치가 사라지더라도 나중에 자료로서의 가치를 지닐 수 있었으면 좋겠다"[53)]는 박완서의 인터뷰는 상당히 설득력 있게 보인다.

지금 '현저동'에는 역사의 현장인 서대문 교도소가 그대로 보전되어 서대문형무소역사관이라는 박물관으로 만들어져 있다.[54)] 사실은 실제 사건이 일어난 역사현장 못지않게 한 시대의 풍속을 지닌 문학의 현실 공간 역시 보전되고 자료로 기록되어야 할 가치가 있다. 그것은 문학이란 삶의 반영이고 때론 역사보다도 그 시대의 모든 것을 더 잘 이해할 수 있게 만드는 힘을 가진 예술적 장르이기 때문이다.[55)] 그런 점에서 「엄마의 말뚝1」과 「난장이가 쏘아 올린 작은 공」의 주된 공간이 되는 현실 공간인 '현저동'의 데이터베이스의 구축이 필요하다.

우리 문학 속의 도시를 기행하고 이를 책으로 묶어 낸 한 건축가는 그의 책에서 문학 작품의 주요 공간이 되는 도시나 건축에 대한 무관

---

53) 최재봉, 앞의 논문, p.65.
54) 1987년 서울 구치소가 경기 의왕시로 옮겨 간 뒤 형무소와 그 주변은 독립공원으로 조성되었다. 형무소는 역사관이 되었고 옥사 3개동과 사형장은 사적으로 지정됐다.
55) 구광본, 앞의 논문, p.36. 참고.

심한 세태에 대해 일침을 가한다. 그에 의하면, 현재의 문학가들은 도시나 건축물의 참 의미를 제대로 인식하지 못하고 있는 데, 실은 지난 세대 문학가들의 작품 속에는 오히려 더 많은 의미 있는 장소의 특성을 찾을 수 있다는 것이다.[56] 그의 말대로 우리 근대문학 속의 공간들은 우리의 역사를 담고 있음은 자명한 일이다. 문학연구자들이 우리나라 주요 소설 작품에 나타난 도시, 건축 등과 같은 문학공간에 대해 관심을 갖고, 그것의 의미를 찾아낼 때, 문학 장르를 넘어선 타학문인 건축 더 나아가서는 풍속, 역사를 이해하는데 중요한 문화컨텐츠로 자리매김을 할 것이라고 생각된다.

김연수(단국대 강사)

---

56) 김정동, 『문학 속 우리 도시기행』(옛 오늘, 2001), p.347.

참고문헌

강인숙, 『박완서 소설에 나타나는 도시와 모정』, 도서출판 둥지, 1997
구광본, 「문학적 연대기-유년과 역사에로의 여행」, 《작가세계》, 세계사, 2000 겨울
김훈·박래부, 『문학기행』, 한국문화원, 1997
권명아, 「박완서 문학 30년 문학적 연대기」, 《작가세계》, 세계사, 2000 겨울
류보선, 「사랑의 정치학」, 『1970년대문학연구』, 소명출판, 2000
류희식, 『1970년대 도시소설에 나타난 '변두리성' 연구』, 영남대학교 석사논문, 2002
이명재, 「현대비평은 어떤 것들인가-1.역사주의 비평」, 『문학비평의 이론과 실재』, 집문당, 2001
이은실, 「1970년대 도시 소설의 양상연구」, 『한민족문화연구16』, 한민족문화연구회 2000
장일구, 『한국근대소설의 공간성 연구』, 서강대 박사학위논문, 1999
최재봉, 「박완서 문학 30년 작가인터뷰」, 《작가세계》, 세계사, 겨울, 2000』
한국소설학회 편, 『공간의 시학』, 예림기획, 2002
W.J.T, Mitchell, "Spatial Form in Literature; Toward a General Theory", Critical Inquiry, spring, 1980

5 원심력의 공간에서 구심력의 공간으로
― 윤후명의 소설 공간

1. 소설의 공간, 공간의 소설

일반적으로 문학은 시간의 지배를 받는 예술이라고 설명되어 왔다. 공간적이고 동시적인 속성을 가지고 있는 시각 예술에 비해서, 문학은 시간적이고 연속적인 속성을 가지고 있으며, 문학의 여러 장르 중에서도 특히 소설에서 그러한 속성을 강하게 나타낸다는 것이 전통적인 논리였다. 소설이라는 장르가 시간의 흐름을 가진 이야기, 즉 신화·설화·민담 등에 그 기원을 두고 있다는 사실을 감안한다면, 이 논리는 충분한 타당성을 가진다고 하겠다.

그러나 현대의 예술비평에서는 이러한 전통적 논리와는 다른 방향에서 시간과 공간의 개념이 설명되고 있다. 즉, 공간 예술인 회화에서 공간적 매체에 내재한 한계들을 극복할 수 있는 방식으로서 시간성을 도입한 것처럼, 예술 분야에서는 오래 전부터 시간과 공간이 역사적으로나 절대적으로 구분되지 않고 함께 공존해 왔다는 주장

이 활발하게 제기되어 왔던 것이다.[1]

문학에서도 이와 관련된 논의가 진행되었는데, 1945년 조셉 프랭크(Joseph Frank)가 근대 문학의 주요한 패러다임으로 '공간 형식(Spatial Form)'이라는 개념을 제기한 이후, 다양한 관점에서 문학의 공간에 대한 연구가 이루어지고 있다. 또한 그와는 다른 방향이라고 할 수 있는 정신분석학과 기호학적인 시각에서 공간을 하나의 상징으로 파악하고 해석하려는 시도가 계속되었다. 이러한 논의는 국내의 학자들에게도 수용되어 몇 개의 연구결과가 축적되기도 했다.[2]

그렇지만 문학에 있어 공간성에 대한 논의, 특히 소설의 공간에 대한 논의는 그리 활발하게 이루어지지 못했다. 이는 시의 구조와 기호에 대한 연구에서 공간에 대한 언급이 적지 않았다는 사실과 사뭇 대조된다. 물론 이러한 현상은 시와 소설이 근본적으로 상이한 서술구조를 가진다는 사실에 기인하는 것이다. 같은 문학이라고 하더라도 시에 비해서 소설은 상대적으로 이야기로의 속성이 강할 수밖에 없으며, 그러하기에 공간보다는 시간이 주요한 구성요소로 파악되어 왔다. 더구나 작품에 내포된 역사인식과 현실비판의식이 강조해 왔던 우리의 문단상황이 공간을 중심으로 구성된 소설작품을 도외시했던 것도 사실이다. 이러한 분위기는 소설창작교육에도 영향을 주어서, 시중에 유통되고 있는 소설창작방법론에 관련된 책들 중에서 공간 혹은 공간배경을 별도의 장으로 구성하고 있는 경우는

---

[1] Jeoraldean McClain, "Time in the visual arts; Lessing and Modern Criticism", The Journal of Aesthetics, fall 1985, vol.XLIV, no.1, p. 42.
[2] 대표적인 연구업적으로는 다음과 같은 저술을 들 수 있다.
· 유지현, 『현대시의 공간 상상력과 실존의 언어』, 청동거울, 1999.
· 이어령, 『문학공간의 기호학적 연구』, 단국대학교 박사학위논문, 1986.
· 한국소설학회 편, 『공간의 시학』, 예림기획, 2002.

그리 많지 않다.[3] 또한 한 작가의 작품세계를 평가하는 데에도, 이와 같은 경향이 반영되어 왔다. 소설의 시간성을 추구하는 작가들에 비해서, 소설의 공간성을 추구하는 작가들은 상대적으로 주목을 받지 못했으며, 그들의 작품세계에 대한 언급도 활발하게 이루어지지 못했다.

윤후명도 그러한 평가기준 및 문단경향에 의해 소홀하게 다루어졌던 작가 중의 하나이다. 본격적으로 소설을 발표하기 시작했던 80년대에 그는 독창적인 작품세계를 가진 작가로 평가받기는 했으나, 큰 주목을 끌지는 못했다. 오히려 '소설의 형식이나 내용 면에서 우리 소설문학의 주도적 전통과는 커다란 거리를 지니고 있는'[4] 작가라는 평가가 일반적이었다.

그의 작품세계가 새롭게 조망 받기 시작한 것은 90년대에 들어서면서부터였다.[5] 그러나 엄밀하게 평가하자면, 이러한 평가 작업들도 그의 작품세계에 대해 본격적으로 접근했다고는 판단되지 않는다. 그런 논의의 대부분이 이미 논의되어왔던 '낭만성'과 '주변인의 사

---

3) 시중에 유통되고 있는 20여 종의 소설창작방법론에 관련된 책 중에서 공간 혹은 공간배경을 별도의 장으로 구성하고 있는 책은 다음의 4권뿐이었다. 물론 이외에도 소설공간에 대한 간략한 언급을 했던 저술은 많았으나, 이는 충분한 논의가 이루어지지 않았다고 판단하여 제외하였다.
· 신춘자, 『소설창작의 이론과 실제』, 이회문화사, 2000.
· 정한숙, 『현대소설창작법』, 웅동, 2000.
· 이미란, 『소설창작 12강』, 예림기획, 2001.
· 최인석, 『소설쓰기의 첫걸음』, 북하우스, 2003.
4) 권성우·우찬제·윤후명, 「윤후명, 산업화 시대 낭만적 예술가의 초상: 특집대담」, 『문학정신』, 1990년 7월호, 참고.
5) 주지하다시피 이 시기는 우리 문학에 적지 않은 변화가 있었는데, 이는 흔히 '거시담론에서 미시담론으로의 전환'이라고 설명된다. 이러한 패러다임의 전환을 겪은 후에야 평가되기 시작했다는 사실은, 역설적으로 윤후명에 대한 지난 세대의 평가가 작품 자체에 의한 것이 아니라 문단상황에 의해 이루어졌던 것이 아닌가 하는 의심을 품게 한다.

상'을 지적하는 정도에 그쳤을 뿐, 정작 작품의 대한 정밀한 분석은 이루어지지 못했기 때문이다. 물론 이러한 논의들이 그 동안 도외시되어왔던 작품경향에 대한 관심이 표현된 것이며, 이를 기반으로 우리 문학의 폭을 넓힐 수 있는 기반이 마련되었다는 긍정적인 기능을 담당했던 것은 사실이다. 반면에 이러한 논의들은 작품세계에 대한 이해를 도모하기보다는, 오히려 작가를 지나치게 신비화하여 독자들로부터 멀어지게 했다는 부정적인 면모도 간과할 수 없다. 여전히 윤후명의 작품은 독특하기는 하지만 어렵고 이해할 수 없다는 인식이 지배적이다.

우리에게 요구되는 것은, 작가의 기행(奇行)이나 작품의 분위기를 찬양하는 감상문이 아니라, 보다 엄밀하고 체계적인 분석이다. 물론 이것은 각 작품마다의 구성논리에 대한 고찰에서부터 비롯되어야 하며, 이를 통해 일관되게 작가가 일관되게 유지하고 있는 작품세계 전반을 관통할 수 있는 단계로까지 나아가야 할 것이다. 이에 본고는 윤후명의 작품에 나타나는 공간성에 주목하고, 이를 바탕으로 하여 그의 작품세계를 파악해보고자 한다.

2. 원심력이 작용하는 공간
―「돈황의 사랑」과 「누란의 사랑」을 중심으로

윤후명의 작품들은 대부분 전통적인 서사구조로 이루어져 있지 않다. 여기에서 말하는 전통적인 서사구조란 중·고등학교의 문학교육에서 교수되고 있는 기—승—전—결의 구조, 혹은 발단—전개—위기—절정—결말의 구조를 의미한다. 이것들은 모두 소설의 시간성에 의존하는 구조라고 할 수 있는데, 작가에 의해서 의도적으로 해체된 시간을 독자들이 재배열하는 행위를 기본으로 하고, 갈등의 맺힘과 풀림이 이루어지며, 인과율에 따라서 사건이 전개된다는 특징을 가진다. 그러나 그의 작품에는 특별한 갈등이 나타나지 않으며, 사건 혹은 사유의 연결도 원인과 결과에 의해서 이루어지지 않고, 그렇기 때문에 일반적으로 절정에 해당하는 부분이 제시되지 않는다. 바로 이것이 독자들이 그의 작품을 난해하다고 평가하는 부분이다. 그의 작품이 사소설적이고 수필 같은 느낌을 준다는 평가[6]도 같은 이유에서이다.

이는 그의 소설이 전통적인 '잘 짜여진 구조(well made form)'를 지향하는 것이 아니라는 증거이며, 그러므로 그의 작품을 이해하기 위해서는 구조체계에 대한 새로운 인식이 요구된다고 하겠다. 그에 대한 대안으로 제시될 수 있는 것이 바로 소설의 공간구조이다. 전통적인 서사구조에서 공간은 사건의 배경에 머무르고 있을 뿐이지만, 그의 작품 속에 등장하는 공간은 보다 포괄적이고 핵심적인 기능을 담당하고 있다.

우선 대표작이라고 할 수 있는 「돈황(敦煌)의 사랑」을 통해서, 윤후명의 소설에서 공간이 담당하는 기능을 살펴보도록 하겠다.[7] 이 작품이 서술되는 공간은 현재 주인공이 살고 있는 도시이다. 주인공

---

[6] 작가 자신은 자신의 작품을 〈사소설〉과 흡사하다고 평가하는 견해에 반감을 제기하고 있다. 작가의 논리에 따르자면, 그의 작품은 '〈나〉라는 것을 바탕으로 세계를 관찰'하는 개인소설, 즉 〈나소설〉이라고 해야한다는 것이다. 평론가 우찬제는 이를 독일의 '이히로망(Ich-Roman)'과 유사한 개념으로 파악하는데, 이는 단순히 한 작가의 성향을 설명하기 위한 고민이 아니라, 우리가 비판 없이 받아들이고 있는 문학용어의 개념에 대한 고찰이라는 점에서 더 의미가 크다고 하겠다. 이에 대해서는 보다 심도 있는 고찰이 필요하다고 판단된다. : 권성우·우찬제·윤후명, 앞의 글.

은 뚜렷한 직장이 없이 아내가 벌어오는 돈으로 생활하는 사람으로, 그가 하는 일이라고는 연극을 하는 친구와 함께 술을 마시면서 희곡의 소재가 될만한 것들에 대해 이야기를 나누는 것뿐이다. 이러한 설정에서 주목되는 것은 두 가지인데, 하나는 그가 자신의 상황에 비애를 느끼면서도 무력하게 그것을 받아들이는 사람이라는 점이고, 다른 하나는 그가 끊임없이 이야기를 주고받는 사람이라는 점이다.

주인공이 현실에 대해 취하는 태도는 작품의 서두에서 제시되는 '쇠침대'를 통해서 제시된다. 침대는 인간의 기본적인 욕구 중의 하나인 수면욕(睡眠欲)과 연관되는 물건이며, 그러하기에 이것은 생계를 유지하기 위한 수단이라 할 수 있다. 그런데 주인공이 자신이 마련한 '쇠침대'를 바라보는 시각은 일반적인 의미에서의 생계와는 거리가 있다.

낡았지만 언제나 꿈없이 잠들 수 있는 침대였다. 한겨울에 냉돌을 어떻게 견딜까 걱정하던 차에 우연히 고물장수의 리어카를 불러세우고 흥정을 벌였을 때, 아내는 차라리 그냥 스폰지 삼단요가 어떻겠느냐고 내 소매를 끌어 잡아당기기조차 했었다. 셋방에 침댄 무슨 침대예요, 그건 침대라고 할 수도 없는 고물이에요. 아내는 그런 두 가지 뜻으로 눈짓을 했었다. 그러나 남대문 시장에서 두툼한 스폰지를 사다 깔고 그 위에 담요를 덮으니 제법 번듯한 침대가 되었다. 그리고

---

7) 분석 텍스트의 선정은 그의 대표작으로 이루어졌다. 어떤 작품을 대표작으로 선별할 것인지에 대해서는 이론이 있을 수 있겠지만, 문학상을 수상한 작품인 「돈황의 사랑」(제3회 녹원문학상 수상작), 「누란의 사랑」(제3회 소설문학작품상 수상작), 「섬」(제18회 한국창작문학상 수상작), 「하얀 배」(제19회 이상문학상 수상작)를 선정했다. 문학상의 수상 여부가 곧 좋은 작품이라는 증거는 될 수 없지만, 하나의 객관적인 판단기준은 될 수 있으리라고 보았기 때문이다. 이하 인용에 사용된 텍스트로는 「돈황의 사랑」「누란의 사랑」「섬」은 작품선집인 『알함브라 궁전의 추억』(나남, 1990)에 수록된 작품을, 「하얀 배」는 『제19회 이상문학상 수상작품집』(문학사상사, 1995)에 수록된 작품을 사용하였다. 이하 작품 인용에서는 작품의 제목과 페이지 번호만을 밝힌다.

유난히도 추운 그해 겨울이었지만 그놈의 좁은 쇠침대에 둘이서 껴붙어 난 결과 냉돌에서 올라 오는 끔찍한 냉기를 피하는 데는 그보다 더 안성맞춤이 없다는 사실을 알게 되었다.

— 「돈황의 사랑」 35쪽

주인공과 그의 아내에게 있어서 침대는 단순히 생계를 유지하기 위한 도구가 될 수 없다. 그들에게 침대는 사치품에 가깝다. 그런데도 그는 그것을 구입하려 하고, 아내는 반대한다. 이러한 상황은 주인공과 아내의 관계를 효과적으로 드러내고 있다. 아내는 실질적인 가장이며, 생활을 하는 사람이다. 그에 비해 주인공은 생활하는 사람이 아니다. 아내가 바라는 것은 형편에 맞추어 '스폰지 삼단요'를 구입하는 것이고, 그가 바라는 것은 형편이 되지 않아도 침대를 들여놓는 것이다. 이것이 바로 생활을 하는 사람과 그렇지 않은 사람의 감각적 차이이다. 아내가 바라보고 있는 것은 생활이고, 주인공이 바라보고 있는 것은 생활이 아닌 다른 것이다. 여기에서 아내와 주인공의 차이가 발생한다. 이후부터 주인공의 말을 아내가 이해하지 못하는 상황이 반복적으로 제시되는데, 그러한 상황이 발생하는 근본적인 이유는 그들의 감각이 다르기 때문이다.

하지만 이러한 태도는 오히려 그에게 삶을 견디는 힘으로 작용한다. 그가 억지를 부려 사들인 낡은 쇠침대가 오히려 방바닥에서 올라오는 냉기를 피하는데 안성맞춤이었던 것처럼.

이것과 함께 그를 살게 하는 또 다른 힘은 바로 두 번째 요소, 즉 그가 이야기를 주고받는 사람이라는 점이다.

사실 주인공은 이야기를 주고받는 것이 아니다. 적어도 일반적인 대화에서라면 그렇다. 이야기를 꺼내는 것은 언제나 친구의 몫이고,

그는 그저 대꾸할 뿐이다. 이런 상황을 대화라고 할 수는 없다. 그렇지만 이번에도 그의 감각은 일반논리를 벗어난다. 그가 내뱉는 말들은 그저 다른 사람이 하는 말과 말 사이를 이어주는 구실에 지나지 않지만, 그가 내뱉지 않는 말들은 다른 사람의 말을 받아들이고 그것을 확장시켜 새로운 의미로 만들어낸다. 그러므로 이 작품의 화자는 다른 사람들과 이야기를 주고받는 주인공이 아니라, 자기 자신과 이야기를 주고받는 주인공이다. 애당초 이 작품에는 서술자(敍述者)라는 장치는 존재하지 않았던 것인지도 모른다. 모든 이야기가 자신에게서 비롯되어 자신에게로 귀결되기 때문이다.

이 작품이 논리적 인과구조에서 자유로울 수 있는 이유도 여기에서 찾을 수 있다. 한 인물의 생각 속에서 이루어지는 이야기이기 때문에, 논리성보다 순간적인 발상과 이미지의 연상이 더욱 적합한 구성요소로 작용하게 된다. 동해안의 한 마을에서 전해오는 남근숭배 풍습, 돈황의 석굴에서 발견된 혜초의 『왕오천축국전(往五天竺國傳)』, 운디드니에서의 몰살된 인디언들, 봉산탈춤의 춤사위, 어린 시절에 보았던 북청 사자놀이, 가무(歌舞)에 출중했던 기생 금옥, 누란(樓蘭)에서 발견된 소녀의 미이라, 〈공무도하가(公無渡河歌)〉를 부르던 소녀, 이처럼 서로 결합될 것 같지 않은 상이한 이미지들이 한 작품 속에서 무리 없이 연결되고 중첩하며 확장될 수 있는 이유도, 바로 그와 같은 구성요소 때문이다.

이처럼 이 작품은 논리가 아닌 이미지와 상징의 결합을 통해서 이루어지고 있는데, 이것들이 그저 산발적이고 방만하게 제시되는 것은 아니다. 오히려 하나의 지향점을 향해서 일정한 흐름을 만들고 있다. 그리고 그 흐름의 끝에 또 하나의 공간이 존재한다. 돈황이 바로 그곳이다.

가도 가도 끝없는 허공을 사자는 묵묵히 걷고 있다. 발을 옮길 때마다 모래 소리가 들린다. 달빛에 쓸리는 모래 소리인가, 시간에 쓸리는 모래 소리인가. 아니면 서역 삼만리를 아득히 울어 온 공후소리인가. 그때 누군가가 중얼거린다. 아이야, 사내애였다면 혜초처럼 먼 곳으로 법(法)을 구하러 떠났다 치렴. 계집애였다면 사막 속에 곱게 단장하고 있다고 치렴.

사자가 걸음을 멈추었다. 무슨 일일까. 그러자 사자가 난데없이 내게 물었다.

"봉산(鳳山)이 에서 머오? 강령(康翎)이 에서 머오? 기린(麒麟)이 에서 머오?"

깜짝 놀란 나는 머리를 내젓기만 했다. 그와 함께 사자가 고개를 들고 화등잔 같은 눈을 크게 떴다.

"이기 뉘기요? 북청 아즈바이 앙이오?"

사자는 말을 마치자마자 어느 결에 가죽을 훌훌 벗어 던졌다.

"참말 긴 하루였소. 이리 오래 춤추기두 아마 처음이지비?"

목구멍에 모래가 잔뜩 엉겨 붙은 쉰 목소리였다. 그러나 나는 그 목소리가 누구의 목소리인지 짐작할 수 있었다.

그것은 내 목소리였다.

―「돈황의 사랑」 109~110쪽

인용에서 파악되듯이 그에게 있어 돈황은 구체적인 지명이라기보다는 사막과 폐허의 이미지를 대변하는 장소이다. 윤후명은 '폐허'라는 공간을 '단순하게 아무 것도 없는 것이 아니라, 인류문명의 자취가 스쳐간 자리'이며 인류사의 전개과정이라고 할 수 있는 '생성과 소멸의 순환과정'이 이루어지는 공간이라고 설명했는데,[8] 그러한 폐허를 대표하는 지명이 바로 돈황인 것이다.

---

8) 권성우·우찬제·윤후명, 앞의 글.

물론 작품 속에서 언급되고 있는 돈황은 지금 여기에서 멀리 떨어져있는 곳이다. 하지만 이것은 단순히 지리적인 거리에 그치지 않는다. 그가 지향하는 곳은 현재의 공간도 아니고, 현실에 존재하는 공간도 역시 아니기 때문이다. 그곳은 돈황이면서 돈황이 아니다. 작가가 파악하고 있는 폐허의 이미지를 간직한 곳이며, 작품 속 주인공의 내면이기도 하다.

이상의 논의를 통해서 알 수 있는 것처럼, 「돈황의 사랑」은 서울과 돈황이라는 두 개의 공간을 중심축으로 구성되어 있다. 이들 공간은 대조를 통해서 의미를 형성하는데, 서울이 무기력한 현실의 공간이고 생계를 걱정해야 하는 공간이라면, 돈황은 사라져버려 지금은 되찾을 수 없는 것들이 부활하는 공간이다. 흔적으로만 남아있는 옛 노래를 다시 부를 수 있게 되고, 요즘 사람들에게는 낯설기만 한 우리의 춤사위가 되살아나는 공간이다.

그렇다면 결국, 이 작품은 남루한 현실에서 벗어나서 자신의 근원을 회복시켜줄 수 있는 공간으로 나아가고자 하는 욕망의 구조를 가지고 있다고 정리된다. 물론 주인공의 최종적인 기착지는 자기 자신이 될 수밖에 없겠지만, 전반적인 내용을 모두 고려한다면, 이 작품은 여기가 아닌 다른 공간으로 나아가려는 힘, 즉 원심력이 작용하는 공간으로 이루어졌다고 판단된다.

이러한 원심력의 공간구조는 「누란의 사랑」에서도 반복되고 있다. 그러나 이 작품은 「돈황의 사랑」에 비해서 원심력이 더욱 강조된다. 동거하던 여자에게서 떠나고 싶어 하는 남자가 주인공으로 설정되어 있기 때문이다. 그가 여자와 헤어지려고 하는 이유에 대해서는 명확하게 제시되지 않았다. 구태여 이유를 찾는다면, '우리는 동화되지 못하고 지나치게 오랜 동안 의미 없는 동서생활을 계속해' 왔기 때문이라는 설명이 있기는 하지만, 이것이 적당한 대답이 될 수는 없다. 그런데도 주인공은 설명을 미뤄둔 채, 헤어지게 되리라는 예감이 들었다는 진술과 마땅히 그래야만 한다는 진술만 반복하고 있다.

① 무엇인가 의미 있는 일을 해야지 하면서도 그 여름은 무의미하게 지나가고 있었다. 그렇지만 우리는 그 방을 떠나지를 못했다. 생활에 대한 강박 관념 때문만도 아니었다. 그러나 결국 나는 그 방에서 단 하루라도 뛰쳐나가기를 제안했다.
— 「누란의 사랑」 111쪽

② 갑자기 파도 소리가 높아지며 하늘 가득히 새들이 날았다. 소라 고둥이 변한 새들이었다. 새들은 별처럼 까마득히 눈을 반짝이며 날았다. 천 년을 묵어 탈바꿈을 한 소라들. 태풍으로 뒤집힌 바다 밑에서 곤두박질치며 하늘로 솟아 새가 된 소라들. 몇 억 년을 묵은 소라들. 껍데기를 벗어 던지고 대신 날개를 단 자유.
— 「누란의 사랑」 136~137쪽

인용된 부분은 각각 작품의 처음과 끝에 해당하는 것으로, ①은 남자가 여자와 헤어지는 계기를 만들기 위해서 바다에 가자고 제안하는 부분이고, ②는 남자가 도망치듯이 여자를 떠나버린 직후에 해당하는 부분이다. 여기에서도 역시 논리적인 설명은 이루어지지 않는다. 다만 몇 가지 상징물을 통해서 주인공의 심리가 암시되어 있을 뿐이다.

①에서는 나타나는 상징은 '방'이라는 공간이다. 일반적으로 '방'은 여성성의 상징이며 평온함을 주는 공간으로 나타나지만, 이 작품에서 주인공이 여자와 동거 하는 방은 그와는 다른 의미를 가진다.

그곳은 '눅눅하게 습기가 차고, 채광이 되지 않은' 어두운 방이며, 생활에 대한 강박관념을 느끼면서도 무의미하게 시간을 보내기만 하는 부정적인 공간이다. 주인공은 방에서 벗어가기를 갈망하며, 결국 그곳을 떠나 바다로 향하게 된다.

그런데 주인공은 이와 유사한 경험을 이미 가지고 있다. 그는 집을 도망치듯 뛰쳐나와 여자와 동거생활을 시작했던 것이다. 물론 '집'이라는 공간 자체에 문제가 있는 것은 아니었다. 그곳에 '꼼짝 않고 틀어박혀서 하루 종일 닭처럼 도사리고만 있'는 어머니가 문제였다. 그에게 있어서 어머니는 공포와 두려움의 대상이며, 그를 주눅 들게 만들어 버리는 인물이다. 그가 자신의 버릇을 '지나치게 눈치를 살피게끔 되어, 사로잡힌 동물이 겁먹은 눈초리로 꼬리를 살에 끼우고 뒤로 물러서듯이 행동하는 것'이라고 설명하거나, 어머니를 구미호(九尾狐)에 비유하고, 어머니가 머무는 집을 '현실(玄室)'이라고 표현하는 것은 모두 같은 맥락이다. 이처럼 주인공의 심리에서 어머니는 하나의 억압기재로 작용하며, 그것이 '집'의 이미지에까지 영향을 주는 것이다.

이것은 그대로 '방'의 이미지로 연결되어, 주인공이 여자와 함께 지내는 방을 견디지 못하게 만드는 요인이 된다. 그러나 모든 공간이 이처럼 폐쇄적이고 억압적인 것만은 아니다. 이와 같은 공간을 탈피할 수 있는 공간으로 제시되는 것이 ②에 나타나는 '소라'이다. 이것은 '소라 고둥이 천 년을 묵으면 파랑새가 된다'는 진술과 결합될 때 상징성을 가지는데, 이를 통해서 소라는 현실의 억압을 피해 도망칠 수 있는 자유롭고 이상적인 공간이 된다.

여기에서 주목해야 할 부분은 폐쇄적인 공간인 소라 고둥이 자유롭게 되기 위해서는 천 년의 시간이 필요하다는 진술이다. 이때의

'천 년'은 단순한 시간의 개념이 아니라, 영원의 시간이며 태고의 시간이 된다. 이를 통해서 '소라'의 상징과 '누란'이라는 공간의 상징이 결합되는 것이다. 주인공에게 '누란'이라는 곳은 '폐허가 된 오아시스 나라'로 인식된다. 윤후명이 언급하고 있는 폐허의 이미지가 다시 한 번 반복되고 있다. 더구나 그곳은 나라를 잃어버린 아버지가 떠나간 공간이다. 그러므로 방에서 벗어나 바다를 찾아가는 주인공의 여정은, 어머니에게서 벗어나 아버지를 찾아가는 여정이 된다. 결국 이 작품도 역시 현실을 탈피해서 다른 곳으로 이동하려는 원심력이 작용하는 공간구조를 가지고 있다고 하겠다.

하지만 원심력에 따르는 그러한 공간이동이 가능할 일인지는 여전히 의문으로 남는다. 사람은 한꺼번에 여러 공간을 꿈꿀 수는 있어도, 한 번에 두 가지 공간에서 살아갈 수는 없기 때문이다. 현실에서 벗어난 이상은 공상에 지나지 않다. 이 작품의 주인공도 이러한 문제를 자각하고 있는데, 그에 대한 증거가 누란에서 발견된 여자 미라와 관련된 진술이다. 이 미라를 덮고 있는 붉은 비단에는 '천세불변(千世不變)'이라는 글자가 씌어져 있다. 미라가 되어버린 여자는 소라 고둥이 파랑새로 변할 수 있는 만큼의 시간을 견뎌왔지만, 끝내 변해버리고 말았다. 이것은 현실에 기반을 두지 않은 이상의 허구성을 드러내는 장치이다. 주인공이 '그러나 미이라는 미이라에 다름이 아닌 것이었다'라고 진술하고 있는 것도 바로 그런 한계인식에 기반을 둔 것이라고 판단된다.

3. 구심력이 작용하는 공간
— 「섬」과 「하얀 배」를 중심으로

아무리 원심력이 작용하는 공간에 대한 이야기라고 해도, 끝내 현실에서 벗어날 수는 없다. 그것은 인간이라는 존재가 가진 한계이자, 철학이나 종교와 같은 커다란 이야기가 아니라 일상사의 소소한 이야기에 기반을 두고 있는 소설이라는 예술이 가지는 숙명적인 한계이기도 하다. 작가는 이러한 한계를 절감이라도 한 것처럼, 새로운 공간을 창조해내기 시작한다.

윤후명의 작품세계 변화는 「섬」을 발표했던 1985년 직후부터 시작된다. 이 시기에 작가는 작품성향의 변모와 함께 생활의 변화를 겪는다. 연작 소설 『협궤열차』의 무대가 되기도 하는 안산으로 거주지를 옮긴 것이다. 작가의 삶이 작품에 직접적인 영향을 준다는 주장을 일반론으로 받아들이기는 힘들지만, 적어도 윤후명의 경우에는, 특히 그가 이 시기에 발표했던 작품의 경우에는 충분히 적용될 수 있다고 판단된다. 실제로 이 시기를 전후해서 그의 작품에서 현실생활이 차지하는 비중이 상당히 높아지기 시작했기 때문이다. 이러한 변화가 작품의 공간구조에는 어떻게 영향을 주었는지 살펴보도록 하겠다.

원심력이 강하게 작용하던 공간구조가 확연하게 변모되기 시작한 것은 「섬」을 발표한 직후부터이다. 이 작품은 거제도와 그 인근의 섬들이 무대가 되고 있는데, 윤후명의 다른 어떤 작품들보다 현실에 대한 인식이 표면화되고 있다.

그 동안 그가 발표했던 작품은 현실과 이상을 상징하는 두 가지 공간이 등장했고, 그중에서도 서역(西域)으로 표현되었던 이상의 공간이 주도권을 갖는 공간구조를 가지고 있었다. 그러나 이 작품은 그러한 관계설정이 변화되고 있다. 즉 현실공간이 작품의 구조형성에 주도권을 가지고 있는 것이다. 또한 이 작품의 현실은 그 동안의 작품에서 표현되었던 것처럼, 막연한 삶의 공간으로 제시되어 있지 않다. 그곳은 생계를 꾸리기 위해서 훨씬 더 치열하게 살아야 하는 '현장'이다.

> 그러나 여기서 〈현장〉에 대한 이야기는 자세히 할 생각이 없다. 이른바 세계 정상급에 속하는 조선소의 크기가 어느 정도이고, 몇 만 명의 사람들이 밤낮을 도와 일을 하고 얼마의 돈을 벌어들이고 하는 일이 중요하지 않다는 이야기는 아니다. 나는 지금 이연식이라는 내 친구를 이야기하고자 하는 것이다.
> ―「섬」321쪽

그렇다고 해서 이 작품이 '현장' 그 자체의 문제를 고발하는 것은 아니다. 그저 현실공간을 보다 비중 있게 다루고 있을 뿐이다. 인용에서도 나타나는 것처럼, 집단에 대한 이야기가 넘쳐나는 거제도라는 공간에서, 개인의 이야기로 서술을 시작하고 있다는 설정도 그러한 성향을 나타낸다. 또한 이와 같은 서술태도는 작품의 서술방향을 제시하는 것이면서도, 한편으로는 작가의 문학관을 대변하고 있는 것이기도 하다.

물론, 이 작품에서도 '현장'의 이야기는 서술자의 몫이 아니다. 인용에도 언급되는 이연식이라는 친구가 그 역할을 담당하고 있다. 이에 비해서 서술자는 윤후명의 다른 작품에서도 그랬듯이, 여전히 생활의 주변에 머물고 있는 인물로 설정되어 있다. 그는 '현장'의 곁에 있지만, 그 속에 뛰어들지는 않는다. 그러면서 그는 "내게 주어진 임무는 열심히 일하는 사람들의 현장에 대한 접근이었다. 그 일은 이제까지의 내 삶이 〈현장〉을 떠난 삶, 신선이나 유령의 삶, 허풍선이의 삶이었음을 전제하고 있는 듯이 느껴졌다"라는 진술을 하고 있다.

이것이 바로 「섬」의 서술자를 윤후명의 기존 작품에 등장했던 주인공들과 변별되게 만드는 요소이다. 우선, 이 작품의 서술자가 자신이 견지하던 삶의 방식에 대한 반성을 하고 있다는 사실이 주목된다. 이전 작품의 주인공들은 삶을 힘겨워 하기는 하지만, 자신들의 생활방식을 반성하지 않았다. 아내가 벌어오는 돈으로 생활하면서도 '스폰지 삼단요'보다 침대를 고집하고, 변변한 생활수단이 없으면서도 동거하는 여자의 방에서 탈출해서 바다로 가기를 바란다. 이러한 태도에는 생계를 도외시하고 자신만의 생활방식을 고집하려는 의식이 포함되어 있다. 하지만 「섬」의 서술자는 적어도 생계와 관련된 삶의 부분을 도외시하고 있지는 않다. 그는 현장을 관찰하고, 그를 통해 자신의 생활방식을 반성한다.

물론, 반성의 결과가 현장에의 투신으로 이어지는 것은 아니다. 오히려 그의 반성은 자신의 생활방식을 긍정하고, 또 다른 현장을 발견하려는 노력으로 이어진다. '그러나 그것이 비록 자갈짐을 지고 철근을 자르는 일이 아니었다고 해서 현장이 아니었단 말인가'라는 서술자의 진술이 바로 그러한 결과에 해당한다. 하지만 그가 속해있는 현실의 공간에서, 그의 생활방식은 쉽게 인정받지 못한다. 그가 자신의 현장을 발견하기 위해서는, 현실이 아닌 또 다른 공간이 절실하게 요구되는 것이다.

여기에서 작품 속에 내재된 또 하나의 공간이 드러난다. 그 동안의 작품들이 그랬듯이 「섬」에도 현실 이외의 다른 공간이 어김없이 등장한다. 다만 그곳이 지리적으로 멀리 떨어진 서역이 아니라, 현실에 밀접하게 붙어있는 공간이라는 점이 다르다. 그러한 차이점은 앞서 설명된 '현장'에 대한 인식에서 비롯된다.

앞선 진술에서, 서술자는 자신의 관찰을 '임무' 또는 '일'이라고 표현한다. 이러한 표현은 이전의 작품에서는 발견할 수 없었던 것이다. 이미 언급했던 것처럼, 「돈황의 사랑」에는 엄격한 의미에서의 서술자가 존재하지 않는데, 모든 서술이 결국에는 주인공의 내면에서 이루어지고 있기 때문이다. 「누란의 사랑」도 이런 경향에서 크게 벗어나지 않는다. 하지만 「섬」에서는 서술, 즉 독자와의 의사소통을 염두에 두는 진술행위가 이루어지고 있다.[9] 이것은 주인공이 서술자로서의 임무를 자각했기 때문에 가능한 것이다. 그리고 이런 자각이 현실에 대한 관찰을 통해서 이루어졌기 때문에, 작품에 등장하는 또 다른 공간이 현실에서 멀리 떨어지지 않게 되었던 것이다. 이로써 작품 속에 등장하는 공간들은 담화공간(Discoursive Space)으로 변모하게 된다.

「거제」 임란(壬亂) 때 우리 수군이 사용했던 것으로 보이는 대포의 일종인 현자통포(玄字筒砲)가 거제군 신현읍 고현만(古縣灣) 바다 밑에서 발견됐다. […중략…] 개펄 속에 깊이 묻혀 있어서인지 녹도 슬지 않은 원형의 모습을 간직하

---

[9] 사실 이 작품에는 서술자의 역할이 지나치게 강조된 부분도 있다. 신문기사나 백과사전의 내용이 그대로 삽입되어 있는 경우가 이에 해당되는데, 특히 상어에 대한 정보를 나열하는 장면에서는 서술자가 '이것은 단순한 내 개인의 호기심의 문제이므로 다음에 살펴본 몇 가지 상어에 대한 기록을 독자가 굳이 다 따라 읽을 필요는 없을 것이다. 그리 중요한 기록도 아닌데다가 내가 여기서 이야기하고자 하는 바와는 별로 관계도 없어 보이며 또 언제든지 필요하다면 손쉽게 간단한 사전이라도 들춰보면 될 것이기 때문이다'(325쪽)라는 설명까지 하고 있다. 이러한 부분은 포스트모더니즘 이론에서 제시되는 메타픽션적인 요소로 파악될 여지도 있으나, 그보다는 서술의식의 과잉이라고 설명하는 것이 타당하다고 판단된다.

고 있었다. 포신에는 〈만력(萬曆) 24년 병신(丙申) 7월 좌수영도회(左水營都會) 현자통포(玄字筒砲) 89근 경장인(京匠人) 이춘동(李春同)이라 새겨져 있어

[…중략…]

그렇군. 세계 방방곡곡의 일을 다룬 가운데 이 기사처럼 내가 누워 있는 방에서 가까운 곳의 이야기는 없었다. 매립 공사를 하는 곳은 시내버스를 타고 몇 정거장만 가면 된다고 들었었다. 그렇군. 나는 생각난 듯 자리에서 윗몸을 일으키며 머리를 주억거렸다. 그런게 있었군. 그리고 보니 옥녀봉 아래 길가 왼쪽으로 이순신 장군의 승전 기념비가 서 있던 기억이 살아났다.

— 「섬」 320~321쪽

위의 인용은 매립공사를 하던 도중에 임진왜란 당시의 대포가 발견되었다는 기사문이 그대로 작품에 삽입된 부분이고, 아래의 인용은 그 기사문을 읽은 후에 서술자의 반응이다. 인용된 것처럼 '현자통포'는 서술자가 살고 있는 곳에서 얼마 떨어져 있지 않은 장소에서 발견된다. 비록 거리상의 차이는 크지 않지만 이들을 동일한 공간이라고 파악할 수는 없는데, '현자통포'가 바다 속의 개펄에 묻혀 있었다는 기사문의 내용을 주목하면, 그 이유가 분명해진다. 작품의 서술공간과 '현자통포'가 존재했던 공간은 동일한 거제도이지만, 분명히 다른 시간대에 존재하는 별개의 공간인 것이다.

이를 통해서 주인공이 이야기하고자 하는 현실은 당대적 의미만을 가지는 공간이 아니라, 몇 겹의 다른 시간대의 공간이 중첩되는 복합적인 공간이 된다. 이로써 현실은 배면(背面)에 감춰두었던 또 다른 의미를 내보이게 된다. 인용에서 서술자가 기사를 읽고나서야 충무공의 전적비가 근처에 있었다는 사실을 기억해내는 것처럼.

이처럼 이 작품의 서술은 현실공간에 내재되어 있는 또 다른 복합

적인 공간을 발견하는 구조로 이루어지며, 이는 앞서의 작품들이 보였던 원심력이 작용하는 공간구조와 대비하여, 구심력이 작용하는 공간구조라고 설명될 수 있을 것이다.

작품 속에 내포되어 있는 구심력은 거제도 포로수용소를 발견하는 장면을 통해서 확연해진다. 이 장면이야말로, 작품의 구성원리가 극명하게 드러나는 부분이다. 그리고 그 발견은 전혀 의도하지 않았기 때문에 더욱 강렬한 의미를 만들어낸다. '현자통포'가 발견되었던 장소를 찾아갔던 서술자는 '허물어진 성벽 같은 구조물이 저쪽 밭둔덕 한가운데 우뚝 서' 있는 모습을 보고 그곳으로 다가갔을 뿐이다. 그런데 안내판을 통해서 그곳이 거제 포로 수용소였다는 것을 알게 되고는 그만 '우뚝 멈춰' 서고 만다.

> 이것이…… 이것이…… 이것이…… 예전의 포로 수용소였다. 나는 전쟁의 와중에서 자신도 모르는 사이에 포로가 되어 이곳에 와 있는 어떤 사나이처럼 여겨졌다. 나는 대포를 빌미로 하여 이곳까지 왔으나 단순히 소일삼아 온 것뿐이었다. 그런데 그것이 비극의 한가운데, 역사의 한가운데였던 것이다. 이 어처구니없는 사태를 어떻게 해석할 것인가. 나는 망연자실해서 주위를 휘둘러보았다. 그리고 나는 밭 가장자리로 적자색의 유난히 선연한 꽃들이 피어 있는 것을 보았다. 무슨 꽃일까. 그리고 보니 그 꽃은 어릴 적부터 수없이 많이 보아 온, 그렇다, 엉겅퀴꽃이었다.
>
> ―「섬」 345쪽

이제 거제도는, 조선소로 대표되는 현재의 공간과 임진왜란 당시의 전적지였던 공간에 이어 또 하나의 공간적 의미를 내포하게 된다. 그것은 바로 한국전쟁의 비극성을 극명하게 보여주었던 포로수용소라는 공간이다. 이 세 겹의 공간은 동일한 공간에 내재되어 있던, 그러나 서로 다른 의미망을 형성하고 있는 공간이다. 여기에서 작가의 서술자적 역할이 도드라진다. 작가란 잊혀져 있던 의미를 발굴하여 독자들에게 제시하는 사람이 아니겠는가. 무수히 보아 왔지만, 그저 보고 지나쳤을 뿐인 엉겅퀴를 새로운 시각으로 돌아보게 만드는 것, 그것이야 말로 소설의 힘이 아니겠는가. 결국, 이 작품은 이러한 작가의 소명과 소설의 기능에 대한 탐색이며, 그것을 가능하게 했던 힘이 바로 구심력을 가지고 있는 공간구조였던 것이다.

이후 윤후명의 작품세계는 원심력보다 구심력이 강하게 발현되었는데, 이는 주로 작가 자신이 거주하는 공간인 안산이 무대가 되는 일련의 작품들을 통해서 나타난다. 지금은 사라져버린 수인선 열차의 마지막 자취를 담고 있는 『협궤열차』 연작과 서해안의 버려진 염전이 작품공간이 되는 「원숭이는 없다」와 같은 작품들이 여기에 속한다. 이 작품들은 잊혀져 있던 것들의 의미를 되살려서 현실을 여러 공간이 중첩되어 있는 복합공간으로 인식하고 있다는 점에서 「섬」과 연결된다고 하겠다.

그런데 「하얀 배」는 이러한 경향에서 조금 비껴있는 작품처럼 보인다. 그 공간배경이 작가가 살고 있는 곳이 아닌 중앙아시아의 초원지대로 설정되어 있기 때문이다. 이것만으로 보자면, 이 작품은 이전의 경향으로 돌아갔다는 혐의를 받을 만하지만, 공간구조를 파악해 보면 엄연히 원심력이 아니라 구심력이 작용하고 있는 공간을 가지고 있다는 것을 알 수 있다.

우선 그 공간설정부터가 그러하다. 작품에 등장하는 이식쿨 호수 근처의 초원지대는, 돈황이나 누란과 마찬가지로 쉽게 실체를 잡아낼 수 없는 막연한 공간인 것은 사실이다. 그러나 이곳은 돈황이나 누란과 분명하게 다른 점을 가진다. 서역의 지방들은 대상(隊商)들이 스쳐 지나가는 길목에 지나지 않지만, 중앙아시아의 초원 지대는 우리 민족인 까레이스키들이 정착을 하여 삶을 유지하고 있는 장소이기 때문이다. 이는 길과 집의 차이이며, 유랑과 정착의 차이이다.

또 다른 차이점은 작품의 주인공, 혹은 서술자가 그 공간들에서 발견해내는 요소들이다. 돈황과 누란에서 발견되는 것은 이미지, 그것도 퇴색되어 버린 이미지들뿐이다. 돈황의 사자가 그러하고, 누란에서 발견된 여자 미라가 그러하다. 그러나 중앙아시아의 초원에서 발견되는 것은 이미지가 아니라, 말이다. 이것은 천산 산맥의 천마(天馬)인 한혈마(汗血馬)로의 '말(馬)'과 까레이스키들이 여직도 지키고 있는 고려어로의 '말(言語)'이라는 언어유희를 통해서 의미가 확장되고 있는데, 그 중에서도 언어의 측면이 강하게 대두된다.

    소년은 멀리 중앙아시아의 들판을 바라보며 무엇인가 깊은 생각에 잠깁니다. 그러다가 그 동쪽 들판을 향해 외쳤습니다.
    "안녕하십니까! 이 말은 우리 민족 말입니다!"
    그러자 야생 양귀비 꽃밭이 먼저 수런거렸습니다. 숲 속의 들고양이들이 귀를 쫑긋거리고 쳐다보았습니다. 커다란 까마귀들이 전나무 가지를 치고 날았습니다. 들판 저쪽에서 사막쥐들이 이리 뛰고 저리 뛰었습니다. 돌소금이 하얗게 깔린 사막으로는 큰바람이 일고 있었습니다. 천산에서 빙하가 우르르 무너지는 소리가 들렸습니다.

— 「하얀 배」 63쪽

말은 의사소통의 도구이다. 사람과 사람 사이의 소통이 말에 의해서 이루어지고, 역사와 역사 사이의 소통도 말에 의해서 이루어지며, 독자와 작가 사이의 의사소통도 말을 통해서 이루어진다. 그러므로 말은 서로 다른 공간들을 이어주는 매개가 될 수 있다. 중앙아시아에 살고 있는 까레이스키들과 한국에 살고 있는 사람들을 이어주는 것이 말이고, 까레이스키들에게 그들의 고달픈 이주사(移住史)을 기억하게 하는 것도 말이다.

그런데 말 중에서도 특히 '안녕하십니까?'라는 인사말이 강조되고 있다는 사실이 다시 주목된다. 까레이스키들은 자신들의 의지와는 상관없이 새로운 환경의 새로운 사람들과 만나야 했던 사람들이었다. 그렇기 때문에 그들에게 인사말은 절실할 수밖에 없다. 그들은 비록 스스로 선택할 수는 없었지만, 그렇다고 무작정 순종하기만 했던 사람들은 아니었다. 그들은 자신들의 전통을 지키기 위해 학교를 지었고, 항상 고향으로 돌아갈 날만을 꿈꾸며 살았다. 그러므로 그들이 살아가는 공간은 언제나 타향이고, 모국어는 항상 이방인의 말에 불과하다. 이처럼 현실에서 벗어나기를 바란다는 점에서 까레이스키들은 윤후명 소설에서 반복적으로 제시되었던 인물들과 같은 생활방식을 가진 사람들이다. 그들은 강제로 자신들을 정착시키려는 구심력의 제도에 맞서 고향으로 돌아가려는 원심력을 품고 살았던 사람들이다.

그런 그들에게 또 다른 변화가 강요된다. 소비에트 연방의 붕괴와 함께 배타적인 민족주의가 대두되고 있는 것이다. 어렵게 지켜왔던 고려말은 다시 이방인의 말이 되어 박해를 받기 시작했다. 그들을 옭아매던 구심력의 체계는 그들을 배척하려는 원심력의 체계로 돌변했고, 그에 맞춰 그들은 다시 한번 변화에 대처해야 한다. 절박한 상황에 놓인 그들이 내린 결론은, 역설적이지만 모국어를 지켜내는 것이다. '그러니 지금 할 수 있는 일이라곤 우리 모두 우리 민족 말을 잘 배우는 수밖에 없군. 그럴 수밖에 없다'는 진술은 뼈아픈 자기성찰과 고민 끝에 내뱉어진 진술이다. 결국 그들은 원심력의 체계에 저항할 수 있는 구심력을 만들어 내는 것이고, 그러한 노력의 시작에 다시 '안녕하십니까?'라는 인사말이 놓인다.

이러한 구심력의 공간에 대한 상징이 나무라는 사실도 간과할 수 없는 부분이다. 지금까지 윤후명의 작품에 등장했던 상징물들은 대부분 운동성을 가지는 것들이었다. 「돈황의 사랑」에서의 사자, 「누란의 사랑」에서의 소라는 모두 지금 이곳을 벗어나 낯선 곳으로 떠나가는 존재들이다. 이러한 상징물이 「섬」에서는 운동성이 없는 성벽 같은 구조물로 변했다. 그리고 이제 「하얀 배」에서는 땅 속으로 굳게 뿌리를 내린 사이프러스 나무가 된다. 흘러 다니는 것에서 변화가기 위해 참고 견디는 것으로, 지상에 설치된 것에서 땅 속에 뿌리를 묻고 흔들리지 않는 것으로, 윤후명의 작품에 등장하는 상징들은, 공간의 변화에 따라서, 그리고 그 공간에 작용하는 힘의 변화에 따라서 그렇게 변모했던 것이다.

4. 공간이 지배하는 소설구조

지금까지 본고는 소설을 구성하는 원리 중의 하나로 '공간'이라는 개념이 제시하고, 이를 윤후명의 작품에 적용하여 보았다. 사실 시정(市井)의 잡다한 이야기에 기원을 두고 있는 소설은, 태생적으로 자유를 지향할 수밖에 없는 예술이다. 그런데 그 동안의 소설비평은 지나치게 경직되어 전통적인 논리만을 고수하여, 소설 특유의 다양성을 인정하지 못했다는 것이 사실이며, 그에 따라 충분히 가치를 인정받을 수 있는 작품이 주목받지 못했던 것도 사실이다. 우리가 윤후명의 작품에 관심을 기울여야 하는 이유도 여기에서 찾을 수 있다. 그리고 보다 다양한 방법론을 통해서 그의 작품을 평가해야 하는 이유 또한 여기에 있다.

　본고는 그러한 문제의식을 바탕으로, 윤후명의 작품에 나타난 공간성을 주목해보았다. 공간은 시간과 함께 소설을 구성하는 매우 중요한 요소 중의 하나이다. 그럼에도 전통적인 소설이론에서는 배경이나 분위기를 만드는 요소로만 취급되었다. 이제 소설의 공간에 대해 보다 다각적인 이해와 심도 있는 접근이 필요하다고 판단된다. 실제로 최근의 소설작품에서는 공간을 구성의 중심원리로 활용하는 작품이 활발하게 등장하고 있으며, 이전의 작품들에서도 몇몇 작품은 공간의 논리를 통해서 분석이 할 수 있는 여지를 가지고 있다. 이광수의 『무정(無情)』과 김동인의 「감자」, 김승옥의 「무진기행」, 조세희의 『난장이가 쏘아올린 작은 공』 등을 비롯한 여러 작품들에 대한 공간 분석이 시도되었으며,[10] 최근의 작품 중에서도 윤대녕·백민석·배수아 등의 작품에서 공간구조에 대한 분석이 가능할 것으로 판단된다.

　특히 윤후명의 작품은 공간에 대한 인식이 다양하게 나타나고 있기 때문에 분석에 적합한 텍스트가 되었다. 더구나 그의 작품에는

---

10) 언급된 작가들의 작품에 나타나는 공간을 상징적으로 파악하고 분석한 연구는 다음과 같은 업적을 들 수 있다. 물론 이런 연구들은 공간만을 대상으로 삼고 있는 것은 아니기 때문에 본격적인 연구라고 할 수는 없다. 그러나 이러한 연구결과들은 공간에 대한 연구의 바탕이 될 수 있을 것이다.
　· 강상대, 『우리 소설의 일탈과 지향』, 청동거울, 2000 : 조세희의 작품 관련.
　· 이남호, 『오늘의 한국소설』, 민음사, 2000 : 김승옥의 작품 관련.
　· 최수웅, 「〈無情〉의 정신구조 연구」, 단국대학교 석사학위논문, 2000 : 이광수의 작품 관련.
　· 현길언, 『한국 현대 소설론』, 태학사, 2002 : 김동인의 작품 관련.

낯선 지방에 대한 동경이 일관되게 나타나고 있기 때문에, 그러한 동경의 지향점이 외부인지 내부인지에 따라서 원심력이 작용하는 공간과 구심력이 작용하는 공간으로 구분할 수 있었다. 처음부터 의도되었던 것은 아니지만, 이러한 원심력과 구심력의 작용은 작가의 작품세계를 두 가지로 구분할 수 있는 기준이 되기도 했다. 즉, 소설 등단작인 「산역(山役)」부터 「돈황의 사랑」, 「모든 별들은 음악소리를 낸다」, 「누란의 사랑」, 「알함브라 궁전의 추억」에 이르는 작품들은 원심력이 작용하는 공간을 가지고 있는 작품들로 분류할 수 있고, 1985년에 발표되었던 「섬」을 기준으로 하여 『협궤열차』 연작과 「원숭이는 없다」, 「하얀 배」, 그리로 최근작인 「나비의 전설」에 이르는 작품들은 구심력이 작용하는 공간을 가지고 있는 작품들로 분류될 수 있을 것이다.

  물론 이와 같은 분류가 그의 모든 작품에 적용될 수 있는 것은 아니다. 너무도 당연한 이야기이지만 세상의 그 어떤 분류에도 예외사항은 존재하기 때문이다. 또한 공간에 대한 분석만으로 그의 작품에 나타나는 모든 면모가 설명될 수도 없을 것이다. 그러나 이러한 시도를 통해서 윤후명의 작품에 대한 이해의 지평을 넓히는 데 도움을 주리라고 기대하면서 분석을 마치고자 한다. 앞으로 더 많은 작품을 대상으로 하여 분석이 시도될 때, 소설에 나타난 공간구조의 의미를 파악될 수 있을 것이다. 이를 과제로 남긴다.

최수웅(단국대 강사)